人権の新しい地平

― 共 生 に 向 け て ―

岡村達雄
Okamura Tatsuo　責任編集
玉田勝郎
Tamada Katsuro

学術図書出版社

まえがき

　人権とは何か。
　本書はこの問いに応えるとともに，今日の人権をめぐる諸課題について問題提起を試みようとするものです。とくに，大学などにおける人権論，人権教育論に関わる講義，演習において学習テキストとしても使用できるように工夫しています。
　人権という言葉は，今や日常生活のなかで頻繁に人びとの口の端にのぼるだけでなく，行政用語において「人権の世紀」「人権文化」「人権週間」などとして使われ，「人権を尊重しよう」といった行政からの呼びかけ，標語にもなっています。このような時代にあって，人権の概念は一般に自明なものとして理解されています。
　果たしてそうでしょうか。私たちの出発点は，この問い返しに置かれています。
　「人権を守る」という名において人権が侵害されるという現実があります。それは戦争を止めるためだと称して戦争が行われるのと同様です。人権の問題を個別で直接の人権侵害にとどめることなく，不平等，偏見，差別，強制，抑圧，暴力，戦争など構造的なものとして捉えていく必要があると私たちは考えます。こうしたことは日常生活から国家間のレベルまでのさまざまな段階において生じています。
　例えば，通勤時などにおいて，ちかん行為から女性を護るという理由で女性専用車が指定されています。それは女性の人権を「擁護」する方法の具体的な事例です。そこには男性一般の排除と女性の分離という考え方が見られます。「専用車」指定の必要性という切実な目的がそこにあることは分かります。一方，「専用車」への乗車が強いられているわけでなく，女性には「専用車」を利

用するか否かを選択する自由があります。しかしながら，こうした「専用車」指定がどのような意味を持っているのか，それをめぐる論議があって当然です。というのも，一電鉄会社である社会的権力が「専用車」への男性の乗車「禁止」というような乗車の仕方，すなわち，人と人，女性と男性との一定の関係のあり方について，乗客に「協力」「理解」を求めて「同意」を得たとして実質上「強制」している面があるわけですが，いったいそうしたことができるものなのか，そのような問題の建て方があってもよいと思われるからです。当然，これには異論もあるでしょう。しかし，そこにはジェンダーや個人の自由の問題あるいは権力問題などが控えています。科学や知識と同様に，人権もまた権力関係，権力の作動から無垢でありえず，権力の磁場から免れることはできません。その意味でも人権をめぐってもっと多様な主張，見解が率直に表明され，論議されることが必要です。

にもかかわらず実際には，人権という理念が「神聖な高み」において権威づけられ，そこからさまざまな啓蒙・啓発型の見方が流布されています。そのことが人権概念の定式化に伴う風化現象をもたらし，人権教育のマニュアル化とでもいえる事態を生み出してきたのです。私たちは，このような人権もしくは人権教育をめぐる時代状況を透視し，「人権」概念を人権思想の普遍性の文脈から掬いだし，また平板な民主主義や無葛藤な「共生」理念にとどめることなく，今日的課題に応えうる人権概念の再定義を試みています。

本書の構成を簡単に記しておきます。全体は序章と9章から成っています。

序章「人権を問いつづける」，第1章「部落問題の現在（いま）」，第2章「外国人にとって人権とは」，第3章「性と人権―ジェンダー・セクシュアリティを考える―」，第4章「『権利としての障害児教育』再考―共生・共学の模索」，第5章「学校のなかの人権」，第6章「情報化社会とコミュニケーションの権利」，第7章「生命操作時代の『自己決定権』を考える」，第8章「戦争と人権」，第9章「新たな人権教育の構築へ―その課題と展望」。

以上の構成に見られるように，当初，採り上げるべき人権問題として予定していた，アイヌ民族，沖縄問題などを含むマイノリティー問題，環境・公害問題，ハンセン病（国家賠償訴訟問題），高齢者問題，医療過誤問題，職業差別問題，政教分離・宗教問題，プライバシー問題，天皇制問題など，いずれも重要

な事柄を収録できていません。これは本書を入手しやすいものにするため紙幅の制限を設けた事情によっています。論究した問題が限定されているのは，以上の理由によります。

　この数年，男女共同参画社会基本法（1999年）など人権に関わる政策が進められる一方で，いわゆる国旗・国歌法（1999年），周辺事態法（2000年），住民基本台帳法（2000年），通信傍受・盗聴法（2000年）などが制定されてきました。さらに有事法制化や教育基本法，憲法の「改正」作業が進められています。このような今日の人権をめぐる問題状況は，まさに「人権」の空洞化を示すものです。こうした動向の背景には，グローバル化と市場原理による産業システムの再編および統治システムとしての国民国家の再定義という世界史的な事態の展開があります。それは主権と人権あるいは国境と人権の関係をめぐって民主主義，統治形態および政治体制の在りようを問うものです。しかし，この問題はそれ自体一個の独立した主題であり，今後の検討課題としたことを予め断っておきます。

　人権について学ぶことは人権の侵害に向き合うこと，人権感覚を研ぎ澄ますことだと私たちは考えます。それは人権教育が「人権についての教育」や「人権としての教育」というより，差別，偏見，不平等，人権侵害，不条理（総じて抑圧の複合体）と切り結ぶ＜学び＞の創造と変革に向けた理論的・実践的試行であると捉えているからです。私たちは，自らに加えられた人権侵害に抗して，自己の尊厳を賭けて厳しい闘いに進み出た人々の苦闘から学び，そのような人権の実存的ありようを踏まえることではじめて人権の「普遍性」について語りうるのだと思っています。

　本書の各章において，関連する「キーワード」および末尾に「課題と設問」をつけて，読者において課題の発展と理解の深化が図れるようにしています。また巻末に本書の理解に資するため，主たる「資料」を収録しています。

　一昨年の秋，人権教育に関するテキストということで編集を依頼されました。これまでテキストの類いの編集は「教科書なるもの」への距離感もあって敬遠してきました。しかし，巷間に流布されている人権論には日頃から違和感をもっていたこともあり，この際，人権論を再審する機会として引き受けることにしました。幸いに，各章にふさわしい執筆者の協力が得られ，さらに問題

意識の共有を図るため研究合宿などを重ねることもできました。

　本書が『人権の新しい地平－共生に向けて』と題するゆえんです。私たちの意図が理解され，とくに若い世代を中心に，多くの読者が得られるように願っています。もちろん，本書への厳しい批判，評価は望むところです。

　なお，本書の企画，編集の当初から出版に至るまで，佐野通夫氏には編集協力の作業に多大な尽力をしていただいた。ここに謝意を表しておきます。

　また，本書の出版に当たり編集部の室澤真由美さんには本当にお世話になりました。心から感謝の気持ちを記させていただきます。

2003年2月1日

共同責任編集　　岡村達雄
　　　　　　　　玉田勝郎

目　次

序　章　人権を問い続ける　　　　　　　　　　　　　　（岡村達雄）　**1**
　1．　人権と「ひと」をめぐって 1
　2．　人権侵害と向き合う ― 人権について学ぶ視点 3
　3．　人権概念の成立と人権思想 5
　4．　「人権宣言」への批判と人権思想の振幅 6
　5．　歴史の中の人権 ― 平等と自由のためのたたかい 10
　6．　人権思想の国際的展開 15
　7．　試練の中の人権 19
　8．　人権の新しい地平に向けて 21

第1章　部落問題の現在（いま）　　　　　　　　　　　　（住田一郎）　**25**
　1．　はじめに 25
　2．　部落差別問題とは 28
　3．　戦後の同和対策事業の実施による到達点と課題 31
　4．　対策事業終了後における新たな課題 36

第2章　外国人にとって人権とは　　　　　　　　　　　　（佐野通夫）　**48**
　1．　国籍とは 48
　2．　外国人登録 50
　3．　地方参政権 52
　4．　現代の「創氏改名」―民族名と日本名 53
　5．　民族教育 55
　6．　雇　用 61
　7．　社会保障・戦後補償 64

第3章 性と人権―ジェンダー・セクシュアリティを考える―（大嶋果織） 69

1. 教え込まれる「女らしさ・男らしさ」........................ 69
2. 「らしさ」や性別役割と女性差別 71
3. 買春, セクシュアル・ハラスメント, ドメスティック・バイオレンス........................ 74
4. 「男らしさ」の抑圧性........................ 78
5. 多様なセクシュアリティ........................ 80
6. 性的少数者の置かれている状況........................ 83
7. 共生に向けて........................ 85
8. 立法, 司法, 行政における動き........................ 88
9. おわりに........................ 90

第4章 「権利としての障害児教育」再考―共生・共学の模索（篠原睦治） 92

1. はじめに........................ 92
2. 「教育の機会均等」と「権利としての障害児教育」........................ 93
3. 「養護学校の義務化」の動き........................ 94
4. 「共生・共育」の誕生........................ 95
5. 養護学校から地域の学校へ........................ 96
6. 人種統合教育施策と全障害児教育法のもとで........................ 97
7. 「インクルーシブな教育」とサラマンカ宣言........................ 100
8. 日本の「21世紀の特殊教育の在り方」........................ 102
9. 「盲児等の就学基準」の見直し........................ 104
10. 「認定就学者」という特例措置問題........................ 105
11. エリート教育と「問題を起こす子ども」........................ 107
12. 選択の自由と自己決定の問題........................ 108
13. 「共生・共学」の模索は続く........................ 109

第5章 学校のなかの人権 （岡崎勝） 113

1. はじめに........................ 113
2. 教育愛という名の暴力：人権を侵害する「体罰」の意味 114

3. 子どもはどこへ行ったのか？ 121
　　4. 開かれる学校と閉塞する学校 126
　　5. あとがき 134

第6章　情報化社会とコミュニケーションの権利　　　（小倉利丸）136
　　1. はじめに 136
　　2. 小規模なコミュニティを例にコミュニケーションの権利を
　　　 考える 137
　　3. 遠距離通信はどのような新しいコミュニケーションの権利
　　　 を必要とするか 139
　　4. コミュニケーションの権利はどのように規定されているか 140
　　5. 平等なコミュニケーションの権利とは 142
　　6. 個人の自由とその社会的な前提 143
　　7. インターネットとコミュニケーションの権利 145
　　8. 社会的な格差による「デジタル・デバイド」 150
　　9. 政府と情報流通のコントロール 153
　　10. グローバリゼーションのなかのコミュニケーションの権利 156

第7章　生命操作時代の「自己決定権」を考える　　　（篠原睦治）161
　　1. 生命操作時代以前の「生と死」の風景 161
　　2. 障害胎児の中絶問題に直面することから 162
　　3. 脳死・臓器移植の幕開けとモンデールの危機意識 165
　　4. だれが生きて，だれが死ぬべきか 167
　　5. 生と死の自己決定権の表裏性 169
　　6. 「死ぬ権利→死なす権利→死ぬ義務」の成立 171
　　7. 「死の自己決定権」と「生きるに値しない生命」の両輪 173
　　8. 「共生」と「生命の選別」の渦の中で生きる 175

第8章　戦争と人権　　　　　　　　　　　　　　　（髙實康稔）181
　　1. 戦争犯罪 181
　　2. 日本軍「慰安婦」問題 189

   3. 戦争被害者と戦後補償問題 194
   4. 平和教育の課題 201

第9章 新たな人権教育の構築へ―その課題と展望 （玉田勝郎） 207
   1. はじめに 207
   2. 人権教育の位置づけとその背景 208
   3. 同和教育から人権教育へ―到達した地点と課題について― 214
   4. 学校化された同和教育の落とし穴 220
   5. 人権教育の課題と学びの転換 224

資　料　　　　　　　　　　　　　　　　　　　　　　　　232
  水平社宣言 232
  同和対策審議会答申 232
  人および市民の権利宣言 235
  世界人権宣言 236
  国際人権規約　経済的，社会的及び文化的権利に関する国際規
     約（A規約） 239
  市民的及び政治的権利に関する国際規約（B規約）（抄） 242
  あらゆる形態の人種差別の撤廃に関する国際条約（抄） 246
  女子に対するあらゆる形態の差別の撤廃に関する条約（抄） ... 249
  児童の権利に関する条約（抄） 252

  索　引 257

序　章　人権を問いつづける

1.　人権と「ひと」をめぐって

　飢えや貧困，戦争や犯罪によって，平穏な暮らしをおびやかされ，生存や生命が危機にさらされている人々は，私たちが想像する以上に多数にのぼっている。予防可能な原因により死亡している子どもたちは世界中で毎日3万人以上いる。初等教育から締め出されている児童は9000万人近くにのぼる。約7億9000万人が食糧を確保できずに飢えの状態におかれている（横田，2000，pp. 1～18）。これらの多くは「開発途上国」においてみられる。こうした現実について，それらの国々が責任を負うべきだ，そう言えるだろうか。「低開発」は欧米など「先進諸国」による永年にわたる植民地支配の時代からの搾取，資源収奪などに起因している。私たちも無関係とは言えないのである。生存は人間として生きていくうえで基本条件のひとつであり，人権の基本である。貧困の克服は，なお21世紀の主要な人権問題なのである。

　私たちの日常の生活では，＜生存＞の問題は生命あるいは＜いのち＞をめぐって，さまざまな分野へとひろがっている。飢えや貧困からまぬがれているとしても，幼児虐待，いじめ，少年犯罪などを理由とする子どもたちの死あるいは自殺がくり返されている。他方では，安楽死，脳死，臓器移植などにかかわる生命操作・生殖医療の技術と倫理，生と死の臨界をめぐって＜いのち＞の主体である「ひと」とは何か，それが問われるようになってきた。人権の主体である人間，ひと，もしくはヒトはいまや自明の概念ではない。その理解の仕方によって生存や生命が左右されているのである。

　たとえば，安楽死を望む人に応えて，医師が延命具をはずし「死にたい」人の手助けをすると殺人罪に問われる。安楽になりたいという権利は認められないのだろうか。それは人権をそこなうことになるのだろうか。今日，そのよう

な問いに私たちは直面している。殺人はいけないとしながら、一方で、いのちを縮め、死に至らしめることを承認しようというのでは、人権の理念もあやしいものとなる。殺人を公認する死刑制度についても、そのことは同様に言える。

そう考えると、「誰にとっても」という言い方にも目を向ける必要がある。というのも、人権は、「何人も」を権利の主語にしてきたからである。「何人も、宗教上の行為、祝典、儀式又は行事に参加することを強制されない」（日本国憲法第20条）というふうにである。「何人も」というかぎり、大人と子どもの年齢差、人種、民族、国籍、性的差異などのちがいを一切考えることなく、「ひと」であるという一点において区別しないということである。まさに「ひと」の概念はこうした差異ではなく同一性を尺度にして成立してきた。ここに人権の普遍性の由来がある。それは「法のまえ」におかれた同一で平等な存在としての「ひと」が現れたことを意味したのである。

しかし今日では、新たな問題に直面している。何をもって「ひと」とみなすかとなると簡単ではないからだ。生物学的に「ヒト」であるか否か、「ひと」であるとはどういうことかが問題になる。「ヒト」である条件、「ひと」たる要件が問われてきたのである。

妊娠何カ月経過すると、受精卵は「ヒト」になるとの社会的合意ができれば、それ以前は「ヒト」でないから中絶が許され、それ以後は殺人となり禁止される。こうした基準を立てることができれば、中絶は公認され、正当化されるということになる。パーソン（person）論はこうしたヒトとヒトでないものを区別、線引きする基準をたてることにより「問題解決」を図ろうとする。しかし、ここには女性の産む・産まないなどの自己決定権、権利と権利の衝突・葛藤がひかえている。しかも、そうした基準の設定に正当な根拠があるわけでもないのだ。

人権について考えていくと、すぐにこうした問題にぶつかる。これらはひとつの事例であり問題の入り口にすぎない。人権の普遍性も自明なことではないのである。

2. 人権侵害と向き合う ── 人権について学ぶ視点

　人権について学ぶということは，なによりもまず，日常生活と隣り合わせで差別と抑圧の現実があり，それによって人権の侵害がくり返されている事実を知ることである。そして，誰もが人権を侵害されるだけではなく，侵害する立場になるかもしれないことに気づくことである。特定の人びとだけが人権を侵害したり，侵害されたりする場合とは違う，そのようなケースと立場について知っておかなければならない。＜される＞側が＜する＞側にもなりうるし，これらの関係は固定的でも絶対的でもないのである。諸個人は社会生活のなかで多種多様な行為者としての位置において異なったはたらきを担ったり役割を果たし，＜する・される＞立場が入れ替わって，矛盾した行為をとらざるをえないような存在なのである。しかし，そうはいっても，人権を侵し，差別し抑圧をしたり，そのように振る舞わざるをえない立場に置かれるものも現にいるのだ。

　第1にあげられるのは国家，政府，公権力である。戦争となれば国家によって人びとはいやおうなく敵／味方に区分されたうえ，兵として動員され，「有事」ということで基本的な諸自由を制約，簒奪される。対戦国は相互に人びとの生命，運命を蹂躙しあう。戦争は国家による人権侵害のきわみである。公権力が個人の自由を侵すのは，違法，不当に権力を行使してでも，支配を持続しようとする本性から出ている。この場合，公権力は抽象的な存在でなく，公職に就いている実在の個人によって行使される。これは戦争における国家責任とは別に，人道に反する戦争犯罪を個人の責任において問い，人権侵害の責任を匿名化してすませないという点に示されてきた。いかなる政府も，国家主権を隠れ蓑にして人びとの人権や基本的自由を侵す権利はないのである。

　第2には，企業などの社会的権力がある。公害などによる環境破壊，生活破壊あるいは解雇権の乱用など不当労働行為による労働権の侵害などが行われる場合である。

　第3には，少数民族やエスニック・グループ，外国人あるいは被差別部落出身者に対する多数者の側である。日本帝国主義による植民地支配の歴史的所産である在日韓国・朝鮮人に対する制度的，社会的差別は，今日も続いており，それは多数者としての日本人が負うべき責任である。

　第4には，性差別における男性があげられる。男性中心型の社会における性

差別は，男性による女性への抑圧，支配をもたらしてきた。この性差別の抑圧の構造は，社会的に構築されてきた性をめぐるジェンダーの概念によって，あらためて問い直されつつある。

　第5には，子どもに対する親，大人があげられる。子どもは情愛の対象にとどまらない。子どもを私物化して虐待し死に至らしめる親は後を絶たない。そのような存在としての親である。

　第6には，健常者は「障害」者に対して強者の立場にある。

　ここにあげてみたのは社会生活をしていくうえで何らかの他者の支援や助力を必要とする立場にある人びとに対して，その人権を侵害しうる社会的に強い立場にあるものとしての男，親，大人，健常者などである。

　第7には，教育や医療の場における教師および医師などがあげられる。子どもは教師の優位性に，患者は医師の専門性に対して劣位や素人の立場に置かれ，服従関係のもとに置かれている。そこでは，こうした関係を支える双方から，それを抑圧・敵対関係へと変えていく力がつねに作動している。

　以上にみたように，一人の個人は，大人であり，男性であり，また健常者であり，家庭では親であり，職業人としては教師であり，そして日本人であるといったように，多種多様な主体位置において行為者として振る舞う存在である。自分の場合はどうか，考えてみよう。この主体位置の複数性は，自ら抱えるいくつもの＜する・される＞関係がもたらす葛藤をつうじて，それが抑圧的にならないように自覚をうながす源泉なのである。こうした＜する・される＞関係が固定化されているわけでないという見方は，人権の侵害に立ち向かい，問題の解決をめざすために欠かせないものである。なぜなら，自分だけは人権侵害に無関係だとは言えないし，自らの立場を絶対化できないからである。

　人権侵害をなくしていくためには，人権をめぐる諸問題に向き合い，それらの解決に向けて努力していくことが必要である。

　先に「ひと」とは何か，それが問われていると述べた。たとえば，「ひとは女に生まれない，女になる」とシモーヌ・ド・ボーヴォワールは『第二の性』(1949) のなかで語った。女になる「ひと」が，かならず生物学的な「セックス」のメスでなければならないとは，どこでも言っていない。今日，ジェンダー（社会的文化的に構築された性）論は，「ひと」が，じつは生物学的なヒトとし

て性別化されたメス，オスであるばかりでなく，ジェンダーと同じく文化的でもあるということをぬきにしては語れないこと，それを問題にしてきた。「ひと」一般でなく具体的で性別化された身体性もしくはジェンダーにおいて「ひと」が問われているということである（バトラー，1999, pp. 30～38）。こうしたセックスやジェンダーをめぐる論議は，異性愛主義と密接不可分な男性中心主義への批判，かつて「人間」の定義の中に含まれていなかったレズビアン，ゲイといった同性愛者などをはじめとしたさまざまな性的マイノリティへの性差別をめぐって，一回りも二回りも人権論の幅を拡げつつある（バトラー他，2002, pp. 116～117, pp. 242～244）。そこでもまた，人権にかかわる差別する・される関係が固定化された関係ではないものとして論じられている。

このような観点から，近代社会における人権という概念が吟味され，それがどのような歴史的，社会的な現実のなかでつくり出されてきたのか，考えてみなければならない。人権思想の成立と展開をとおして，人権と「ひと」をめぐる問題につらなる思想の水脈を辿ろう。

3. 人権概念の成立と人権思想

「人は，自由かつ権利において平等なものとして生まれ，そして生存する。社会的差別は，共同の利益に基づくのでなければ，設けられない」。

これはフランス革命期の「人および市民の権利宣言」（1789年8月26日）の第1条である。権利の主体は人と市民の二者である。市民の直接またはその代表者の参加によって法が制定され，それが同一に適用されるのが市民である。法のまえにすべての市民は平等とされる。ただし公職への就任にかぎり「能力にしたがって」（第6条）が原則にされる。「能力」は合理的差別の基準とされ，共同の利益に基づく社会的差別として肯定された。「法のまえの人」という表現を借りれば，人は「能力のまえ」で，あるいは「能力にしたがって」差別できるということである。これは「能力」を政治的には官僚層の擁護として，社会的には不平等の承認にみちびくものであった。人権論として＜能力＞をどのようにとらえるかという問題は，今日においても論議の的である。それは「人権宣言」で意味づけられた文脈をこえて，重要な原理として自覚されてきた。

「人権宣言」は，ひとの権利を「自然のかつ消滅しえない人権」ととらえ，

すべての政治的結合（政府もしくは国家）の目的はこの人権の保全にあるとした。自由・所有・安全および圧制に対する抵抗が人権の基本として掲げられる（第2条）。これらの人権を保障する国家は国民主権の原則に基づき構成され，法の制定に参加する市民の権利，政治的諸権利が定められる。「人の権利」と「市民の権利」はこうした関係として確立される。よく知られているように国民主権，政治と宗教の分離，権力分立と代議制の必要性，法律に対する平等な服従と租税への同意，国民の前での公務員および軍隊の責任などが基本原理として記された。この政治形態こそ，被統治者の同意に基づく近代の国民国家なのであった。そこでは人は同一の属性をもつ均質な国民とみなされた。

ところで，市民とは別に人間を人権の主体としてとらえる見方，もしくは「ひと」という概念はどのように自覚されたのだろうか。

ジョン・ロックは『統治論』において，「すべて人は，生まれながらにして自由であり，彼自身の同意によるのでなければ，何ものも彼を地上の権力に服従させることはできない」（ロック，1997, p. 238）と論じた。その思想はアメリカのイギリスからの独立宣言（1776年7月4日）に影響を与えた。「宣言」はこう謳う。「すべての人は平等に造られ，造物主によって一定の奪うことのできない権利を与えられ，その中には生命，自由および幸福の追求が含まれる。これらの権利を確保するために人びとの間に政府が組織され，その権力の正当性は被治者の同意に由来する。いかなる統治形態といえども，これらの目的を損なうものとなるときは，人民はそれを改廃し，彼らの安全と幸福をもたらすものと認められる諸原理と諸権限の編制に基づいて，新たな政府を組織する権利を有する」（樋口，1994, p. 62）と表明したのである。

こうした人権および政治思想は，18世紀の啓蒙思想家たち，ルソーを含め，ディドロら百科全書派によって説かれていくことになった。

4. 「人権宣言」への批判と人権思想の振幅

1789年の人権宣言で明らかにされた諸権利および人権思想は，その普遍性が謳われたにもかかわらず，その当初から非難，批判にさらされた。さらに，権利はじつは個人主義的で利己的権利だとする立場，「宣言」は男性だけの権利で女性の権利を無視しているとする批判，あるいはそれを植民地にも適用すべ

きか否かという問題などをめぐって展開された。こうした論議は，今日の根底的な見直しを準備し，それにつながる思想的源流を形づくってきたのである。ここではそれらにふれていこう。

　イギリス人のエドマンド・バークは，海峡ひとつ隔てた地において繰り広げられたフランス革命を目の当たりにした。バークと同時代に名誉革命と権利章典を賞揚し，その徹底を要求して議会改革運動を展開していた人びとは，進行中のフランス革命に呼応する立場を表明していた。

　リチャード・プライスの『祖国愛についての講説』(1789) は，そのような観点から説教されたものであった。これに接したバークは，フランス革命を全否定する立場からプライスを指弾排撃する。『フランス革命についての省察』はバークの隣国の革命への弾劾の書である。「水平化を試みる人間は決して平等を生み出さない。市民の多様な階層から成り立つ社会では，必ずや一部の人々が高い地位を占めるはずであり，従って，水平化する人間は事物の自然的秩序を改変し歪曲するだけである」(バーク，2000, p. 92)。バークはこう断言する。社会的な無秩序が最後にたどり着くのは赤裸々な暴力装置のもとでの強圧的な秩序と規律以外にない。権利や人権は抽象的な個人主義的な観念ではなく，伝統，慣習および歴史によって承認され，それらに結びついた自由として存在するものだ，これがバークの見方であった。フランス革命は政治的な革命であるとともに，まずは社会改革であった。その全面的な否認は，革命が暴力的専制に行き着かざるをえない政治的な革命に対して向けられていた。しかし，同時にそれはなによりも，専制や隷属に立ち向かう貧困な下層民衆や都市の側からの蜂起を伴う社会改革だったのであり，バークにはその側面への洞察と認識が欠落していた。トマス・ペインが『人間の権利』(1791～2) において，「フランス革命の動機と原理について無知である」として，その偏見，怨恨，悪意に満ちたバークの言説を激しく非難したのも，そうした文脈においてであった。その点で，バークの人権批判は保守主義の立場からの批判にとどまったのである。

　「人権宣言」に対するもう一つの批判は，女性の立場からオランプ・ドゥ・グージェによってなされた。彼女は「女性および女性市民の権利宣言」(1791) を公表し，「人権宣言」がじつは「男権宣言」であって，女性の権利を無視したものだとした。普遍的人権という見方には女性の権利の視点が欠落していると

批判し,「人権宣言」に「女性の権利」を対置させたのである。前文において,「女性の譲りわたすことのできない神聖な自然的権利」を明記したうえで, グージェの「宣言」第1条は「女性は自由なものとして生まれ, かつ, 権利において男性と平等なものとして生存する」(辻村, 1997, p. 303) とした。その両性の平等論は, 女性に「人＝男性」と同じ権利の保障を主張したばかりでなく, 男性の暴虐と圧制こそが女性の自然権を制約していると断定するとともに, 財産の両性への帰属など当時の女性の経済的独立, 地位向上のために, 固有な権利をも強調している。

女性市民の参政権への支持の表明は, グージェ以外では公教育思想家として有名なコンドルセが, 論文「女性の市民権の承認について」(1790) のなかで展開した。両性の平等原則を踏まえたうえで, それまでの不平等の原因が本質的な性差に由来するものではなく, 教育や社会的配慮に基づいているのだとコンドルセは説いたのである。反面, 性別役割を固定的にみていた点で, その限界はまぬがれなかったが,「権利宣言」における女性の権利を無視していることへの批判において, いずれも重要な役割を果たしたのである。しかし革命の進展は, グージェに対して処刑 (1793), コンドルセには逮捕・自殺 (1794) という運命を強いたのである。

グージェと同時代, イギリス人のメアリ・ウルストンクラフトはバークの保守主義にみられた女性蔑視を批判し『女性の権利の擁護』(1792) を著し, また私有財産制を不平等の原因として批判するとともに,「女性にも男性と同じ権利を共有せしめよ」と説いて, 男女同権論を展開した (辻村, 1997, pp. 61〜62)。これらの女性の権利の主張は, 近代合理主義の立場からではあったが, いずれも「権利宣言」における女性の権利の欠落に対する批判を意図するものであった。このような女性の権利の無視にくわえ,『第三階級とは何か』(1789) の著者シェイエスが主張したような能動的市民と受動的市民の区分によって,「すべての人」および「すべての市民」にさまざまな制約がなされ, 差別が設けられていったのである。選挙権は, 一定の租税支払い者でフランス人男性に限定され, 納税能力のない男性を含む「女性, 子ども, 外国人, 公的施設の維持に貢献しえない者」は受動的市民として選挙権者から除かれたのである。

こうした権利主体からの排除は, マイノリティたちにも向けられていた。そ

こには，植民地の奴隷，家僕，少数者としてのユダヤ人，有色の自由人が含まれ，それは1848年に全フランス領植民地で奴隷制が廃止される19世紀半ばまで続いたのである（ウィリアムズ．II，1978，pp. 27～29）。

以上のような見方に含まれる論点は，近代社会における人権をブルジョア的な利己的権利ととらえたマルクスの批判により，いっそう本質的に明らかにされる。権利というのは，もともと不平等な差異のある諸個人に等しい尺度を用いるときにだけ成り立ちうる性質のものであって，その尺度のたて方により不平等や差別が正当化され，その権利のあり方が問題となると指摘したのである。

「自由という人権は，人間と人間との結合にもとづくものではなく，むしろ人間と人間との区分にもとづいている。それはこうした区分の権利であり，局限された個人の，自己に局限された個人の，権利である。自由の人権の実際上の適用は，私的所有という人権である。・・・市民社会においては，各人は他人のなかに自分の自由の実現ではなく，むしろその障害を見いださせるようにさせられている」のだとする。「だから，いわゆる人権はどれ一つとして，利己的な人間以上に，市民社会の成員としての人間以上に，すなわち自分の殻，私利と我意とに閉じこもり共同体から区分された個人であるような人間以上に，こえでるものではない」と論じたのである（マルクス，1954，pp.402～403）。

人権は私的利己的なものである。それは人びとを区分けして，お互いに関係し相補い合う共同的な存在である諸個人を孤立させる。権利が人を結びつけるというより人を分けへだて，共同的な関係世界からはずされるという意味だとすれば，それはどういうことなのか。

まずは私的所有権が排他的な占有性を有していることがあげられる。また親権としての子どもを教育する自由もしくは権利についていえば，親権は子どもの扶養義務を負っている親に対する代償（反対給付）という意味を含んでいる。子育てが私事（わたくしごと）として社会の共同の仕事に向かわずに，「我が子」主義にとらわれてしまう，そういうこともあげられるだろう。

このように利己的ということに権利の本質の一面をみる見方は，今日，差異と多様性を承認しつつ，人権の普遍性を問いなおしていくうえで，なお重要な観点を提供する。教育の機会均等のもとでの能力の形成において，子どもたちは親の職業，資産，学歴，経済力など，あるいは＜文化資本＞と呼ばれる家庭

の文化習得環境によって不平等のもとに置かれている。学力もカネしだいという現実がある。市場競争を支配している原理には自己中心主義がつらぬかれている。今日、構想されている民主主義的な価値多元化社会においてさえ、固有の価値・思想の担い手とされる個人も、いったんは私的利害関係の世界における私人という位置を引き受け、そのことをとおして共同的な関係世界を築こうとする存在なのである。

しかしながら人権がこうした問題をかかえていることを理由に、人権を軽んじたり、個人の権利もしくは人権に上位するものとして国家を置くわけにいかないのである。個人の尊重と自由を侵すような国家権力が支配的になれば、市民社会は機能不全となる。それゆえ、国家はそれらを侵害してならないこと、その禁止を国家に課してきたのである。人権を国家主権に隷属させてならないとする自覚は、「私権」に上位するのだとした国家権力が個人の人生をほしいままにして自由を奪いつくした、つぎのような歴史的経験をとおして手に入れてきたものである。

たとえば、それらは20世紀におけるナチス・ドイツによるユダヤ人のホロコーストのための強制収容所（ゲットー、アウシュヴィッツ）、日本の超国家主義的天皇制ファシズムによる台湾、朝鮮の植民地支配および皇民化政策、さらにはアメリカによる原爆投下が引き起こしたヒロシマ・ナガサキでの大量殺人など、国家主義・全体主義がもたらした歴史の記憶と結びついた忘れ去ることのできない未曾有の出来事である。人類の階級支配からの解放をめざした社会主義国家体制のもとでも粛清やソビエトのスターリン体制下の政治犯・思想犯のための収容所（ラーゲリ）が存在したりした。

5. 歴史の中の人権 ― 平等と自由のためのたたかい

人権や権利をかかげることで、さまざまな社会問題が解決されてきた事実の一面にもふれておかねばならない。人権思想によって何が問題とされ、どのような問題が克服され、解決されないできたのか。平等と自由をめぐって確かめておこう。

5. 歴史の中の人権 —— 平等と自由のためのたたかい

(1) 人権と学校教育をめぐって

　＜人権としての社会問題＞が 18 世紀末に始まる産業革命によってもたらされる。労働時間の無定量な延長，労賃のできる限りの引き下げなど，産業家たちによる労働民衆へのあくなき搾取と収奪が始まる。新しい機械制生産方式は子どもたちや女性たちを成人男性に代わって労働の場に引き入れることを可能にした。年少時からの身体の過酷な使役は，心身をすりへらし，多くの子どもたちを青年になるまえに「廃人」にしてしまう。これが＜児童労働＞問題である。環境劣悪な工場で終日働く子どもたち，地下深く陽の射さない暗い場所で採炭する年少の炭坑労働者たち，織物工場で単純反復作業に従事する若い女性労働者たち。こうした労働する人びとの登場は，資本家たちが利潤の最大値を追求する結果であった。このような悲惨かつ人道に反する事態への＜反作用＞が始まる。労働年齢の制限，労働時間の短縮，週労働日の確立，労働賃金の引き上げなど，労働者の人間としての尊厳を要求する労働組合運動や＜工場法＞の制定がそれである。後者の立法政策は基本的には個々の産業家たちの利害をこえた社会防衛的な立場から，労働資源の摩滅を防ぎ，労働力の再生産を図る総資本と為政者側の利害を反映するものであった。産業的，功利主義的な精神は，児童労働者たちを保護するのだという人道主義によって装われていたのである。

　1833 年，イギリスの工場法にはじめて教育条項が規定される。子どもたちの雇用条件に使用者の経費負担による初歩的読み書き算の保障を義務づけするものであった。それは人権としての教育という理念のコロラリー（系譜）からではなく，産業的現実の矛盾と実相のただ中から生み出された「半労半学型」の民衆教育のひとつの原型を示すものであった。19 世紀の半ばから後半にかけて制度化されていく初等義務教育は，アメリカにおける無償公立学校運動，イギリス，フランスなどヨーロッパでの国家による義務就学の制度化として展開する。それらは「教育条項」とは相反して児童労働を全面禁止し，そのうえで民衆を学校に取り込み，「国民」につくりあげる国家の一大装置として機能する。国民形成，国民統合ならびに労働力の再生産という産業上の必要性が公教育制度を作り出し，それに対抗する形で権利としての教育という思想が生まれた。国民教育制度は，国民すべてに基礎教育をあたえるというかぎりで，「権利と

しての教育」の側面をもってはいたが，本質的には，それは国家が国民に強制した義務であった。この就学強制は他民族支配という帝国主義のもとで民族抹殺に至る同化と排除のシステムの重要な一環となる。均質な国民形成を原則とする「国民教育」はその境域を拡張していくのである。

就学が義務とされたとはいえ，教育の機会への接近は民衆に知的世界への参入，階層上昇・階層移動などへの期待感をあたえた。しかしそれも民衆に解放を約束するというより，支配階層に包摂／支配していくという面をもつものであった。これに対して労働運動や社会運動は，公費による無償の教育保障，教育の機会均等の保障など「権利としての教育」をかかげて，教育の平等化および下層民衆の教育利害を代弁していく。こうして矛盾を抱えながらも義務教育の就学率は上昇し，教育は量的には普及していったのである。しかし，一旦その「教育」の内実に立ち入れば，不平等や公正さに欠けた現実，教育が抑圧のはたらきをしている実態に直面せざるをえなくなる。そこで言われている教育が，じつは「学校教育」以外ではなかったからである。

学校は，同一年齢・同一学年制，同一内容・一斉教授法，同一学級・同一時間割あるいは整列行進などの原理で編制された教育システムである。同一性の原理は，タテマエは平等の保障とみえても，多数の子どもたちを管理しながら効率よく教育していくことができる計画的かつ「合理的」なシステムとして機能したのである。そればかりでなく，その原理は保障主体たる国家の役割を強化し，それは20世紀の福祉国家もしくは社会主義国家のあり方に体現された。

学校教育の同一性は近代学校を特徴づけるものであり，国家による保障機能の肥大化は子どもたちに自由ではなく服従を強いることにもなった。

これまでのさまざまな学校批判がこうした近代学校の抑圧性に向けられてきたのは当然である。それゆえに，個性的で自由な学校，学校のなかの自由が希望として語られ探求されてきたのだ。教育は，教えることではない，自分を発見させることにある，という見方がある。学校でなされる「教育」はどうであろうか。今日もなお，学校教育という＜仕組み＞はそれへの批判にもかかわらず，人権としての教育のもとで人権とは裏腹の事態をもたらしているのである。

就学の強制，国籍差別，性差や「障害」による分離・別学制度，子どもに対する懲戒・体罰，登校拒否・不登校，市民的自由の制限，国家言語である国語

による教育，階級・階層化された学校制度，学力による選別と序列化，国家的価値観の強制，愛国心による国民統合，知の支配および文化の統制と結びついた教科書制度など，国民教育として「普及されつくした教育」のなかみは多種多様な問題で充満している。

　学校教育は，それ自体，人権問題なのである。人権という観点から学校が問われてよいだろう。

（2）　自由と解放をめぐって

　人権思想と自由にとっての試金石は，奴隷制問題であった。黒人奴隷貿易，奴隷制および先住民の駆逐と絶滅策は，人権思想が当初より直面した回避しがたい現実であった。15世紀の半ば以降，それはポルトガルによって始められたとされる。その後，ヨーロッパ諸国によるアジア，アフリカ，南アメリカの諸民族に対する植民地支配がすすめられ，それにアメリカも加わる。イギリスは18世紀中に，アメリカ，西インド諸島へアフリカからもっとも多い300万人近い黒人たちを運んだとされる。1781年，そうしたイギリス船であったゾンク号がアフリカで黒人狩りをして集めた黒人たちを移送中，伝染病にかかった黒人を海へ投げ捨て，この事件でのちに船長が殺人罪で告訴される有名な事件が起きた。裁判長は，「奴隷の場合は馬を海中に投じたのと同様である」として船長を無罪とした。この奴隷制を正当化する思想は，黒人を人種的に劣等視する人種差別観に深く根ざしていた。しかし同時代に，奴隷制を廃止すべきだとする反対論も主張された。啓蒙思想家ディドロは「いかなる支配者といえども人間を財産として保有することは断じてゆるされない。つまり，子供は父の財産ではないし，妻は夫の，召使いは主人の所有物ではない。同様にニグロもまたプランターの所有物ではありえない」と述べ，黒人も白人と同じく自然権をもっており，平等かつ自由を享受すべき存在であるとした（ウィリアムズ. I, 1978, p. 274）。

　フランス革命は奴隷制にどのような態度をとったのか。1791年8月，サン・ドマング（今日のハイチ）において黒人奴隷たちによる蜂起がおこる。植民地への「宣言」適用の是非をめぐる決着を先のばしにしてきた国民公会は，1794年になり奴隷解放決議を成立させる。しかし奴隷制はナポレオン帝政下でふた

たび容認され、それとの闘いを経て、1804年、世界最初の黒人を構成主体とする共和国ハイチはその樹立をもって奴隷制を否定した。黒人による奴隷制反対と植民地解放運動は、19世紀から20世紀をつうじて流血の犠牲をはらってつづけられる。奴隷制の廃止はイギリスでは1833年に行われ、アメリカでは南北戦争を経て1865年に、その後、フランス、スウェーデン、オランダなどで廃止される。しかし奴隷制反対論は、かならずしも人種差別反対論に立つものではなかった。たとえば、奴隷所有主にとって奴隷の疾病への医療費を含む維持費は自由な労働者の雇用を上回る利点と見なされなくなり、そうした経済的打算から「奴隷制は必要でない」とする議論がそれである。これは人種差別反対からでなく経済的観点からの反対論であった。そこでも人権思想の真価——平等と自由が問われていたのである（ウィリアムズ．II，1978，p. 16）。

　南北戦争後、白人による人種差別に抗議する黒人たちの運動は止むことはなかった。南部諸州では、奴隷制に代わって黒人と白人とを分離する人種隔離制度を発展させていった。この制度の本質を示すことになるプレッシィ事件が1896年におこる。黒人の血をひく青年が、白人専用車に乗っていたところ、強制退去を命じられ、それに従わなかったことを理由に刑罰に処せられ、それを不服とする裁判で人種別座席の隔離規定をしていたルイジアナ州法の合憲性が争われた。合衆国最高裁判所は、「分離すれども平等」（separate but equal）という原則をたて、強制的分離は違憲ではないとした。この原則は、たとえばボストンからワシントンに移動できるなら、乗車できる車両が人種別となっていても不平等とはいえないという理屈で分離を認めるものであった。これ以後、この原則の適用があらゆる社会生活面にひろげられ、人種別学制度はもちろんのこと、人種隔離、人種差別が正当化されていくことになった。この制度を廃止し、またその原則を否定するためには、なお半世紀以上の解放のたたかいを必要としたのである。1954年、最高裁判所はブラウン判決によって「分離すれども平等」の原則を否定する。「われわれの結論はつぎのとおりである。公立学校の教育の分野では『分離すれども平等』の原則は存在の余地がない。分離された教育施設は、本質的に不平等である」とされた（橋本，1975，p. 121）。

　こうして、黒人への人種隔離差別の禁止、それを契機としたマイノリティ・グループの人権の確立をめざすさまざまな解放運動、公民権運動が展開されて

いく。白人による黒人，有色人種への皮膚の色による差別意識がそこで根本から問題とされる。しかし，その運動をとおして本質的に不平等だと否定された「原則」および立場もまた再審に付される。黒人居住地域と白人居住地域の子どもたちを毎朝，強制的に他地域にある学校へバスで送迎して共学させる方法（bussing）は，分離教育への対応策であったが，アイデンティティを損なうものだとして黒人の側からの批判にさらされる。強制による「共学」という方法がアイデンティティを喪失させるものだとして問われたのだ。分離と統合，差別と平等のあり方がより深い地点から問題とされたのである。この点は「障害」児と普通児とが地域の普通学校でいっしょに学ぶ共生と共育，ノーマライゼーション，インクルージョンなど統合教育をめぐる問題との異同を問うものだ。

　以上のように，人権思想は平等，自由および解放をめぐるたたかいと運動のなかで批判され験されながらも，人びとに社会正義の自覚をうながし，そのための行動に向かう意志と方向を指し示す羅針盤の役割をはたしてきた。

　民族自決，民族解放運動にもそれは体現されていた。たとえば，1945年9月2日，ハノイで発表されたベトナム民主共和国独立宣言は，第2次世界戦争後にもえあがったアジア，アフリカ，アラブの民族解放運動の最初の産ぶ声であり，帝国主義国家への告発状であった。アメリカ独立宣言およびフランス人権宣言を冒頭に記したこの「宣言」は，80年以上にわたり圧政をつづけたフランスの植民地主義者を人道と正義において糾弾している。1940年秋以降，インドシナに侵略してきた「日本のファシストたち」による占領支配への抵抗とたたかいにより，日本人は降服し，「この民族は自由の権利をもったのだ。この民族は独立の権利をもったのだ」と刻んでいる。私たち日本人は，このような植民地支配，民族抑圧，侵略，人道に反する行為によって戦争責任を追求される側におかれてきた。このことは人権をめぐる思想と実践において，私たちがいま何をなすべきか，それを迫っている。

6.　人権思想の国際的展開

　「子どもは，子ども自身として人間である。そして尊厳をもっている」。これはヤヌシュ・コルチャック（1878〜1942年，ユダヤ系ポーランド人，小児科医・教育家・作家）が残したことばである。戦争はもっともひ弱な子どもた

ちを犠牲にし，孤児をつくりだす。彼はワルシャワにつくった孤児院で30年間，孤児たちとの共同生活をつづける。戦争が孤児院を生む。コルチャックの思想がその中から結晶する。20世紀前半の二度の世界戦争は，国家間の武力衝突により殺人を強制する国家を巨大なものにし，世界史上，例をみない大規模な殺戮と大量の犠牲者をもたらし，諸個人から生存する権利を奪いつくすものであった。戦争は最大の人権の否定である。戦争によって諸国民は人権尊重と人権保障がどれほど重要であるか，痛覚させられたのである。コルチャックの思想と行動，トレブリンカのガス室で孤児たちとともにナチスのホロコーストの犠牲となった悲劇は，その後，1978年の国連人権委員会でポーランドから提出された子どもの権利条約草案とその精神に影響を与え，引き継がれてきた。そのいきさつが示すのは人権思想の世界的なひろがりである。

人権の国際化とは，端的にいえば人権に国境はないという意味である。それは人権問題は国内問題だとするあり方および内政不干渉の原則への批判として理解されてきた。国家によって抑圧されてきた人びとの人権の問題を国境を越えてだれもが共有していくことができるし，しなければならないのである。

1924年のジュネーブ宣言，1959年の国際連合による「子どもの権利宣言」を経て，1989年，子どもの権利条約が第44回国連総会で採択されるが，それはこうした子どもを人権の主体とみなす人権の国際化の一端である。

1948年の国連第3回総会で「世界人権宣言」が採択された。この宣言は，第2次世界大戦の終結後，確立されるべき基本的人権の共通の基準として，また国内問題としてのみでなく国際問題として人権を位置づけていくための道標であり，国際人権保障の枠組みとなっていくのである。〈前文〉において「人権の無視と軽侮とは，人類の良心を踏みにじった野蛮行為を生ぜしめ，一方，人間が言論と信仰の自由および恐怖と欠乏からの自由とを享有する世界は，一般の人々の最高の願望として宣言された」と記されている。ここに列挙された人権は，すでに宣言に先行して制定公布された日本国憲法の基本的人権と符合しており，その歴史的意義は重要である。

実際的な課題は，この宣言を理念にとどめるのではなく，それに拘束力を付与することにあった。条約による実効性の確保は，「人権および基本的自由の保護のための条約（ヨーロッパ人権条約）」（1950年）に始まる。1961年の「ヨー

ロッパ憲章」は社会権としての人権の意義をあらためて喚起した。

　二つの規約から構成された国際人権規約（1966年）は，こうした流れをうけて成立する。ひとつは「経済的，社会的および文化的権利に関する国際規約」（A規約，社会権規約）であり，もうひとつは「市民的および政治的権利に関する国際規約」（B規約，自由権規約）である。日本は1979年8月4日に批准して締約国となった。そこで認められた諸「権利の完全な実現」のため「行動をとることを約束」し，規約の実施義務が課せられた。しかし，日本政府はA規約第13条2項のうち「無償教育の漸進的な導入により」の箇所など4項目について留保し，批准の完全実施をしていない。1997年現在，締約国は，A規約が137カ国，B規約が140カ国である。

　このA規約およびB規約では，第1条はともに「人民の自決権」となっている。個人の人権の保障と遵守のための絶対必要な条件および前提として自決権がとらえられている。人民の自己決定を人権の基礎とするという認識がそこにある。今日，世界の諸国民はそのような認識を共有して，国境を越え人権規約の実現をめざしつつある。人権思想の＜現在＞がそこに示されている。人権条約の締結は一般的人権のほか個別，問題別に積み重ねられてきた（表1）。

　条約の実効性という点では，女性差別撤廃条約が批准され，男女雇用機会均等法（1986）が日本の国内法として制定され，その後，男女共同参画社会基本法（1999），配偶者からの暴力の防止及び被害者の保護に関する法律（2001）などが定められたことをあげておこう。

　ところで人権の保障において不可欠なのは人権侵害に対する保護，救済の問題である。個人が人権侵害を受けたときに，それを救済する仕組みがあってはじめて人権の保障は裏づけられる。人権の国際化は保障体制の公権力性と権利主体の相克を伴いつつも，こうした人権救済の手続きと機構の整備を図る過程として進展してきた。

　人権救済について重要な役割を果たしてきたのは国連人権委員会である。人権に関する研究，人権侵害状況の調査，条約や宣言などの国際文書の起草，勧告案の準備のほか，人権侵害の申し立ての取扱いなど，その活動は多岐にわたっている。B規約は，第2条において「権利または自由を侵害された者」による救済措置請求に応じうる救済機関の設置を求めている。それは既存の司法的裁

表1 国連で採択された人権に関する主たる条約

国連採択年	条約名
1948年	結社の自由・団結権条約〔ILO87号〕 集団的殺害犯罪の防止および処罰に関する条約〔ジェノサイド条約〕
1949年	人身売買および他人の売春からの搾取の禁止に関する条約
1950年	人権および基本的自由の保護のための条約
1951年	難民の地位に関する条約
1952年	女性の政治的権利に関する条約
1957年	既婚女性の国籍に関する条約
1962年	婚姻の同意，最低年齢および登録に関する条約
1965年	あらゆる形態の人種差別の撤廃に関する国際条約
1979年	女性に対するあらゆる形態の差別の撤廃に関する条約
1984年	拷問及びその他の残虐な，非人道的な又は品位を傷つける取扱い又は刑罰の禁止に関する条約
1989年	先住民条約〔ILO169号〕 子どもの権利条約
1990年	全ての移住労働者及びその家族の権利保護に関する条約

判とは別個の人権救済システムである。B規約の第1選択議定書は人権侵害にかかわる「個人通報制度」を定め，通報を受けた国連の自由権規約委員会が審議し，その見解を当事国の政府に送付することとしている。日本はこれをまだ批准していない。こうしたシステムに加え，1994年に設立された人権裁判所は，それまでのヨーロッパ人権委員会とヨーロッパ人権裁判所を統合して，人権を侵害された個人が国境を越えて訴えることを認めた。これらは国民国家の枠内での国家と国民の関係が，権利主体たる個人の側から踏み越えられたことを意味する。

　このような国際的な人権救済の活動は，NGO（非政府機関）によっても取り組まれてきた。アムネスティ・インターナショナルはそのひとつであり，良心の囚人（思想，人種，皮膚の色などを理由に囚われた非暴力の人びと）の即時・無条件の釈放などを求める個別救援活動を行ってきた。

　人権の国際化が示しているのは，以上にみてきたような国境を越えて救済を必要とする人びとの存在，そのような人びとをつくりだすような抑圧と差別から私たちが依然として自由でないという世界の現実である。しかも，国際紛争

> **女性差別撤廃条約**
>
> 　1979年の第34回国際連合総会で採択された。正式の名前は、「女性に対するあらゆる形態の差別の撤廃に関する条約」である。日本国は1985年に批准し，同年7月25日に発効した。
> 　この条約の第1条において，「女性に対する差別」とは，性に基づく区別，排除又は制限であって，政治的，経済的，社会的，文化的，市民的その他のいかなる分野においても，女性（婚姻しているかいなかを問わない）が男女の平等を基礎として人権及び基本的自由を認識し，享有し又は行使することを害し又は無効にする効果又は目的を有するものをいうと規定している。国際社会における女性の権利確立は，条約批准により国内でのさまざまな法律の改正，制定を促してきた。日本では男女雇用機会均等法（1986年）が制定された。こうした性差別を法的処遇の問題にとどめず，性差やジェンダーの視点から検討する必要が指摘されている。

の解決に国連の調停や介入がいつも成功しているわけではない。その平和主義の理念と行動は不信や無力感にも直面している。しかし，こうした現実に対して，女性国際戦犯法廷や種々の国際会議が国連の枠を越えて人権活動を展開している。これらもまた国際化のもうひとつの現実である。

7. 試練の中の人権

　世界中で国家や権力者が民衆を巻き込みながらさまざまな紛争を引き起こしている。2001年9月11日のアメリカでの同時多発テロ，アフガンへの報復爆撃，コソボ民族紛争，パレスチナとイスラエルの間での武力衝突の連鎖など，あらゆる類の暴力が人びとを相互に不信と憎悪に追い込んでいる。市場競争を原理とするグローバリズムは，地球上のあらゆるところで人びとを孤立，対立させながら，そうした事態をいっそう深刻なものにしている。個人の尊重，自由，公正および正義などを謳う人権という考え方によって，この事態を克服しえるのだろうか。人権の普遍性は，人びとが折りあいをつけながら暮らしていける「手形」となりえるのだろうか。しかし一方には，報復は報復を呼ぶだけであり，その報復の連鎖を断ち切って，困難であるとしても共に生きていくことの方にかけたいとする人びとの声が聞こえる。暴力と憎しみを越えたひととひとのあり方に人権の普遍性への問いかけと可能性が拓けている。

この人権の普遍性への問いは、今日の科学技術の進展、とりわけ生命科学をめぐっても生じており、個体としての「生命」の意味が問われ、ヒトおよびひとの概念を根底から揺るがしている。これらのさまざまな問題は法廷で争われ、裁判となっている。＜事実＞の世界で生じている問題を＜法＞の世界に変換して解き明かせるであろうか。人権というものの考え方が現代社会に生じている問題の解決に対して万能でないとすれば、それはどのような意味においてであるか。人権思想はいま試練に立たされている。

　まず第1は、人権の主体として自律した個人、理性をそなえた自由で自立した個人が想定されていることへの疑いである。人は誰も出生時から他者への依存と関係の共有なしには存在しえないのであって、その意味では自立的とも自由な存在ともいえない。どんな個人も現実の階層・階級や権力などに左右される社会的諸関係の中におかれている。自由な個人というのは、じつはそうした関係に拘束された存在であることを消去して表象されたものなのである。にもかかわらず、諸個人にとって生きることへの自由や自立は目指されるべきものであり、希望にほかならないのだ。

　第2に、人権主体をあらゆる差異をはぎとったあとに残った同一性にもとづく均質で平等な個人とみる普遍的人権という見方への批判である。人びとは、実際にはあらゆる意味で多様であり、民族、宗教、言語など文化的にも差異に富んだ存在である。差異は人びとを分断と排除に押しやるものでもあるが、差異を承認しあい、人びとが共同性をめざしていく普遍性が新たに探求されるべき課題として提起されている。

　第3に、個人個人はなんらかの団体、共同社会、家族、共同体の一員としてそこに帰属しているのであり、二次的な帰属集団、たとえば国家にのみアイデンティファイ（自己同一化）しているのではない。この個人の帰属の複数性と多元性は事実としての存在の仕方を示すものであり、そこでは個人が取り結ぶ関係は幾重にも重なり合っている。

　第4に、特定の組織や団体などに個人が帰属するということは、諸個人にとってそれらが備えている規範、規則などに促されて振る舞うこと、それを通して一定の諸関係を身にまとうことを意味する。この帰属によって生じた諸関係を問い返す行為こそ、ひとを主体にするものだ。そこで問い返しを行うか否

かにより個人は主体になる可能性をためされる。この個人が主体化をめざす契機となるのが主体位置（個人が担わされる特定の役割行為をうながす社会的な立場・位置）の多種多様性である（ムフ，1998, pp. 25～27, p. 143, p. 194）。こうしたさまざまな主体位置で行為する個人の像とイメージは人権思想のそれにどのようなインパクトをあたえるだろうか。個人は人権の主体として相矛盾する行為をせざるをえないような事態の中におかれ，社会における個人のこのような主体のありようこそ，矛盾や葛藤をひきうけて世界にはたらきかけ，現実の諸関係を変革させていく能動的な主体としての個人をつくりだす。それは人権の主体と見なされてきた個人の像を越えるものだろう。人間は「社会的諸関係の総体（アンサンブル）」（マルクス）なのだ。

　第5には，科学技術と社会をめぐって人権は新たな挑戦をうけている。ひとつは生命科学の領域である。ヒト・クローン技術は，「人間の同一性障害」，クローン人間における人生の既決定性に対する，たとえば「未来に干渉されない権利」という，およそこれまで考えられなかった問題を提起する（シンポジウム，2001, p. 12）。これは社会的存在としての「人間」のあり方をはみ出している。もちろん，まずはクローン人間そのものが問われている。もうひとつはIT革命，情報技術の領域である。不可視の情報権力による人権侵害の拡がりである。

　人権を学ぶことは，人権問題について知識をひろめたり，人権の思想や理論を知ることを越えて，私たち一人ひとりがそれぞれの仕方で人権の主体を引き受け，その侵害や抑圧とたたかい，現実を批判し，世界の変革をめざす試練の旅に出立することだ。

8. 人権の新しい地平に向けて

　＜水牛家族＞［Kalabao Family］の活動を紹介しよう。この会の活動のきっかけは，このグループがスタートした時からの数人のメンバーが，フィリピン・レイテ島のブラウエン奥地のジャングルにある村を訪ねたことから始まる。村の暮らしは，簡素な住まい，子どもたちの水運び，昔ながらの農作業によっている。日本に比べれば村の人びととの暮らしは「貧しい」。村民よりは経済的に余裕があるものにできることはないか。お金や応急手当の援助はその場かぎり

で終わる。村の暮らしが成り立ち，生活のなかに自立が根づくことがよい。そのために最も有効と思われる水牛をおくるというプロジェクトが立ち上げられる。趣旨に賛同して会員が全国に広がる。水牛をおくりはじめて，15年目。すでにおくった水牛から子どもも生まれ，総数は90頭近くとなる。水牛の働きは，村にとってかかせないものとなり，水牛は村全体で共同管理され，大切に扱われている。

　日本は，アジアのここかしこで，樹木を伐採して森林を破壊している。

　〈水牛家族〉は国境を越え，人びとが暮らしの基本を大切にして支え合う生活の流儀に従おうとしている。椰子やバナナの葉から手漉いて紙をつくる製法を身につけた村人は紙をつくり，メンバーたちがそれで「はがき」をつくり，それを売った収益が水牛の購入代になって還流する。こうした生産と消費のサイクルは，与える・与えられるという関係ではない支え合いであり，国家による援助，半官半民機関による援助とも違う。そこに森林破壊の対極にある民衆のあいだの関係世界のひとつのあり方をみることができないであろうか。

　いま，かつてないほどに多くの人びとが海や境域をこえて往き交っており，アジアの中の日本，日本の中のアジアは新しい様相を帯びつつある。

　レイテ島は，アジア・太平洋戦争における日本軍とアメリカ軍との激戦地であり，無謀な戦闘で多数の兵士が死んだばかりでなく，なによりもフィリピンの民衆に甚大な犠牲，戦争の惨禍をもたらした地である。日本は依然として戦争責任を果たし切れていない。日本軍「慰安婦」とされた女性たちは，日本の天皇および国家の戦争責任の明確化とそれに基づく謝罪と補償の実施を求めている。私たちもまた日本が行った侵略戦争に対して戦争責任を果たすよう国家に求めるのは当然である。しかし，それが唯一の方法ではない。

　〈水牛家族〉は，民衆が過去と現在に向き合うひとつのこころみであり表現である。人権の新しい地平は，人びとのこうした何気ない行為とその持続の意志から生まれるのではないだろうか。

【引用文献】
1) 横田洋三他監修『UNDP人間開発報告書 2000「人権と人間開発」』（日本語版）国際協力出版会，2000年．

2) ジュディス・バトラー（竹村和子訳）『ジェンダー・トラブル』青土社，1999 年。
3) ジュディス・バトラー，エルネスト・ラクラウ，スラヴォイ・ジジェク（竹村和子・村山敏勝訳）『偶発性・ヘゲモニー・普遍性』青土社，2002 年。
4) ジョン・ロック（伊藤宏之訳）『全訳　統治論』柏書房，1997 年。
5) 樋口陽一・吉田善明編『解説　世界憲法集』三省堂，1994 年。
6) エドマンド・バーク『フランス革命に関する省察（上)』(1790)岩波文庫，岩波書店，2000 年。
7) 辻村みよ子『女性と人権－歴史と理論から学ぶ』日本評論社，1997 年。
8) E・ウィリアムズ（川北稔訳）『コロンブスからカストロまで』I，II，岩波現代選書，岩波書店，1978 年。
9) マルクス「ユダヤ人問題によせて」『マルクス・エンゲルス全集　1』大月書店，1954 年。
10) 橋本公亘『基本的人権』有斐閣，1975 年。
11) シャンタル・ムフ（千葉眞他訳）『政治的なるものの再興』日本経済評論社，1998 年。
12) 「シンポジウム　科学技術は私たちの生命をどこへ誘うのか？」『和光大学人間関係学部紀要 N0.6（2001)』抜刷。
13) 『水牛家族』［Kalabao Family］会報 NO.47，2002.2.28．

【参考文献】

- 高木八尺他偏『人権宣言集』岩波文庫，岩波書店，1957 年。
- 宮沢俊義編『世界憲法集』第 4 版，岩波文庫，岩波書店，1983 年。
- 浜林正夫『人権の思想史』吉川弘文館，1999 年。
- 浅川千尋『アクチュアル人権論』晃洋書房，1998 年。
- 憲法教育研究会『それぞれの人権　第 2 版』法律文化社，2002 年。
- 佐々木允臣『もう一つの人権論〔増補新版〕』信山社，2001 年。
- 岡村遼司・今野敏彦『人権問題とは何か』明石書店，1998 年。
- ジャン・モランジュ（藤田久一・藤田ジャクリーン訳）『人権の誕生―フランス人権宣言を読む―』有信堂，1990 年。
- 久保田洋『入門国際人権法』信山社，1990 年。
- 大塚秀之『アメリカ合衆国史と人種差別』大月書店，1982 年。

- ジョン・ロールズ他（中島吉弘・松田まゆみ訳）『人権について』みすず書房，1998 年 11 月。
- ジョルジュ・アガンベン（高桑和己訳）『人権の彼方へ』以文社，2000 年。
- 辻村みよ子・金城清子『女性の権利の歴史』岩波書店，1992 年。
- オリヴィエ・ブラン（辻村みよ子翻訳・解説）『女の権利宣言―フランス革命とオランプ・ドゥ・グージェの生涯』岩波書店，1995 年。
- ヤヌシュ・コルチャック，サンドラ・ジョウゼフ編著（津崎哲雄訳）『コルチャック先生のいのちの言葉：子どもを愛するあなたへ』明石書店，2001 年。
- 新保庄三『コルチャック先生と子どもたち：ポーランドが子どもの権利条約を提案した理由』あいゆうぴい，1996 年。
- T.I.エスマン・木下毅『現代アメリカ憲法』東京大学出版会，1992 年版。
- アマルティア・セン（池本幸生他訳）『不平等の再検討　潜在能力と自由』岩波書店，1999 年。

【課題と設問】

1. 人権を確立し実現しようとしてきた人びとの努力とたたかいについて，歴史のなかの事例をとりあげ，その今日的意義について，あなたの考えを述べてください。
2. 人権の主体として「ヒト」「ひと」あるいは「人間」という表現で区別することがなぜ必要になるのか，具体的な事例を取り上げて説明してください。
3. 人権の国際化を目指して，さまざまな人権条約が締結されてきた。それらの中から，あなたがもっとも関心をもった「条約」の意義と探求すべき課題について自由に論述してください。

第1章

部落問題の現在（いま）

1. はじめに

　数年前，アメリカ東部の街フィラデルフィアのペンシルバニア大学にて部落問題について話す機会を得た。どのように話すべきかについてあれこれ考えたが，非常に難しいことに気づいた。もともと，ペンシルバニア大学東洋学教室ハースト教授の私への依頼は自ら部落民を名乗る＝カムアウトしている被差別部落出身者の話を聞きたいというものであった。当事者である私にとって，部落差別問題や部落民であることは自明である。しかし，それについてアメリカの人びとにハイテクの国日本に，身分制に基づく部落差別問題がなぜ現在もなお存在しているかについて理解してもらうことははなはだむずかしい。なぜなら，部落差別問題は彼らが自国で日常的に対峙してきた人種・民族差別（黒人・ヒスパニック）問題でもなく，宗教的に異なることからきている（ユダヤ人）差別問題でもない，同じ日本人の内部に歴史的に作り出されたある一部の人びとが部落民（そのコミュニティの成員）として社会生活の様々な場面でなが年にわたり忌避（差別）されてきた問題だからである。アメリカ人とって明確な原因とされる印や差異が見いだせないにもかかわらず差別される現象は不可解に映るらしい。

　この不可解さは最近の日本における少なくない若者たちの部落差別問題に対する意識状況ともある種共通な面が見受けられる。

　「自分の周りで，これまで部落差別について見聞きすることはほとんどない，にもかかわらず，なぜ，大学の講義で部落差別問題を扱うのですか。知らない

自分たちにかえって部落差別を知らせるだけではないですか」と授業への疑問を真顔でぶつける大学生もいる。確かに，彼らが気づかないでいられるほど部落差別問題が現象面で希薄になりつつあることも一面の事実である。それは 1969 年以降 33 年間国・地方自治体が実施してきた同和対策事業（住環境の整備，就労保障による生活の安定，高校大学への就学率の向上，啓発事業等々）の進展とともに被差別部落民に対する露骨な差別言辞も影を潜め，明らかに他地域と違っていた劣悪な生活環境や生活実態も大きく改善されてきたことによっているのである。ただ，大都市部と農村部での部落差別問題の有り様はいまもなお大きく異なっている。先の学生の声も大都市部での現象だともいえそうだ。

さらに，部落差別問題は被差別部落民に関わる差別問題であり，非部落民には自ら差別する行為もなく，それ以上に被差別部落の存在すら知らない自分たちには関係ないとの意見を持つ人びとも少なくない。とくに，33 年間にもおよぶ部落差別問題の解決を目指した特別措置法による同和対策事業が実施されてきた近年，若年層にこのような意見を持つものが増加している。部落差別問題をめぐるこれらの現象は基本的に，この問題の解決にとって決してマイナスに働くものではないと私は考えている。がしかし，部落差別問題は若者たちが考えるように，被差別部落民のみの課題なのだろうか。部落差別問題が惹起する人権侵害や不合理な現象の一つひとつは決して被差別部落および部落民のうえにのみ現れるものではない。その多くは日本社会に根強くみられる不合理な習慣や非民主的な課題とも共通しているのである。それ故，私は部落差別問題を日本社会に根づいてきた社会現象としてとらえる必要があり，その解決の進展は日本社会における民主主義の度合を示す尺度だと考えている。＜社会現象としての部落問題＞を提起する所以である。

当日，ハースト教授たちを前にして，私は以下のように部落差別問題について語った。ただ，当日の質問の中で印象に残った二つの事柄について先に述べることにする。

ひとつ目は，部落差別の歴史的起源について，近世政治起源説（江戸時代の士農工商穢多非人の身分差別制度）から，それ以前の中世社会にその起源をもとめる説が有力なようですが，どちらに起源をもとめるかはあまり大きな問題ではないと思うのですが，これについてどのように考えますかという質問。

> **カムアウト**
>
> 　カムアウトはゲイやレズといったホモセクシャルの権利主張から生まれたものである。私はこの運動に触発され＜カムアウト＝部落を名乗る＞を部落差別を解消する活動として積極的に提起してきた。明らかなように部落住民を識別する外形的な印や差異はまったく存在しない。極端にいうなら，隣の人が部落民であるかもしれないが当人には決してわからない。部落問題について対話を深めることの困難さがこの点にみられる。
>
> 　今日もなお，部落差別問題は川に堆積した澱のごとく沈静化しているようにみえる。この澱は攪拌され，顕在化される必要がある。攪拌のための第一歩が私はカムアウトであると考えている。対話は人と人との目線をあわせたところで成り立つものだ。カムアウトによって，まず相手に自分の顔（被差別部落出身者の）を明らかにする，ついで，目線をあわせることで，部落問題についてお互いが忌憚なく論議できる場を生み出すことを私はめざしている。

　確かに，部落の歴史を明らかにするうえで，近世にその起源をもとめるか，それ以前の中世社会にもとめるかは重要な争点ではある。しかし，部落差別問題の歴史を明らかにしようとするなら，その端緒は日本が近代国家（市民社会）へとスタートした明治以降の被差別部落にたいする諸政策を明らかにする必要がある。なぜなら，近代国家以前の封建社会において身分による差別的処遇を当然視する考えは当時の社会的規範でもあったからである。

　二つ目は，あなたは話のなかでカムアウト＝部落民を名乗ることについて提起されています。あなた自身のカムアウトは理解できるのですが，そのカムアウトはあなたの子どもや孫さらに数世代にわたっても続けられる必要があると考えますかとの質問だった。

　私の提起するカムアウトは現時点では少なくとも私の子どもにも突きつけられているでしょう。しかし，決して状況に強いられてのものとは考えていません。むしろ，カムアウトを私は被差別部落住民自身による部落差別を解決するうえでの積極的な意思表示の一形式だと考えています。もちろん，できるだけ早く，カムアウトが必要でない部落民・非部落民相互の自由で対等な交流や対話が実現する時期の到来を期待していますが，とも答えておいた。

2. 部落差別問題とは

現実に，1993年に実施された総務庁全国同和地区実態調査（図1.1，図1.2）によれば，西日本を中心に被差別部落（同和地区）は全国に約4500カ所を数え，約90万人（同和地区関係者人口約150万人）の人びとが被差別状況に置かれていると報告されている。部落差別問題は主観を超えた客観的な事実として存在しつづけているのである。

(1) 部落差別とは何か ― 部落差別の規定

「前近代からうけつがれてきた，身分制と不可分の賎視観念にもとづいて特定地域にかって居住したことのある人びととその子孫，もしくは現に居住している人びとを種々の社会生活の領域において忌避もしくは排除すること」（藤田敬一岐阜大学教員）と地縁血縁的系譜に基づくものとして規定されている。この規定はこれまで一般的な合意を得てきたように思われる。

ところが，1969年の特別措置法による同和対策事業の実施によって被差別部落の様相は大きく変化・改善されてきた。同時に，人びとの被差別部落住民に対する考え方も変容しつつある。このような状況を踏まえ，今日，改めて「部落差別とは，部落民とは何か」との根元的な問い，これまであまりにも自明として，触れられることのなかった問いが発せられはじめている。この状況を受け入れるかたちで，近年野口道彦大阪市立大学教員は「部落民とは，部落民とみなされ差別された人，差別される可能性を強くもっている人」と規定し，従来の属地的・血縁的系譜に縛られない，より拡大された部落民概念を提起する。しかし，私は野口のこの提起をのちの叙述で展開するように賛成することはできない。被差別部落として強いられた共同体がもつ，もたざるを得なかった課題の存在自体を否定し，さらになが年被差別部落住民自身が継承し負わされてきた部落差別の傷痕（負の遺産）をも曖昧にすると考えるからである。

これまで一般的に被差別部落の起源として前述の「近世政治起源」説が有力であった。

1965年8月の同和対策審議会答申にも幕藩体制の確立とともに作られた身分制（士・農・工・商，穢多・非人）の最下位に位置づけられた賎民（穢多・非

2. 部落差別問題とは　29

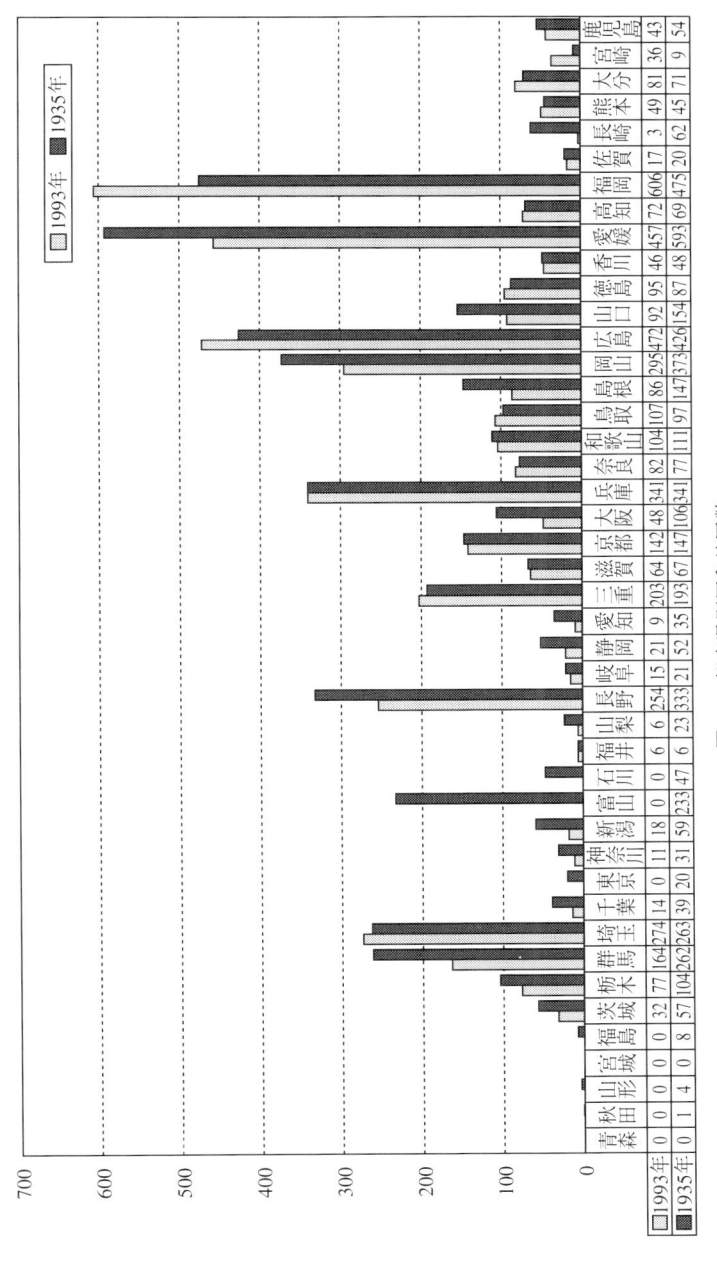

図1.1　都府県別同和地区数

30 第1章 部落問題の現在（いま）

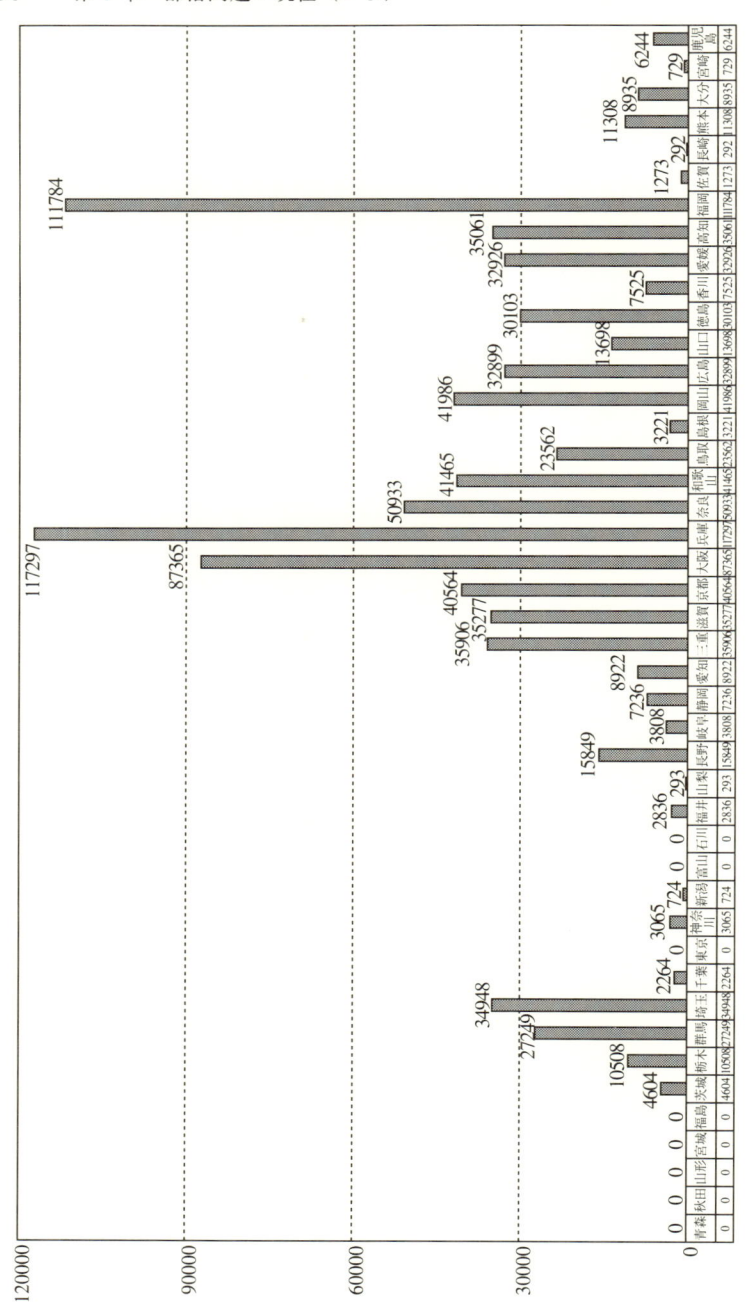

図1.2 1993年同和地区人口

青森	秋田	山形	宮城	福島	茨城	栃木	群馬	埼玉	千葉	東京	神奈川	新潟	富山	石川	福井	山梨	長野	岐阜	静岡	愛知	三重	滋賀	京都	大阪	兵庫	奈良	和歌山	鳥取	島根	岡山	広島	山口	徳島	香川	愛媛	高知	福岡	佐賀	長崎	熊本	大分	宮崎	鹿児島
0	0	0	0	4604	10508	27249	34948	2264	3065	0	724	0	3065	724	0	2836	293	15849	3808	7236	8922	15903	34146	52563	87365	50933	41465	3221	23562	41986	32899	13698	30103	7525	32926	35061	111784	1273	292	11308	8935	729	6244

人）身分がその起源とされてきた。ただ，近年の歴史学の成果によれば，近世以前の河原者を含めた多くの賤民（雑業従事者）層に遡るとの学説が有力で，近世政治起源説は後退を余儀なくされている。他にも，「一向一揆」弾圧後の民衆を，時の為政者が政治的に穢多身分に貶めたとする説も根強く存在する（近世政治起源説のひとつでもある）。

しかしながら，被差別部落の起源を明らかにする歴史学の営みは当然今後もつづけられる必要があろうが，その起源が明らかになったとしても今日ただいま現存する部落差別問題の有り様を必要十分に説明したことにはならない。先にも指摘したように，身分制社会において賤民とされた穢多（皮多）・非人への差別待遇と近代国家（市民社会）の出発点である明治維新以降，1871年8月の太政官布告いわゆる「賤民解放令」が施行された後，平等であるべき被差別部落住民（穢多・非人身分層を中心に，他の賤民層も含まれる）に対する「穢多」「新平民」「特殊部落民」等との露骨な差別言辞や社会生活全般におよぶ排除・忌避されてきた差別事象とは根本的に違っているからである。近代以前の封建制社会において身分制はその時代の社会的規範に基づき，差別待遇は社会の当然な有り様でもあった。穢多（皮多）身分への差別待遇を「差別」として抗議することは基本的にはあり得なかった。なぜなら，身分制は封建社会の規範そのものだったからである。

3. 戦後の同和対策事業の実施による到達点と課題

「賤民解放令」を受けて，各地の被差別部落では周辺住民による差別的言辞や排除・忌避的差別処遇に対する反対行動が起きる。その行動は1900年頃から周辺地域の人びとの生活様式から著しく劣っていた被差別部落内の生活実態・様式の改善に向けられていった。人びととの融和を図るためには，人びとから差別視される原因を取り除く必要があるとし，差別される要因を自らにもとめかねない＜生活改善運動＞でもあった。もちろん，疲弊しきった部落住民の生活改善を部落の内部から提唱し実行しようとしたことの意味は決して小さなものではなかったが。

他方，1922年3月3日，全国水平社創立大会が部落差別撤廃をめざす被差別部落民自身の手によって京都市岡崎公会堂で全国から2000名を集め開催され

た。次に示すように創立宣言にはこれまでの「融和主義的」な生活改善運動を批判的にとらえ，格調高く述べられていた。

「　全国に散在する吾が特殊部落民よ団結せよ。

長い間虐められて来た兄弟よ，過去半世紀間に種々なる方法と，多くの人々とによってなされた吾等の為めの運動が，何等の有難い効果を齎らさなかった事実は，夫等のすべてが吾々によって，又他の人々によって毎に人間を冒涜されていた罰であったのだ。そしてこれ等の人間を勦るかの如き運動は，かえって多くの兄弟を堕落させた事を想えば，此際吾等の中より人間を尊敬する事によって自ら解放せんとする者の集団運動を起せるは，寧ろ必然である。（中略）

水平社は，かくして生まれた。

人の世に熱あれ，人間に光あれ」

全国水平社の創立に関わった被差別部落の青年層は宣言に示されたように穏健な「融和主義的」生活改善運動に部落差別解決の展望を見いだせなかった。各地の被差別部落を覆う貧困は自力で生活改善運動を遂行するだけの経済的余裕を彼らに与えてはいなかったのである。さらに，もっとも大きな相違点は部落差別の責任を自らに求めるのではなく，為政者に求めたことにあった。「融和主義的」生活改善運動の主導者が部落内の上層資産家であり，水平社運動の担い手が大正デモクラシーと社会主義的思想の影響下にあった青年層であった帰結ともいえる。水平社の綱領には「一、吾々特殊部落民は部落民自身の行動によって絶対の解放を期す　一、吾々特殊部落民は絶対に経済の自由と職業の自由を社会に要求し以て獲得を期す　一、吾等は人間性の原理に覚醒し人類最高の完成に向って突進す」と自己解放とともに自己実現の課題も同時に提起されていた。決議にも「一、吾々に対し穢多及び特殊部落民等の言行によって侮辱の意志を表示したる時は徹底的糾弾を為す（略）」と厳しく提起されていたのである。戦前期において，水平社運動は部落差別に決して泣き寝入りすることなく追求しつづけ，差別問題を社会問題化し，部落問題を解決する施策を国家から引きだす上で大きな成果をもたらした。ただ，当時にあって，やむを得ない面があったとはいえ，個人による差別事象についても徹底的糾弾は実行さ

3. 戦後の同和対策事業の実施による到達点と課題

れた。結果的に，そのことで人びとの意識に「歪んだ部落認識＝差別意識」が植え付けられたことも事実であった。

残念ながら，それらの成果も戦争遂行体制が確立されていくなかで，1942年には全国水平社の旗を降ろさざるをえず，頓挫した。

戦後，民主主義国家をめざした日本は新たに日本国憲法を制定した。その民主化の過程で被差別部落を特別視するものとして戦前の融和事業は復活することがなかった。しかしこの間にも，被差別部落では親たちが安定した仕事に就けず経済的困窮は著しく進んでいた。多くの子どもたちは学校に通えず，家計補助のために日銭を稼ぐ児童労働に就いてもいた。長期欠席・不就学も日常化していた。部落出身者に対する就職差別や結婚差別さらに日常生活面でも差別は公然と行われていた。憲法で保障された基本的人権も被差別部落住民にとっては完全に絵に描いた餅であった。しかしながら，被差別部落の厳しい生活実態を目の当たりにした地方自治体は放置することができず，厳しい予算を割いて行政施策を開始していた。もちろん，それは被差別部落住民による部落差別の解決を求める運動に応える形であったし，行政から自主的になされたものではなかった。

国政レベルで部落問題の存在を認知し，その解決をめざす動きの転機は戦後20年も経過した1965（昭和40）年8月にやってきた。それは同和対策審議会による内閣総理大臣への答申であった。この答申は1961年末に設置された同和対策審議会が4年もの歳月を費やして提出されたものであった。前文には「いうまでもなく同和問題は人類普遍の原理である人間の自由と平等に関する問題であり，日本国憲法によって保障された基本的人権にかかわる課題である。したがって，審議会はこれを未解決に放置することは断じて許されないことであり，その早急な解決こそ国の責務であり，同時に国民的課題であるとの認識に立って対策の探求に努力した」と決意のほどが冒頭に示されていた。さらに「一　同和問題の本質」にも以下のような文章によって簡潔にその本質が綴られていた。「いわゆる同和問題とは，日本社会の歴史的発展の過程において形成された身分階層構造に基づく差別により，日本国民の一部の集団が経済的・社会的・文化的に低位の状態におかれ，現代社会においても，なおいちじるしく基本的人権を侵害され，とくに，近代社会の原理として何人にも保障されて

いる市民的権利と自由を完全に保障されていないという、もっとも深刻にして重大な社会問題である」と。

1969年7月には答申の具体化を図る同和対策事業特別措置法が10年間の時限立法として公布された。以後、各地の被差別部落では関係都府県市町村を通じて「ゆりかごから墓場まで」約150種類を数える対策事業が精力的に実施されてきた。住環境・就労保障・教育保障・啓発事業等を含めた部落解放総合10ヶ年計画案が行政・専門家・被差別部落住民の協議で立案され、実現がめざされた。従来から多くの行政施策は「行政主導型」であったが、この計画案の作成にあたっては「住民主導型」の姿勢が貫かれていた。この姿勢は先進的な街づくり運動に学びつつ、以後、各地での街づくり運動に引き継がれるものであった。

特別措置法による同和対策事業は最終的に名称を変えながら2002年3月末までの33年間続けられた。この間、多額の国・地方自治体予算を投入して、被差別部落の劣悪な生活環境、生活・教育状況は大きく改善されることになった。

フィールドワークで被差別部落を訪れた大学生たちは異口同音に「先生どこが部落なんですか」と聞く。保育所、老人センター、診療所、人権文化センター等の公共施設を街の中央に配置しその周りに鉄筋住宅群が整然と立ちならぶ。緑に包まれ、整備された住環境は学生にとって悲惨な被差別部落のイメージを払拭するものであった。たまたま、30年以前に写された同じ場所の写真パネルと見比べるまでは信じられないといった感じであった。

これまでの同和対策事業が被差別部落の環境整備や生活実態を改善し、人びとによる差別言辞や忌避的態度等を大幅に縮小させてきた事実を否定することはできない。しかし同時に、1986（昭和61）年12月に公表された地域改善対策協議会「今後における地域改善対策について」（意見具申）には、21年前の答申にはみられなかった状況、18年間の同和対策事業実施によって生じた新たな課題について4点の指摘がみられる。

「近代民主主義社会においては、因習的な差別意識は、本来、時の経過とともに薄れゆく性質のものである。実態面の改善や効果的啓発は、その過程を大幅に早めることに貢献する。しかし、新しい要因による新たな意識は、その新しい要因が克服されなければ解消されることは困難である」。その新しい要因

として，第1に，同和対策事業を実施する地方自治体側にみられる「主体性の欠如」，第2に，同和関係者の自立，向上の精神の涵養の視点の軽視，被差別部落住民の被害者性のみを強調し，彼ら自身が担えるべき自己責任や自己実現の課題すら不明確にしてきた，第3に，えせ同和行為の横行，同和問題を自らの私的利益誘導に利用する夥しい数の「同和」を名乗る団体の存在，第4に，同和問題についての自由な意見の潜在化，自由で対等な対話の場が保障されていない傾向等々，とかなり大胆にこの間の問題の有り様が述べられていた。

　この意見具申に対して，部落解放同盟は部落差別の責任を被差別部落に押しつけるもの（部落責任論）として全面否定した。部落（同和）問題の解決は答申にも指摘されているようにあくまでも「国の責務であり，国民的課題である」。にもかかわらず，加害（差別）者である国や国民の責任を棚上げし，被害（被差別）者である被差別部落側に責任があるかのような指摘は許されないとした。

　もちろん，意見具申の現状認識をすべて受け入れることはできない。がしかし，と藤田敬一は著書『同和はこわい考』によって指摘する。18年におよぶ同和対策事業の実施にともなって生じてきた新たな矛盾や課題は決して無視されていいわけはない。とくに，新たな矛盾や課題は被差別部落外の人びとによっても＜よく知られている＞事実なのであり，ほおかむりすることはできない。さらに「差別は人間の尊厳を犯すといいますけれども，しかし差別は，差別される人の人間性をもゆがめるともいえます。部落解放運動をみるとき，『差別の結果』という分析はあっても，崩壊させられていっている感性を，どうとりもどすかが，ほとんど語られないのは，どうしたことかと，私は，いぶかしく思っているのです。『傲慢さを許しているのが，差別だ』という声は聞きますが，その傲慢さの中で，人間がダメにさせられていることへの警鐘が鳴らされることがあまりに少ないのは，どうしてでしょう」（藤田，1987，p.94）と苦言を呈する。

　以後，同和対策事業は15年間継続されることになるが，この苦言が運動側によって生かされることはなかった。むしろ，部落解放運動に敵対する差別文書とされたのである。

　付言すれば，この地域改善対策協議会メンバーの過半数は関係省庁から派遣された官僚がしめるものであった。当事者である被差別部落出身者の参加は認

められなかった。

　ともあれ，33年間の同和対策事業の実施は答申が指摘した部落差別の有り様のひとつである「実態的差別」，いわゆる被差別部落内外の生活＜格差＞として現れる差別事象をほぼ解消することに成功した。だが，他方，差別者・被差別者相互が覆われる「歪められた意識」としての「心理的差別」は自由で対等なコミュニケーションを阻む＜障壁＞として残されたままである。それ故，今後に残された行政施策の重点課題は教育・啓発活動の強化とされたのである。もちろん，教育・啓発活動にとってこれまでほとんど指摘されてこなかった被差別部落住民自身が負うべき課題も俎上に載せられる必要があろう。藤田が指摘した「自己責任」・「自己実現」それに同和問題について自由で対等な対話の追求等が重視されなければならないことはいうまでもない。

4. 対策事業終了後における新たな課題

　法に基づく同和対策事業の終了が部落差別問題の解決を意味するものではない。人びとの間になが年培われてきた部落差別問題は行政施策によってその解決を早める条件を整えることは可能である。がしかし，それのみに依存して人と人との関係で成り立つ部落差別問題を解決することは不可能である。同和対策事業法が施行後20数年間の同和事業による成果を確認しながら，運動団体も含めその終結が現実の日程に上ったのもそのためであった。部落差別問題を地域社会がいまだ完全に払拭していない現状では，今後も何らかの行政施策が講じられねばならない。同和対策事業は行政上の特別施策であった。いま課題として問われているのは，これまでの施策の成果をふまえた一般行政施策としての位置づけとその実施なのである。

　同和対策事業法下において被差別部落住民は基本的に部落差別による被害者として位置づけられてきた。その結果，行政施策の重点は生活実態・様式にみられる著しい＜格差＞の是正に向けられ，大きく改善されてきた。その到達点のうえに残された課題，部落・非部落双方に根強く引き継がれた＜障壁＝心理的差別や歪み＞を克服するには被差別部落住民は，これまでと同様，差別される側の存在としてのみ，自らの立場を限定することは許されないのである。

　同時に，なが年におよぶ部落差別が被差別部落住民とその共同体に与えつづ

けた＜部落差別による傷痕＝負の遺産＞は＜格差＞の是正によっては容易に克服されることはなかった。当初は＜格差＞の是正とともに克服されるものと期待されてもいた。だが問題は，＜負の遺産＞そのものを被差別部落住民自身がすべて部落差別に基づく結果としてとらえ，自己責任の課題として向きあってこなかったことによる。もちろん，＜負の遺産＞そのものは部落差別によっているのであり，その責任の所在は差別者側が第一義的に負うべきものである。それにもかかわらず，これまで解放運動と被差別部落住民が生活実態にみられる＜負の遺産＞を自らの課題として明確にとらえ，えぐりだす努力を怠ってきた責任を逃れることはできない。小笠原亮一の次に示す指摘は被差別部落住民にとっても決して無視し得るものではないだろう。「被差別の側の生活にみられる諸現象はすべて被差別の立場と結びつきそれによって規定されています。しかし，彼が置かれている立場とその立場の持つ悪条件に対して彼がどのような態度をとるか，という基本的な在り方は，どこまでも彼自身の自由と責任に属しています。彼は全てを免罪されているわけではありません」（小笠原，1982，pp.102〜103）と。

　法終結後の部落差別問題解決に向けた取り組みは様々な分野で実施される必要がある。ここでは被差別部落内外での自由で対等な対話によって，いかに＜障壁＞を克服するかに限定した提起を行う。その前提として，被差別部落における＜負の遺産＞の解明は避けて通ることのできない課題である。

（1）　被差別部落における＜負の遺産＞

　被差別部落は都市部・農村部を問わず周辺地域から交流を忌避され閉ざされた共同体生活を余儀なくされてきた。就職差別や低い学歴によって結果的に，住民の多くは不安定な職業（行商，土方，廃品回収など）か，職業ともいえない雑業にしか就けず，極端な貧困生活にあえいできた。政府が経済白書で「もはや戦後ではない」と復興宣言した1955年，被差別部落ではいまだ20％を越える子どもたちが学校に通えない不就学，長期欠席児童・生徒であった。これらの子どもたちは家計を補うために部落内の零細業者に雇われ日銭を稼いでいた。彼らの親たちも学校とは無縁であり，非識字者人口比は極端に高かった。貧しく周辺地域から忌避されてきた被差別共同体の成員が「人情に厚く，心優

しく，相互扶助」によって，辛うじて生活を維持してきたことも事実に違いない。だが，他方で，部落内では貧しい人びとが「10日で1割」という超高利で高利貸しから借金を繰り返していた。また，部落の上層部でもある酒屋や米屋も切羽詰まった貧しい人びとに酒や米を付け買いさせ，あとでその商品をそのまま2割引で現金と引き替える「まわし」制度で蓄財を重ねてもいた。結果，部落内での階層分化はこのような経済的従属関係のうえに広がるばかりであった。零細な部落産業をもつ被差別部落においても親方・子方という主従関係が階層分化を推し進めていた。その日の糧を稼ぎ出すことに全精力を注がざるを得なかった貧しい人びとには上層部にまともな意見（反論）を言うことなど考えられもしなかった。「長いものには巻かれろ」「出る釘は打たれる」との格言を生活信条にひたすら物言わぬ，卑屈な部落住民を数多くつくりあげていたのである。

　周辺地域と隔絶された共同体では新しい風が吹き込むことも少なくまっとうな議論や対話すら必要とされなかった。波風をたてることを極端にきらっていた。新聞を購読する余裕もなく，一冊の書籍すらない家庭も大半で，多くの住民は強者におもねる「事大主義的」な考え方に染まっていた。時に，結婚によって部落内に住み自分の意見をいいつづける他地区出身者もいるが，彼らの意見はその内容の是非ではなく，「部落民でないものに何が分かるのか」との＜資格＞をもとに受け入れられることはなかった。部落共同体での「ボス支配」はこのような形で強固に形成されていた。

　この風潮を打破するうえで決定的な役割を果たしたのは紛れもなく部落解放運動であった。部落内における経済的くびきを特別措置法施行以前の解放運動はねばり強い行政交渉を通じて，具体的に無利子の緊急生活援助金や生業資金の獲得によって，打ち崩すことに成功した。解放運動のスタート時に被差別部落内で，利害関係を異にする両派による激突が熾烈を極めたのもむしろ当然であった。同和対策事業特別措置法が施行される1969年頃には，部落内での「ボス支配」も終息に向かっていた。最終的に，「ボス支配」の基盤であった経済的くびきと血縁関係も低家賃公営住宅の実現，現業職を中心とした安定した公務労働への優先採用，各種減免措置，高校・大学奨学金の給付等々，実利をともなう諸施策の実現によって克服されることになった。

以後，同和対策事業は各地の被差別部落で部落解放同盟に結集した部落住民の要求にもとづいて実施されていった。劣悪な住環境，不安定な職業，貧しい教育・医療実態等々がなが年におよぶ部落差別に起因していることは明らかであった。それ故，同和対策審議会答申にも同和問題の「早急な解決こそ国の責務であり，同時に国民的課題である」と指摘されていたのである。あまりにも厳しい部落差別の実態を前に，被差別部落住民が＜被害者＞であり，国および国民が＜加害者＞であるとの単純な図式も当初はやむを得なかった。しかし，この図式が同和対策事業の経過とともに差別者・被差別者，加害者・被害者との硬直した二項対立思考に固定されるとき，部落解放同盟は大きな落とし穴にはまってしまう。さらに，運動を通じて提起された二つのテーゼ「ある言動が差別であるかどうかは，その痛みを知っている被差別者にしかわからない」，「日常部落に生起する，部落にとって，部落民にとって不利益な問題は一切差別である」が横行し，この二項対立思考に加えられる。そこでは当然，被差別部落住民の弱さである＜負の遺産＞について人びとから指摘や課題提起されることもなく，自らの意志で向き合うこともなくなってしまった。＜負の遺産＞そのものも「部落差別の結果」となり，行政や差別者の責任とされる。被差別部落住民がつねに＜告発者＞＜審判者＞の立場にありつづけるかのように。

　＜負の遺産＞に向きあい，その克服がなぜ被差別部落の課題にならないのか。強いられた閉鎖社会のなかで被差別部落住民が周辺地域の人びとから「差別的まなざし」を受けてきたことは事実である。しかし，今日，この「まなざし」を拒否するのに，従来と同じように内部から厚い壁を塗り固める防衛的対応でいいのだろうか。それ以前に，「まなざし」のすべてを差別的であるとひとくくりにとらえていいのだろうか。ここちよいことばにのみ耳を傾けていてよいのだろうか。

（2）　部落差別をめぐる新たな体験

　4月から始まった私の講義「人権教育」の受講生が6週目に次のような発言をした。

　「私は幼児体験を通じて部落の人は怖いと思いつづけてきました。そのため，義務教育の小・中学校も公立ではなく私学を自分の意志で選んだほどです。長

じてからも部落出身者にストーカー行為を受け，ますます部落が怖いとの思いを強めてきました。それで，この大学に入学して，部落問題の授業を受講しなければならないと知って，ほんとうに憂鬱でした。教室にはいるのにも勇気がいったほどです。最初の授業で先生が自ら部落出身者であると語られ，驚き怖くなりました。いつも私は教室では教卓に一番近い席に着いていたのですが，次の週から3番目に下がっていました。部落民である先生と同じ教室でいるのが息が詰まりそうで落ち着かないのです。目が合えばあとで詰問されるのではないかと目を合わさないようにしていました。私は部落差別をする気持ちはないのです，しかし，部落は怖いのです」と発言した。授業を受け持って6年目にして初めての体験であった。私自身も驚いたが，部落民である私が普通には決して聞くことのできない意見の公表でもあり，まずは発言に感謝した。同時に，あなたが怖いと考える部落認識にいたった理由についてレポートしてほしいとも依頼した。レポートはすぐにメールで届けられた。授業で扱ってもよい二つの事例も書き添えられていた。二つの事例にも受講生の体験による部落住民の理不尽な行為が具体的に示されていた。もちろん，私も「怖いと考えるようになった体験を否定するつもりはないが，あなたにとって個々の体験が，なぜ，私をも含めた部落民一般にたいする怖いとの感情に拡大されるのだろうか。なぜ，部落民をひとくくりにしてしまうのだろうか」との疑問を投げかけておいた。

　この受講生の体験は特異例なのかもしれない。しかし，受講生の部落住民が「怖い」という認識は体験を通じた確信ですらある。多分，受講生は自らの「怖い」との部落認識を被差別部落民に直接表明する機会はほとんど皆無であっただろう。私が授業でカムアウトするのは部落差別問題について受講生との自由で対等な対話への第一歩を自ら踏みだすためであった。もちろん，私のカムアウトは授業に限られるものではなく，様々な機会を通じて行いそのことで自由な対話が成り立つことをめざしてきた。その意味で先の受講生の「部落は怖い」との意見表明は私のカムアウトのねらいを満たすものといえる。同時に，私の存在は部落民をひとくくりにする受講生自身の硬直したネガティブな部落認識を転換するきっかけになったともいえる。部落民である私に受講生は自らの意志で発言し働きかけてきた，働きかけることで確実に一歩踏み出したのである。

（3）　兵庫県八鹿出身の若い友人から学ぶ

　部落解放運動にとって 1974 年に起こった八鹿高校事件はその後の運動のありようをも転換させる重要な事件であった。ここでは直接事件について触れるのではなく，事件の 2 年前に八鹿で生まれた私の若い友人の部落問題認識について紹介する。

　彼女は大阪の大学で社会福祉を学んでいた。学びを通して在日朝鮮人問題に興味を覚え，在学中からオモニの識字学級にかかわる，社会問題にも前向きな人だった。たまたま，彼女が私の職場にアルバイトとして雇われ，私の机の前で仕事をするようになった。何かの話のついでに彼女の出身地が八鹿であると知った。そこで彼女に「八鹿出身なら部落問題はよく知っているよね。なぜ，在日朝鮮人問題にはかかわり，部落問題にはかかわらないのですか」と聞いてみた。彼女は次のようなことを話してくれた。

　1974 年の八鹿高校事件以後，八鹿では公の場で部落問題について話し合われることはほとんど無かった。大人の間でも部落問題について話し合う雰囲気は無かった。タブーだったらしい。「それなのにあなたはなぜ部落問題を知っているの」と聞くと，「それは知ってますよ」と答えてくれる。「え！ちょっと分からない。まったく誰からも聞くこともなく，何も語られなかったのに，どうしてあなたは部落差別問題を知っているの？」，「それは，幼稚園，小学校，中学校と部落の子がクラスメイトにいたから」，「部落の子がクラスメイトにいたとしても，彼らが部落民であると明らかにはしていないでしょう。どうして分かったの」と聞く。彼女はいいにくそうに「実は分かるんです。住田さんやからいいますけど，小学校，中学校では親御さんが参観とかその他の用事で学校に来られますよね。」

　そんなとき，あるグループの人たち，あとで知ったら部落の人たちだったのですが，そのお母さんらが私からみて，その様子がどうみても「荒んで」いたんです。生活に疲れているというか，先生たちにも厳しい口調で話される，ほんとうに「荒んで」いるという感じでした。また，先生は被差別地区の名（被差別地域と知らなくても）をあげて「今日地区の集会所に集まるように」と伝える。田舎ですから，地区ごとに名前ではっきり区別できる。

　なぜあの地区の生徒だけ集められるのだろうと疑問に思っても誰にも聞けな

い状況だった。なぜ集まるのかの説明もまったくなかった。しかし，いつのまにか地域社会に存在する被差別部落への人びとの＜特別なまなざしや声を落とした指摘＞と繋がる。しいて誰に教えられたというのではなく，先の学校での体験と結びつくなかで被差別部落の存在をネガティブなものとして知ってしまう。

　結局，誰から聞いたと特定できないが，地域社会の被差別部落に対する意識状況によって気づかされた。もちろん，この地域社会に存在する意識状況は克服されなければならない。とは言え，自らの体験を通じて知ったそれもネガティブな部落民像を克服することは難しい。地域社会の水面下に残された被差別部落に対する偏見を解きほぐす公の場すらほとんどない地域ではなおさらであった。

　たまたま，カムアウトする私と出会い，30歳近くになって初めて部落問題についてじっくり話し合うことができた。同和対策事業による施策についてもほとんど詳しく知る手だてもなかった，にもかかわらず，同事業に対して批判的にしかとらえてなかったと彼女は語ってくれた。

　このような出会いがなければ彼女が認識をあらためるきっかけもつかめない。このことは被差別部落民についてもいえる。たとえば，自分のことについて話しをする，それを理解してくれる部落外の人を知ったとき，心の安らぎを覚える。同じように，部落外の人たちが被差別部落住民と接して，「ああ，そんなことも言えるのか，そんなこともあるのか」と知ることで，固定していた部落認識が氷解することも多い。同和対策事業についての是非を判断する情報はほとんど人びとには公開されてこなかったのである。

　部落差別問題は現代社会に構造的に組み込まれたものである。しかしながら，実際に差別は人と人との関係をつうじて起こる。自由な対話が深められることで人びとの意識に密着したネガティブな部落認識がひとつでも崩れる。このことの意味は，今後の部落差別問題解決にとってかなり重要だと私は考えている。このような対話をつづけることでしか部落問題の解決はないともいえるのではないだろうか。

　「荒んだ」とみられる暮らしのふるまいは，なが年継承されざるをえなかった部落差別の結果に相違ない，ともいえる。さらに，「荒んだ」とのとらえよう

そのものに地域社会にみられる一般的な社会意識（差別的な意識等）が色濃く反映していることも事実である。しかし，それらの事実を認めたとしてもなお，私たち被差別部落住民は自らのそうした生活上の慣習行動に疑いの目を向けることが求められているのではないだろうか。少なくとも同和対策事業の進展はそのことを可能にする条件保障をつくりだしてきたのだから。「荒んだ」ようにみられ，人びとに「違和感」をあたえる生活実態は明らかに部落差別による傷痕にちがいない。ただ問題は，「部落差別の傷痕」であるとして，私たち被差別部落民がその事実を放置したままでよいのかということである。この傷痕が人びととの自由な対話をはばむ要因のひとつとして働いているなら，なおのこと，被差別側はそれを解消し，克服する課題を引き受ける必要があるだろう。

　このような私の問題意識は 1990 年代以降，アメリカにおける黒人社会やニュージーランドの先住民族マオリ社会から発信されていた，マイノリティ社会内部からの厳しい問題提起に学ぶところが大きいのである。

　たとえば，黒人であるシェルビー・スティールは（邦訳『黒い憂鬱』で）60 年代の公民権運動によって獲得され，30 数年間実施されてきたアファーマティブ・アクション（少数者優遇＝A・A 政策として知られている）が今日黒人自身の自己実現を促すことに成功したのか，と大胆に提起する。スティール自身は自らの体験を通じて，現時点において，アファーマティブ・アクションに否定的である。しかし，私にとってスティールの問題提起の著書『黒い憂鬱』はじつに興味深いものであった。

　また，若い黒人監督ジョン・シングルトンは映画「ボーイズ・ン・ザ・フッド」で抗争に明け暮れる黒人の若者たちの実像を，真正面から彼ら自身の大きな課題も含めはじめて映像化した。

　さらに，マオリの血をひくアラン・ダフの小説『ワンス・ウォリアーズ』は同名の映画としてリー・タマホリによって製作された。映画には，先住民族への政府による生活保障制度がじつはマオリの人びとを自堕落な生活に陥れている事実。そのぬるま湯生活に彼らがどっぷりと浸かり，いつしか，自らの誇りや矜持すら失っていく姿がリアルに描かれていた。もちろん，マイノリティ側の責任を追及しているわけでないことは言うまでもない。

(4) 自由で対等な対話のために

　前述した二人の例にみられるように，自由で対等な対話は部落差別問題解決にとって不可欠である。ただ，対話はその必要性を感じている人びとにとっても「言うは易く，行い難し」と思われてきた。在日朝鮮人である金時鐘は10年前に新聞社のインタビューに応えて，「差別する側のエゴイズムだけではなく差別される側のエゴイズムもあるんだね。ない交ざっていることのひどさなんだね。むしろ度し難さにおいては，差別を被る側の度し難さというのは，する側より度し難いものだね。なぜなら，差別されることにふだんに慣れちゃうと，差別がひどいというのは悪様に人からひどいことを言われるとか，社会的機構的に格差を付けられるとか，ある特定の場所，勤務先，仕事上から疎外されるとか，そういった機構上の歪みだけじゃないんだね。本当のひどさは，そのことで自分を省みる内省力がなくなっちゃうことなんだね。人からひんしゅくを買うことを一切きにしなくなってしまうことだね」(『京都新聞』1992,4)と語っていた。この提起を被差別部落住民はいかにとらえるのだろうか。

　さらに，ここ数年，同和事業と運動の成果として部落内の相対的に教育程度が高く，経済的に安定した層がかなり流出し，反対に，経済的・文化的に低位で恵まれない，かつての居住者である部落住民や非部落住民の流入者が増加している。被差別部落共同体に起こっている新たな困難をまえに，部落内部での運動方向が重要であり問われているのである。

　対話をつづける努力は双方からなされねばならない。しかし，課題が山積しているのも事実である。被差別部落住民がかかえる課題には次のようなことが考えられる。

　ひとつは，被差別部落住民の意識に先に示した二項対立思考がねづよく張り付いていることである。なが年人びとから忌避されてきたことによる被害者意識を克服することは容易ではない。だが，克服されねばならない課題である。つい最近の研究集会でも部落出身の若い女性活動家が発言していた。部落問題について語り合う町主催の一泊研修会で責任者でもあった彼女は「皆さんには部落民の母親の苦しみ，我が子が差別されるのではとの恐れや戦き，この切ない気持ちを部落民でないあなたたちには分からないだろう」と詰問したそうだ。その場が冷え冷えとした静寂に包まれ，対話がとぎれたことは容易に想像

できる。

　二つは，被差別部落共同体の住民が差別によって身につけることができなかった「文化的な能力」である。部落内でのコミュニケーションや議論の不足，欠如が部落外の人びととの対話をも躊躇させる。かって部落内「ボス」におもねることを生活習慣としてきた多くの部落住民はそのくびきを解放運動による「実利の獲得」によって解かれてきた。しかし，「実利の獲得」はそのままで部落住民のこれまで身に付けることができなかった「文化的な能力」の獲得を保障するものではなかった。「文化的な能力」の獲得にはまず，その事態を自らの課題としてとらえることから始めねばならない。そのうえで課題との身をえぐるような厳しい対決が求められる。部落解放運動への主体的な参加は全国水平社綱領（前述）に指摘されていたように自己実現をめざすものであった。30数年間に支出された公的費用は国・地方自治体を含め10数兆円にも達している。そうした事業費が残念ながら一部に利権や否定的な社会的現象を生み出してきたことも事実である。それだけに，同和対策事業に依存し，ぬるま湯につかってきたと省みられる部落住民の今日の状況は引き受けるべき自らの課題との対決を避けてきたともいえよう（いや，課題に気づかなかったのかもしれない）。

　三つ目は，同和対策事業における成果にたいする評価の問題である。この間の取り組みで部落差別問題の解決をねがう人びとは確実に増加してきた。この事実にたいする確信の有無である。しかし，この確信は対話を求める具体的な行動を踏み出すことでしかとらえることはできない。私が＜カムアウト＝部落を名乗る＞をしつづけてきたのも，まじめに<u>私の＜名乗り＞を</u>受けとめてもらえるとの確信に裏打ちされていたからであった。

　33年間の同和対策事業と部落解放運動によって，部落差別問題を解決できる条件は整えられてきた。この条件を部落・非部落双方の住民がいかに生かせるのかに今後の部落問題の解決はかかっている。その方策のひとつが双方による自由で対等なコミュニケーションの実現にあることはもはやいうまでもないであろう。

　部落問題は，現代日本において依然として重要な人権侵害にかかわる問題のひとつである。それは人間が差別から解放されることの意味を問いかけ，解放に向かう行動をうながすものだといえるだろう。

【引用文献】

1) 藤田敬一『同和はこわい考』阿吽社，1987年。
2) 野口道彦『部落問題のパラダイム転換』明石書店，2000年。
3) 小笠原亮一『共に在ること』日本基督教団出版局，1982年。
4) 金時鐘『京都新聞』1992年4月連載
5) 「全国水平社宣言・綱領・決議」1922年3月
6) 「内閣同和対策審議会「答申」」1965年8月
7) 「地域改善対策協議会「今後における地域改善対策について」（意見具申）」1986年12月

【参考文献】

- シェルビー・スティール（李隆訳　石川好解説）『黒い憂鬱』五月書房，1994年。
- トニ・モリスン（大社淑子訳）『白さと想像力』朝日選書，朝日新聞社，1994年。
- アリス・ウォーカー（高橋茅香子訳　藤本和子解説）『メリディアン』ちくま文庫，筑摩書房，1989年。
- アラン・ダフ（真崎義博訳）『ワンス・ウォリアーズ』文春文庫，文藝春秋，1995年。
- オスカー・ルイス（高山智博・染谷臣道・宮本勝訳）『貧困の文化』思索社，1985年。
- 小栗康平『哀切と痛切』平凡社ライブラリ，平凡社，1996年。
- 金石範『「在日」の思想』筑摩書房，1981年。
- 藤田敬一編『被差別の陰の貌』阿吽社，1994年。
- 藤田敬一編『「部落民」とは何か』阿吽社，1998年。
- 安川寿之輔『女性差別はなぜ存続するのか』明石書店，1996年。
- 住田利雄『「下駄直し」の記』解放出版社，1986年。
- 朝治武・灘本昌久・畑中敏之編『脱常識の部落問題』かもがわ出版，1998年。

【課題と設問】

1. 部落差別問題への人びとの関心はこの間，急速に希薄化してきている。貧困と差別がセットされた被差別部落の悲惨な現象はほぼ改善されてきた成果の帰結でもある。しかし，現実にそのようになっているのだろうか。もう一度，部落差別問題とは何か，いったい部落民とは何か，について考えてみよう。

2. つい先日も学生とこの問題について話す機会があった。多くの学生は部落問題認識での親の世代とのギャップを主張していた。親から具体的に結婚相手は部落出身者はだめだといわれた学生も数名いたが，その意見に対して彼らは反発していた。もしそれが事実なら，世代交代によって部落差別問題は自然と解消していくのだろうか。
3. 職場の若い同僚と部落差別について話し合ったおり，部落出身者との結婚には反対しないと答えたが，ただ一人強力に私は反対すると主張した人がいた。彼女の意見は結婚によって明らかに不利益を子どもが被るなら親として反対するのは当然だというものであった。この意見についてどのように考えるのか。

第2章

外国人にとって人権とは

1. 国籍とは

　「すべての人間は，生まれながらにして自由であり，かつ，尊厳と権利とについて平等である」。これは「世界人権宣言」第1条冒頭の文章である。しかし，現実には人はこの地球上を200余に分ける国民国家（もしくは「地域」——ニュースなどで「国や地域」といわれる場合，現代の用語において「国」とならべられる「地域」とは国家主権を奪われた国家，すなわち植民地を意味している）のひとつの中に国民もしくは無国籍者として誕生する。

　あなたはなぜ〇〇人なのだろうか。日本において日本語で出版されるこの本の読者のうちの大多数をしめる日本人にとっては意識しない問題かもしれない。しかし，この日本社会で「外国人」とされた者は現代の社会では当然の権利と考えられる「人権」の基盤を奪われている。すなわちその全てを奪われているといって過言でない。

　日本国憲法第22条は「何人も，公共の福祉に反しない限り，居住，移転及び職業選択の自由を有する。　2　何人も，外国に移住し，又は国籍を離脱する自由を侵されない」と規定している。にもかかわらず，1986年，日本に居住するフランス人神父コンスタン・ルイさんは，フランスで急死した母の葬儀のための里帰りをすることができなかった。1987年，NHK青年の主張コンクールで優勝賞を得た在日韓国人3世は，副賞のカナダ旅行へ行くことができなかった。アメリカ合州国へ留学した在日韓国人崔善恵（チェ・ソネ）さんは日本へ戻ると永住資格を奪われ，「新規入国者」として短期（180日，半年，1年，3

年)の「特別在留」の更新を余儀なくされた(崔,2000)。

　何があったかというと,1980年代に日本の各地で外国人登録法の定める指紋押なつ義務を不当な人権侵害であるとする在日外国人と,それを支持する日本人による闘いが起こった。日本国法務省は指紋押なつを拒否する外国人に対して,「再入国」を許可しない,という政策を採った。法務省は出国するのは自由だ,しかし日本への(再)入国を認めないというのである。しかし,これらの人の生活の根拠はどこにあるだろうか。崔さんは日本で生まれた在日韓国人2世である。生活の本拠は日本以外のどこにもない。ルイさんも日本に永年暮らし,日本の教会で働き,生活の根拠は日本にある。外国人であるということは日本の外にも親戚等を有し,日本国憲法第22条の保障がより強く働くべき存在であるのに,所用のため日本を離れれば,そのまま永久追放するというのが日本国政府の政策である。

　人間がその生活基盤から切り離されるというこの事態は,なにも1980年代の指紋押なつ拒否闘争に対する制裁から始まったのではない。1978年には朴(パク)ミリ・フォン・ユミ・キョンギ兄妹による『パパをかえして』(風媒社)という本が出版されている。パパである朴煥仁(パク・ファンイン)さんは1935年8月,下関市で生まれ,1946年6月,両親に連れられて韓国に帰国し,1953年9月に名古屋にいる長兄を頼って自力入国して逮捕され,そのときは仮放免となって1961年6月に法務大臣から特別在留許可を得た。しかし,1974年5月,懲役5年の判決を受け,服役3年余で刑の方は仮放免となったが,仮放免後,出入国管理局に収容され,韓国へ送還されるという事態となり,その渦中で,家族たちによるこの本が出されたのである。

　朴さんは生まれたときには日本国内で大日本帝国臣民として出生している。兄も日本にいた。だから日本に戻ってきたのである。日本国憲法第10条は「日本国民たる要件は,法律でこれを定める」としている。しかし,日本国憲法施行後の1952年4月28日,日本国政府は法務省民事局長通達をもって,サンフランシスコ講和条約の発効とともに在日朝鮮人は「日本国籍を離脱する」と称して在日朝鮮人の日本国籍を奪ったのである。

　最近では1996年に『国際婚外子と子どもの人権』(明石書店)という本が出版されている。現在の日本の国籍法第2条では「出生の時父又は母が日本国民

である時」，子どもは日本国籍を取得できる。しかし，夫婦間に法律上の婚姻関係が成立していないとき，母子関係は分娩という事実によって成立するが，父子関係は父親からの認知という行為がないと成立しない。そして，出生後に父が認知しても子どもは日本国籍を取得できないとするのが，日本国政府の扱いである（日本人父が出生前に認知を行った場合（「胎児認知」），子は日本国籍を取得できる）。日本人父と外国人母の子であるダイスケは父母が婚姻関係になく，かつ母親の戸籍謄本の代わりの出生証明書の到着が遅れたために，出生時に父親の認知届が受け付けられていなかった。日本国政府はダイスケの日本国籍を認めず，代わりに彼を退去強制（＝国外追放）しようとしたのである（本書はその退去強制の取り消しと日本国籍確認の裁判の途中において，その問題を訴えるために出版されたものである。本事案にあってはその後，国と原告の間で和解が成立し，ダイスケの日本国籍と母親の在留許可が認められた）。

　日本で暮らすことを認められる日本人とそうでない外国人との違いというのは何だろうか。日本国政府がこのような法的態度をとる理由はどこにあるのだろうか。端的にいえば，そこには人間を治安管理の対象とみる外国人観がある。そして生活の場で暮らすことを認められないということは生活の基盤を奪われ，すなわち人権の全てを否定されることになるのである。

2. 外国人登録

　第1節で，誰が「外国人」とされるのかについて述べた。さらに「外国人」であれば居住という人権の基盤が保障されないということを指摘した。こうした日本国にいる「外国人」を管理する制度として出入国管理及び難民認定法と外国人登録法がある。

　「出入国管理及び難民認定法」（以下「入管法」）は，「本邦に入国し，又は本邦から出国するすべての人の出入国の公正な管理を図るとともに，難民の認定手続を整備することを目的とする」が，1981年までは「出入国管理令」という名の法律の効力を有する政令（ポツダム政令）であった。難民条約発効にともない，それまで日本には難民認定をする制度がなかったために改められたものである。その後も日本がほとんど難民認定をしない（1981年から2001年までの難民認定総数は284名にすぎない）ばかりか，命をかけて日本にやってきた

「難民」を出身国へ送り返すという難民非受け入れ国であることは国際的に非難されている周知の事実である。

この入管法は第3条（外国人の入国）でこう定めている。

「次の各号のいずれかに該当する外国人は，本邦に入つてはならない。

　一　有効な旅券を所持しない者（有効な乗員手帳を所持する乗員を除く）」。

そもそも在日朝鮮人・台湾人は大日本帝国臣民として旅券を持たずに日本に渡った者，もしくは日本で生まれたその子孫である。前に記したように，その人たちを一般の外国人と同列に処遇すること自体に無理がある。1節にあげた人々の故国等への出入りを許さなかった「再入国許可」も，この入管法に基づいてなされる処分である。

「外国人登録法」とはどのようなものだろうか。この法律は日本に在留する外国人（日本の国籍を有しない者）の「公正な管理に資することを目的と」して登録を実施し，外国人は交付される登録証明書を「常に」携帯していなければならないとしている。不携帯の場合は刑事罰に処せられる。1980年代以降，この「管理」への異議申し立てが強くなされ，とくにその登録の際の指紋押なつ拒否が闘われた。現在「指紋押なつ」は廃止されたが，その「廃止」は段階的になされた。1993年から実施された永住者（すなわち旧植民地出身者）のみの「指紋押なつ廃止」では，その「指紋押なつ廃止」の代替措置として「家族事項登録」が加えられた。これは「外国人登録」が何のために，何を管理するのかを示すものであった。日本人の場合，戸籍と住民票とによって家族単位で管理されている。これに比して，それまでの外国人登録は個人単位の登録になっていた。これを永住者については戸籍と同じ家族登録にしようという代替なのである。その後1999年，すべての外国人について指紋押なつは廃止されたが，「一年未満在留者」以外は家族事項が登録される一方，特別永住者以外の外国人登録には勤務先等，日本人の住民票においては登録事項とされていないものが残されている。外国人には管理をより厳重にしているのである。

2001年末現在における外国人登録者数は177万8462人。日本の総人口1億2729万0749人（総務省統計局の「2001年10月1日現在推計人口」による）に占める割合は，1.4パーセントに当たる。そのうちの韓国・朝鮮籍者は63万2405人で全体の35.6パーセントを占め（法務省は対外的な公表に際しては，

「韓国・朝鮮」で一括して公表している)，以下中国，ブラジル，フィリピン，ペルー，米国と続いている。日本の植民地支配に起因して日本に暮らす在日朝鮮人と，韓国から仕事・留学等で日本に来ている人の割合を知るためには，在留資格から判断するしかない（北朝鮮から新たに日本に入国し，滞在する人は日本国政府の北朝鮮敵視政策のためほとんどいない)。「永住者」の外国人登録者数は68万4853人で，2000年末に比べ2万7248人（4.1パーセント）の増となっている。しかし，構成比は1990年末の60.0パーセントから38.5パーセントへと年々低下している。

　そのうち植民地支配に起因して日本で暮らしている「特別永住者」は50万0782人で，その国籍（出身地）別内訳は韓国・朝鮮49万5986人，中国4060人，その他736人である。「特別永住者」の構成比は，外国人登録者総数の28.2パーセントとなっている。また，「一般永住者」は18万4071人で，その国籍（出身地）別内訳は中国5万8778人，韓国・朝鮮3万4624人，その他9万0669人となっている。

　外国人は法の下に平等であるどころか，さまざまな法令によって人権を制約され，侵害され，差別されているのである。

3. 地方参政権

　日本国憲法の権利条項には「何人も」を主語とするものと「国民は」を主語とするものがある。しかし，義務に関して日本国憲法第30条は「国民は，法律の定めるところにより，納税の義務を負ふ」と記している。にもかかわらず，「国民」でない外国人にも当然このこととして，納税義務を課している。これと同じく，「国民」を主語とする権利を日本国籍者にしか認めず，外国人には保障しないとする解釈は憲法学の中では少数説である。通説は権利の性質に従って，外国人への適用を肯定している。国政にかかる選挙権については，「国民国家」の枠組みから国民（＝国籍者）に限られると解されている。しかし，この「国民国家」の論理というのは，その反対状況，たとえば日本の朝鮮植民地化の過程，あるいは被占領下の日本，沖縄のように，強権をもった占領国によって自国の政策が決定される状況，すなわち植民地状況の下では，自国の政策に国民の意思を反映することができない。このような政治支配を排除しようという

ものである。他国の支配権を代表する者でない，居住している外国人の，その居住している社会への政治参与をどこまで認めるかという問題は，本来別のことがらである。

地方参政権についてはどうであろうか。日本国憲法は第93条第2項で「地方公共団体の長，その議会の議員及び法律の定めるその他の吏員は，その地方公共団体の住民が，直接これを選挙する」と「住民」という文言をもって記している。その解釈にあたっては第92条にいう「地方自治の本旨」が十分に考慮されなければならない。1995年2月28日の最高裁判決は「法律をもって，地方公共団体の長，その議会の議員等に対する選挙権を付与する措置を講ずることは，憲法上禁止されているものではないと解するのが相当である」と判示しながらも，地方参政権について「国の立法政策にかかわる事柄」であるとして，外国人に認めない現状を肯定してしまった。

上に述べたように日本国政府は1952年に朝鮮人，台湾人の日本国籍からの離脱を宣言したが，現実にはそれ以前の「日本国籍を保持する」とされた段階においても，朝鮮人，台湾人の選挙権は「停止」され，それは地方参政権においても同様であった。

4. 現代の「創氏改名」―民族名と日本名

日本の朝鮮植民地支配の中で1940年には「創氏改名」がなされた。これは皇民化政策の一環として，朝鮮人から固有の姓を奪い日本式の名前に変えさせ，天皇家を宗家とする家父長制に組み入れようとした政策である。1939年11月朝鮮民事令改正という形で創氏改名が公布され，翌1940年2月11日から施行された。これには日本式の名を届け出る「設定創氏」と，届け出のない場合，それまでの「姓」を「氏」とする「法定創氏」とがあった。それまでの「姓」が「氏」となるのなら，変わることがないと思われるかもしれないが，「姓」と「氏」は機能が違う。たとえば朝鮮人は結婚しても「姓」を変えない。夫婦別姓である（しかも同姓は結婚しない）。たとえば李〇〇さん（男）と金××さん（女）が結婚しても，李〇〇さんと金××さんのままである。しかし，これが李のままでも「氏」となる（法定創氏）と，奥さんの金××さんは李××さんとなってしまう（第2次世界大戦後の民法改正まで婚姻時は男の氏になる）。こ

のようにどうしても届け出に応じない者のための手段も残しながら，植民地統治機関である朝鮮総督府は設定創氏の徹底を図るため，さまざまな圧力をかけた。朝鮮では解放後，すぐにこの創氏名を抹消し，朝鮮人は本名を取り戻した。しかし，在日朝鮮人の場合，民族差別等のため今日も通名として創氏改名時の名を残し，本名を使っていない人もある。最近ではベトナム人労働者等に職場が日本名を付け，それで呼ぶという事例も報告されている。また後天的な日本国籍の取得（帰化）の際には1985年の国籍法・戸籍法改定まで，帰化許可申請書には「帰化後の氏名は・・・日本人としてふさわしいものにしてください」という注意書きがなされ，「民族意識の発露としてことさらに外国人的な呼称の氏に固執するということになると，帰化により日本国民とするにふさわしい者とはいえない」（稲葉，1975）と，事実上日本名を付けることが強要されてきた。これは本人が名前を隠して，日本人に化けて生きるということではない。日本社会への従順の度合いが日本的な名前（これもあいまいな基準である）を受け入れるか否かで判定されているのである。たとえば，朝鮮人の集住地域で創氏名によくある名字であれば，逆に朝鮮人であることが推定される。先のベトナム人も日本名で呼ばれても，顔立ちが日本人的に（これもあいまいな基準である）なるわけではない。だから通名は隠れみのであるというより，そのような同化を求める力に対し，従順である証として求められているといえよう。この結果，『第3次在日韓国人青年意識調査・中間報告書』（在日本大韓民国青年会，1994）によれば，回答者800名のうち，民族名のみで生活している者は7パーセントに満たない。

　名前とは何か。それは自らの存在証明であり，人格の一部であって，その損傷は人格権の侵害という意味をもっているといってよい。二つの名前をもつことは子どもたちの人間形成にどのような意味をもつであろうか。自分の中に秘めるべきものをもっているとき，自分たちの姿を社会に対して隠さなければならないものとして認識するとき，子どもたちは心穏やかに過ごすことができるだろうか。それに対する周囲の子どもたちはどうだろうか。異なっていることが，価値あることだとは認識されず，偏狭な日本至上主義になり，自分たちは優越した存在で，相手はそれをまねるべき存在であると認識するようになるのではないだろうか。

1980年代に入り,「本名を呼び名のる」ことをテーマに在日朝鮮人教育に取り組む運動がなされてきた。「呼ぶ」「名のる」という日本人・朝鮮人双方の課題がそこにはこめられている。他者を同等な人格をもった他者として認めないとき, 対等な関係は破壊されているのであり, 教育そのものの前提が崩れさっているのである。

5. 民族教育

「民族教育」という用語は, 日本の, とくに教育界の中では在日朝鮮人の民族教育だけを指す意味で用いられてきた。その場合には, 日本の学校で行われている全ての教育も日本人を育てる日本の「民族教育」であることが忘れ去られ, それが民族性を持たない, 何か普遍性をもった「教育」であるという誤解に陥っていることになる。日本語を話す親（もしくは祖父母）から産まれた子は日本語を学ぶ権利があり, 同様に朝鮮語を話す親（もしくは祖父母）から産まれた子は朝鮮語を学び, 親や祖父母と朝鮮語で会話する当然の権利があるということが忘れ去られている。日本の社会の中では日本語が普遍的な言語であるかのようにみえるが, それは日本という民族社会の中にいるからなのであって, 日本語に何の普遍性もないことは明らかである。

音声言語の習得にはその言語が話されている生活空間が必要である一方, 文字言語の習得には一定の教育機関が必要である。植民地という存在は経済的な搾取のみでなく, 文化的な支配を伴った。政治的に支配する者の文化が優れたものとされた。その強要の形, 程度はそれぞれの植民地支配国によって異なったが, 日本の場合, 第4節で述べた「創氏改名」にみられるように, 朝鮮人がその民族的特徴を示すことを嫌悪し, 学校教育の中では, 日本語のみをもって行う教育を強制した。

日本の敗北, すなわち朝鮮の解放後, 朝鮮本国はもちろん, 日本国内においても朝鮮人は朝鮮語を学ぶ学校を自力で建設した。ここでその経緯をたどっておこう。1945年の解放直後, 在日朝鮮人は, それまで禁止されていた朝鮮語の学習を一挙に再開した。多くの人は, 故国に帰ることが解放だと考え, その準備として, 子どもたちに朝鮮語を教える活動を開始した。しかし日朝間の諸事情から, すぐには帰国できない状況が生じ, 1946年には, この教育活動は学

校教育として整備されていった。この時点，1946年9月には525校，約4万4000の子どもが，朝鮮人が自ら作った学校で学んでいたという。その日を暮らすのに精いっぱいであった朝鮮人が「金のあるものは金を，力のあるものは力を，知恵のあるものは知恵を」というスローガンの下，それこそ「ボロ学校」と呼ばれるような校舎に集まって学校教育を開始していった。当初はまさに自力で，すなわち一切の行政的援助なしに行われていた一方で，強い干渉もなされなかった（当時の日本国政府にはその活動に干渉するだけの力がなかった）。しかし，その活動は，すでに翌1947年から大弾圧に直面した。このときの弾圧の論法はこうであった。日本国政府によれば，在日朝鮮人はその時点では日本国籍を保有しているとみなされる（繰り返すが，日本国籍であるといいながら，参政権をはじめとする諸権利については認めていないことに注意），したがって在日朝鮮人「子弟」は日本の学校に就学する義務があるという論理であり，認可を得ていない学校への就学は認められないというものであった。占領軍に加え警察力が動員され，朝鮮人学校の「閉鎖」が行われた。こうした弾圧に抗する朝鮮人の闘いは，1948年4月24日の「阪神教育闘争」という高揚にいたった。そこでは占領下で唯一の非常事態宣言，戒厳令が出され，この過程で朝鮮人の少年が日本の官憲によって射殺されるという事態まで起こる大弾圧がなされた。この弾圧は日本の敗戦後においても民族抑圧と差別政策がひきつがれていたことを示すものであった。

　この闘争と犠牲の結果はどうなったろうか。在日朝鮮人の子どもたちは日本の学校に就学できただろうか。現実には各自治体は，偏見に基づく「朝鮮人迷惑論」によって在日朝鮮人の子どもたちの入学を拒否し，「閉鎖」した朝鮮人学校を「公立朝鮮人学校」と看板を書き換えて，朝鮮人の子どもたちをそこに「収容」し，わずかばかりの経費で，しかし教育内容としては日本語の教材を教え込もうとした。それでもなんとか「公立朝鮮人学校」として存続できた場合には，朝鮮人教員はほとんど無給の講師という冷遇のもとで，子どもたちに民族教科を教える努力をし続けたのである。

5. 民族教育

┌「韓国」「朝鮮」

　朝鮮半島を主要な領土とする国は，1393年以来「朝鮮」と称したが，1897年国号を「大韓帝国」と改めた。1910年，「韓国併合に関する条約」によって，この国を「併合」した日本は，その地域を「朝鮮」と改称した。1919年には，上海に大韓民国臨時政府が組織されている。1945年，日本の敗北後，1948年までの間，朝鮮半島の北緯38度線以北はソ連軍によって解放され，以南はアメリカ合州国軍の占領下におかれた。この時代は，南北とも「朝鮮」と呼称していた。1948年，南北に「大韓民国」「朝鮮民主主義人民共和国」各政府が樹立された。

　日本の中では，大日本帝国時代，朝鮮への侵略を目指す時期は既に「大韓帝国」となった時代であったので，初期にはこの人々を「韓人」と称する事が多く，ことばも「韓語」等と称されていた。しかし，先に述べたように「併合」後，大日本帝国政府は「韓国」と称することを嫌悪し，「朝鮮」と呼称し，「韓国人」は「朝鮮人」とされ，さらには「鮮人」「鮮語」という差別語も作られた。このため，「朝鮮」ということばに対し，植民地時代の差別感情を想起する人もいる。

　1947年，大日本帝国最後の勅令として「外国人登録令」が出された。そこでは旧植民地の人間を「日本国籍」を保有するとしながらも，「外国人登録」の対象とした。その際には，在日朝鮮人（「朝鮮戸籍」に記載されている人）については，すべて国籍欄を「朝鮮」とする登録がなされた。しかし，1948年の大韓民国樹立に伴い，韓国代表部は外国人登録の国籍欄の「韓国」への書き換えを求めた。1965年，日本は韓国とのみ国交を回復した。日本国政府は外国人登録の国籍欄の「韓国」については国籍を表すとし，「朝鮮」は植民地出身者であることを示す「記号」であるとしている。日本国が朝鮮と国交を回復せず，「朝鮮」を「記号」とするこの扱い自体は不当なことであるが，そのような現実があるのであるから，テレビのニュースや新聞などがときどき，外国人登録に関する報道などで，「北朝鮮（朝鮮民主主義人民共和国）籍」と表現するのは誤りである（本文に記したように法務省は対外的な公表に際しては，「韓国・朝鮮」で一括して公表している）。

　そこで話されることばについても，北では「チョソノ（漢字で表せば「朝鮮語」）」，南では「ハングゴ（同「韓国語」）」等と称している。しかし，アメリカ合州国で話されても，カナダで話されていても，その国ではEngilishと呼ばれることばを日本では「英語」と称している。同じようにそれぞれの国で「チョソノ」「ハングゴ」と呼ばれていても，日本語として「朝鮮語」と称することには何の問題もない。現にこの「キーワード」の文頭で「朝鮮半島」ということばを用いている。この単語も韓国においては「ハンバンド（漢字で表せば「韓半島」）」ということになる。しかし，NHKはこのことばの講座を始めるとき，この両者を用いることができず，「アンニョンハシムニカ　ハングル講座」の名称で開始してしまった。このため，現在では「ハングル語」なぞという訳の分からないことば（「ハングル」はこのことばで用いる文字の南での呼称）がこのことばの名称だと勘違いしている人がいるが，これは日本語を「ひらがな・カタカナ・漢字語」と称するのと同様におかしなことで

ある。それぞれの名称がどのような意味を持っているかを学んだ上で，主体的に呼称していかなければならない。

　1952年の独立後，日本国政府のこの朝鮮人学校に対する態度に再び変化が現れた。日本国政府は日本の独立の日をもって，在日朝鮮人は「日本国籍を離脱」するとの立場をとり，これによって在日朝鮮人の教育について公費を支出する義務はなくなったと主張した。朝鮮人の自主的な教育施設を破壊し，「公立」という名をかぶせて支配した後で，再び責任を放棄したのである。接収されて「公立朝鮮人学校」とされていた学校は，行政から切り捨てられ，以後，朝鮮人学校は自主学校，各種学校として存続する道を選ぶほかなくなるのである。
　朝鮮人学校が再び朝鮮人の自主的な運営の下に移っても，日本国政府の弾圧政策は続く。まずその地位は日本の学校体系に従った6・3・3制の教育を行っていても，いわゆる1条校（学校教育法第1条に記された学校）ではない各種学校という位置づけである。当初，日本国文部省（当時）はその各種学校という位置づけさえ，認可しないように各都道府県に強要していた。各自治体が各種学校としての認可を開始した1960年代には数次にわたって（1966，67，68年），教育内容統制を軸とした「外国人学校法案」を提出したが，そのたびごとの不成立によって，外国人学校法の成立は断念された。その後，1975年にいたって，1条校以外の学校の中から専修学校を別に制度化し，各種学校には外国人学校と小規模・短期間の学習機関しか残らないようにした。外国人学校法を作る代わりに，学校教育法の中で外国人学校法案を実質化したといえる。朝鮮人学校は各種学校の扱いを受けているために，最近まで同じ年齢の子どもが通学定期を購入しても1条校に通う子どもたちより高い定期券を購入させられた。高校生のスポーツ大会にも出場を認められていなかった。そして何よりも現在にいたるまで，進学においてその資格を認められていない。文部科学省は国外からの留学生であれ，国外で就学した日本人であれ，国外での就学についてその後日本で就学を継続する場合には，その教育内容等を問うことなく，修学年限のみをもって該当学年への編入もしくは大学等の受験資格等を認定している。しかし，日本国内にある外国人学校のみについては，その就学を就学と

認めず，受験資格等を認めてこなかった（現実には，高校までは各教育委員会の判断によるので，朝鮮人学校からの転入について該当学年への編入，あるいは高校受験資格などが認められてきた。また公立大学，私立大学の多くも受験資格を認定している。一方，外国人学校の中でもヨーロッパ系の学校については国際バカロレア等により受験資格を認定しているので，結局国立大学のみがアジア系の学校に対してのみ門戸を閉鎖している形であった）。これを2003年9月19日，学校教育法施行規則及び文部省告示の一部改正等によって，ほとんどの外国人学校卒業生の大学受験資格を認定する一方で，朝鮮学校の卒業生のみは，受験する可能性があるすべての大学から個別の認定書の交付を受けておかねばならないこととした。

このような朝鮮人に対する教育差別は，1990年からの日系人労働者の日本入国許容によって日本に居住するようになった外国人一般に対しても，行われている。たとえば，1991年，香川県善通寺市が「外国人」児童の就学を拒否するという事件が起こった。その底には，日本のこの在日朝鮮人処遇と変わらないものが続いている。

この事件の経緯は以下の通りである。1991年5月に子どもを連れたブラジル人家族が善通寺市にやってきて，子どもの就学手続を行おうとした。しかし教育委員会は言を左右にして入学させなかった。何故拒否したのかという理由はあまり明確ではなく，外国人を住み付かせないための「政策的」なものというより，感情的な「外国人迷惑論」といえるものであったようである。

結局，1992年9月になって，県から1名の加配教員を受けたことによって，年齢が小学校相当，中学校相当で，校区も三つの小学校区と中学校区に分かれている11人の子どもたちであったにもかかわらず，一つの小学校に押し込めて，マスコミ報道されたこの事件は「解決」ということになった。しかし，マスコミ報道された子どもたちが学校を終えた後は，ふたたび善通寺市においてブラジル人の子どもたちは就学できないままである。

日本国政府は外国人の生活保護の権利性を認めず，「準用」だと言う。その際には「生活保護法」が「国民」という文言をもって規定しているからだと主張する。保護者にその「子女」の就学を義務づけた「学校教育法」第22条は，明確に「保護者」としか記しておらず，そこには国籍条項の関与する余地がない

はずである。にもかかわらず，1952年在日朝鮮人の「日本国籍離脱」にあたって，文部省は，在日朝鮮人は「日本の国籍を有しないことになり」，「就学義務履行の督促という問題も生じない」という姿勢を取った（文部省初等教育局長通達「朝鮮人の義務教育学校への就学について」1953年2月11日）。

　教育を受ける権利と教育を受けさせる義務を定めた日本国憲法第26条（および教育基本法第4条——文部省は法律同士であるので学校教育法に対する上位性を認めていない）には，確かに「国民」という文言が入っているので，その解釈によっては，外国人の就学権，親の就学義務の存否の判断の別れる可能性が議論としてはありえたとも言える。しかし，1979年，国際人権規約（社会権規約＝経済的，社会的及び文化的権利に関する国際規約）の批准後，その第13条によって，少なくとも初等教育については国籍を問わず「義務的なものとし，すべての者に対して無償のものとすること」は明らかになったはずである。保護者の就学させる義務が，子どもの教育を受ける権利の保障のためにあるならば，教育を受ける権利のあるところに保護者の就学させる義務もなければならない。

　学校教育法第22条には国籍規定が無いにもかかわらず，同法施行令は住民基本台帳による学齢簿作成を規定して，今回の善通寺市教育委員会の就学拒否を引き起こしている。文化的背景を異にする子どもたち，「引き揚げ」の子や「帰国子女」等の中で，日本国籍者については，その文化的背景を無視して，とにかく就学させ，同化させるという政策がとられている一方で，「住民基本台帳」に載らない子は，日本社会でともに生きるために一緒に学校で学びたいと言っても，その就学を拒否している。子どもたちは国際人権規約の下では，同じ権利を有しているはずである。日本国政府が在日朝鮮人の子どもたちに対して行った1952年の就学拒否と，その反面としての1948，49年の「日本国籍」に仮借しての同化教育の押し付け，民族教育の大弾圧が，現在も同じ論理で働いていると言える。

　またもし，来日したブラジル人の親たちが子どもたちの日本国籍の留保という届を続けていて，子どもたちが日本とブラジルの二重国籍であったならば，市教育委員会には就学拒否が許されない。たまたまブラジル国籍だけであったので拒否されたわけで，届出の形ひとつによって，子どもたちの権利が左右さ

れている。これは，二重国籍を拒否する日本において外国籍者と日本国籍者との結婚の場合，親の届出のあり方ひとつによって，子どもの扱いが異なってしまうという構造と同じ問題を示している（世界の潮流は二重国籍を尊重している）。

1981年以降には，教員採用試験における国籍条項が社会問題化した（第6節参照）。

6. 雇　用

外国人の公務員への就職について検討してみよう。

外務公務員法は第7条で（外務公務員の欠格事由）として「国家公務員法第38条の規定に該当する場合のほか，国籍を有しない者又は外国の国籍を有する者は，外務公務員となることができない。2　外務公務員は，前項の規定により外務公務員となることができなくなつたときは，当然失職する」と定めている。「国家公務員法第38条の規定に該当する場合のほか」というのであるから，当然国家公務員法第38条の「欠格条項」，また同様に地方公務員法第16条の「欠格条項」には，国籍による制限は一切ない。一方が制限を明文で示し，一方には記されていないということは，記されていないところにおいては国籍による制限はないと判断するのがこれまた当然の解釈である。しかし，日本国政府は「内閣法制局の見解」として次のように外国人の公務員への就任を制限してきた。

「一般にわが国籍の保有がわが国の公務員の就任に必要とされる能力要件である旨の法の明文の規定が存在するわけではないが，公務員に関する当然の法理として，公権力の行使または国家意思の形成への参画にたずさわる公務員となるためには日本国籍を必要とするものと解すべきであり，他方においてそれ以外の公務員となるためには日本国籍を必要としないものと解せられる」（1953年3月）

第3節で検討したように，強権をもった他国によって自国の政策が決定される状況は植民地状況であって，独立した国民国家とはいえない状況である。それゆえに「国民国家」において国政を外国人が支配することが排除されているのである。「公権力の行使または国家意思の形成への参画にたずさわる公務員」

とは，そのような特別職の公務員に限定されるべきであって，一般職の公務員は，「その職務を遂行するについて，法令に従い，且つ，上司の職務上の命令に忠実に従わなければならない」（国家公務員法第98条）と規定されている通り，定められた業務を行う存在であって，国家政策を決定したり，自己の恣意によって行政を行う存在ではない。だから逆に日本国を代表する可能性のある外務公務員にあっては国籍条項が明記されているのである。

1953年の内閣法制局見解は国家公務員に関し，範囲の明確でないまま，「公権力の行使または国家意思の形成への参画にたずさわる公務員」について述べたものであるが，1973年の自治省（当時）見解はさらにこれを拡大した。地方公務員について「公権力の行使，公の意思形成への参画に携わることが将来予想される職（一般事務職等）に，日本国籍を有しない者にも一般的に受験資格を認めることは適当でない」と主張したのである。地方自治において住民要件ならぬ，国籍要件が持ち出されたのである。

1997年にNGOが行った調査では，全国都道府県市区の731地方公共団体中，採用枠の最も多い一般事務職を外国人が受験できない地方公共団体が56パーセントであり，採用を全く認めていない団体も20パーセントある。外国人職員数は，確認できるのが772人であり，全職員数のわずか0.048パーセントである。この0.048パーセントという数字は，日本の総人口に占める外国人登録者数の割合が1.12パーセント，永住者・特別永住者数の割合が0.49パーセントであることと比較しても，きわめて少ない（岡，水野，1998）。

たとえば1990年，それまでほとんど公募することなく市職員を採用してきたZ市で市職員の採用試験があった。「試験案内」を取り寄せてみると，「受験資格」は年齢と学歴で，その後に「なお，地方公務員法の定めるところにより，次の各号の1に該当する者は，受験できません」と記され，その（3）が「日本国籍を有しない者」になっていた。地方公務員法のどこにそんなことが記されているのかと抗議に行った人々に対し秘書課長の返答は，地方公務員法第13条に「すべて国民は」とあるので，日本国籍者でなければならないというものであった。そこで1986年の看護三職について日本国籍者以外の採用を認めた自治省通達を知っているかと問うと知っていると答えるので，では上の地方公務員法の解釈と矛盾するではないかというと，それは国が特別に認めた

ものだと開き直る。多くの自治体で外国籍公務員を認めているではないかと問うと，県や県内の他市では認めていないと開き直る。そして隣のM市の前年度の「試験案内」を持ってきたが，驚いたことにM市では上記通達の出された「保健婦」についても一律に国籍条項を適用していた。さすがに地方公務員法が国籍条項を定めているとするこの事例については新聞記事において自治省からも「誤解に基づく制限」だと非難される始末であった（90年10月2日，『山陽新聞』他，共同通信配信各紙）。

1981年以降には，先に述べたように教員採用試験における国籍条項が社会問題化した。そのことが問題となると，日本国文部省は1982年に「国公立大学の外国人教員任用特別措置法」というものを作って，このような法律がないので，公立小中高校では，外国人教員の採用ができないと主張した後，1990年代の日韓協議の中で，常勤講師として採用する，という身分処遇を行った。公立小・中・高校に教員として採用されている外国人の数は52人であり，全教員数の0.066パーセントに過ぎない。

労働基準法第3条は「均等待遇」として，「使用者は，労働者の国籍，信条又は社会的身分を理由として，賃金，労働時間その他の労働条件について，差別的取扱をしてはならない」と，職業安定法第3条も「均等待遇」として「何人も，人種，国籍，信条，性別，社会的身分，門地，従前の職業，労働組合の組合員であること等を理由として，職業紹介，職業指導等について，差別的取扱を受けることがない。但し，労働組合法の規定によつて，雇用主と労働組合との間に締結された労働協約に別段の定のある場合は，この限りでない」と定めている。職業安定所（ハローワーク）には「事業主の皆様へ　在日韓国・朝鮮人の公正な採用選考を」というリーフレットが置かれさえしている。しかし，国籍条項をもうける国や地方自治体の姿勢，また就労のビザを持たずに来日の上，就労している者がいるという「不法就労者」キャンペーンは，就労に何らの制限のない定住者の雇用にあたっても，事業主に外国人雇用をためらわせるものとなっている。

7. 社会保障・戦後補償

　傷病，失業，老齢，労働災害などによって所得が途絶えたり，得られなくなることに対して，公的扶助（生活保護，福祉年金など，税金からの支出）と社会保険（医療保険，雇用保険，年金保険，災害補償保険，介護保険など，保険料の形で財源を徴集）によって備えようというのが社会保障である。日本国憲法の上では，第25条に「すべて国民は，健康で文化的な最低限度の生活を営む権利を有する。　②　国は，すべての生活部面について，社会福祉，社会保障及び公衆衛生の向上及び増進に努めなければならない」と規定されている。先に日本国憲法の解釈において「国民」を主語とする権利を日本国籍者にしか認めることができないと解するのは憲法学の中では少数説であり，逆に納税の義務は居住者すべてに課せられていることを記した。納税の義務のみ課され，給付がないのでは，奴隷と同じ存在である。また国際人権規約（社会権規約）は，第9条で「この規約の締約国は，社会保険その他の社会保障についてのすべての者の権利を認める」と社会保障がすべての者の権利であることを宣言している。同規約は第2条第3項において「開発途上にある国は，人権及び自国の経済の双方に十分な考慮を払い，この規約において認められる経済的権利をどの程度まで外国人に保障するかを決定することができる」という経済的制約は認めているが，逆にこの制約によらない限り，すべての者に保障しなければならないことを明らかにしているということができ，また「経済大国」日本がこの経済的制約により社会保障を制限すると主張することはできないだろう。

　しかし，1982年の難民条約発効まで，日本国政府は社会保障から外国人を排除してきた。日本国政府の論理は，日本に住む「外国人」は居住国である日本国ではなく，国籍国の保護を求めなさいということである。では日本国政府は日本国外に居住する日本国籍者の社会保障を行ったかというとそうではない。国外居住者はその居住国の社会保障に頼りなさい，というのが日本国政府の論理であった。この手前勝手な不合理が日本国内の運動によっては解決されないまま，難民条約の批准によって，国内法の整備を迫られることとなった。1982年，難民条約の発効にともなって国民年金法および児童手当3法の国籍条項が撤廃され，外国人も国民年金に加入できるようになった。しかし，国民年金は25年の加入期間を保険金支払いの要件としているため，この時点で35歳以上

の外国人は加入しても，60歳までに25年間加入するという要件を満たすことができなかった。加入期間による排除は1986年の厚生年金（勤労者を主な対象とした年金保険）と国民年金（それ以外の人の年金保険）の一元化に際して，加入期間が25年に満たない人に対して「カラ期間」がもうけられたので，とりあえずは解決し，35歳以上の外国人も加入することができるようにはなった。しかし，加入できるようになった外国人も，加入期間が短いため，支給金額はきわめて少額である。また，この時点で60歳を超えていた外国人は，年金加入が認められなかった（約5万人と推定される）。

　年金制度から排除されたのは，まさに植民地支配下，日本に移住させられた一世たちなのである。この他，1982年時点で，母子家庭となっていた外国人，20歳を超えていた外国人障害者（約3000人と推定される）には，基礎年金，福祉年金が支給されない。1959年の時点で20歳を超えていた障害者は，そのあと日本国籍を取得しても，障害福祉年金が支給されない，等の年金制度からの切り捨てがある。日本国政府は，小笠原「返還」，沖縄「返還」等に際しては，それまで国民年金に加入できなかった人たちに救済措置を講じてきた。しかし，1982年，在日外国人に制度を適用する際には，こうした救済措置をとらなかったのである。

　また，前に述べたように，生活保護の適用にあたっては，生活保護法の「準用」と称し，「不服の申立をすることはできない」としている。また1990年からは「永住者」「日本人および永住者の配偶者等」「定住者」以外の外国人には，生活保護の受給自体を認めない取り扱いをしている。

　社会保障は，本来その人のその時点での状況に応じて，その人の生活を保障するものであり，その生活困難の原因によるべきものではない。しかし，日本国政府は軍人として戦争に出かけ，被害を受けた者には手厚い保護を加えてきた。この軍人に対する特別な保護は敗戦後，占領軍が直ちに停止したものであったが，日本国政府は独立と同時に「戦傷病者戦没者遺族等援護法」等を制定し，旧軍人の保護に努めてきた。現在旧軍人への援護諸法のため，毎年約1兆5000億円が支出されている（日本の一般会計の年間予算は約70数兆円である）。この特別な保護自体は問題であるが，もしその原因によって保護するならば，同様に保護されなければならない「外国人」に対しては，その保護か

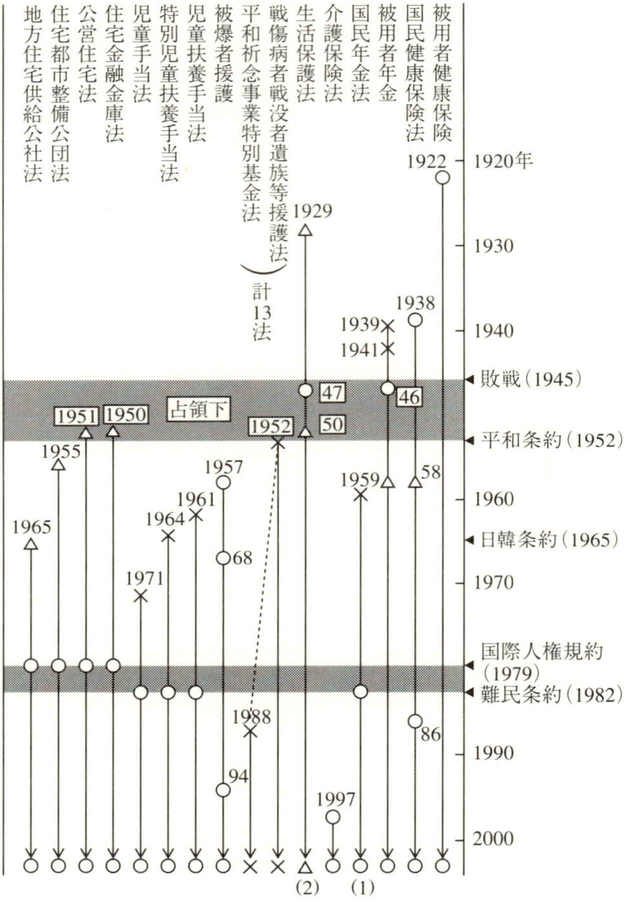
被用者健康保険
国民健康保険法
被用者年金
国民年金法
介護保険法
生活保護法
戦傷病者戦没者遺族等援護法
平和祈念事業特別基金法
計13法
被爆者援護
児童扶養手当法
特別児童扶養手当法
児童手当法
住宅金融金庫法
公営住宅法
住宅都市整備公団法
地方住宅供給公社法
1920年
1930
1940
1960
1970
1990
2000
敗戦（1945）
平和条約（1952）
日韓条約（1965）
国際人権規約（1979）
難民条約（1982）
占領下
1922
1929
1938
1939
1941
47
46
50
1951
1950
1952
1955
1957
1959
58
1961
1964
1965
68
1971
1988
86
94
1997
(2)
(1)

○　印は国籍条項がなく外国人に開放，△は国籍条項はないが運用上外国人を排除，×は国籍条項により外国人を排除.

（1）国籍条項は撤廃されたが，経過措置が不十分なため外国人無年金者が生じた.

（2）外国人は不利益処分について不服申し立てができないとされている.

（田中 宏編『在日コリアン権利宣言』岩波ブックレット，岩波書店，2002年）

図2.1　社会保障立法にみる外国人処遇の推移

ら排除してきた。日本国はアジア太平洋戦争中に約 45 万人の朝鮮人，台湾人を軍人，軍属として徴用し，約 5 万人が死亡させられた。傷病者数は未公表である。たとえば在日韓国人の戦傷軍属・石成基（ソク・ソンギ）さんは右腕を失った。石さんが日本人であれば，1952 年 4 月から累計約 7000 万円の補償を受けている（1998 年の年金額は約 390 万円）。しかし，石さんは国籍を理由にこの 7000 万円を受けることができなかった。2000 年 5 月，「戦没者遺族等に対する弔慰金等の支給に関する法律」が成立し，遺族には 260 万円，重度戦傷者に 400 万円が支給されることになった。一時金である。したがって，石さんをはじめとする「外国人」とされた人には日本人年金の 1 年分の一時金で一生涯を精算しろというのである。

【引用文献】
1) 稲葉威雄「帰化と戸籍上の処理」『民事月報』1975 年 9 月。

【参考文献】
- 田中宏『在日外国人新版』岩波新書，岩波書店，1995 年。
- 田中宏編『在日コリアン権利宣言』岩波ブックレット，岩波書店，2002 年。
- 梁泰昊・川瀬俊治『知っていますか？　在日韓国・朝鮮人問題　一問一答　第 2 版』解放出版社，2001 年。
- 丹羽雅雄『知っていますか？　外国人労働者とその家族の人権　一問一答』解放出版社，1998 年。
- 『RAIK 通信』各号，在日韓国人問題研究所（03-3203-7575）
- 崔善愛『「自分の国」を問いつづけて』岩波ブックレット，岩波書店，2000 年。
- 仲原良二『知っていますか？　在日外国人と参政権　一問一答』解放出版社，2000 年。
- 小沢有作『在日朝鮮人教育論　歴史篇』亜紀書房，1973 年。
- 佐野通夫「『外国人』と『就学の壁』」『海峡』第 16 号。
- 岡　義昭・水野精之編『外国人が公務員になる本』ポット出版，1998 年。

【課題と設問】

1. 鷺沢萠「君はこの国を好きか」（新潮社，1997 年，新潮文庫，2000 年）を読んで，主人公雅美のアイデンティティを考えよう。
2. あなたが日本国外で刑事事件に巻き込まれ，法廷に立たされたとしよう。あなたはどのようにして自分を守ることができるだろうか（梓澤和幸『外国人が裁かれる時』岩波ブックレット，1993 年，深見史『通訳の必要はありません　道後・タイ人女性殺人事件裁判の記録』創風社出版，1999 年，等参照）。

第3章

性と人権
－ジェンダー・セクシュアリティを考える－

1. 教え込まれる「女らしさ・男らしさ」

　皆さんは「女のくせに行儀が悪い」とか「男なんだからしっかりしなさい」などと家族や友人から言われたり、「女なんだからもっとかわいらしくしよう」とか「男だからリードしなければ」などと自分で思ったりしたことはないだろうか。一度や二度はあるのではないか。私たちはみんな「女は女らしく、男は男らしく」と性によって異なる性質や能力、また役割を期待する社会に生きているのだから。

　「女らしさ」あるいは「男らしさ」と考えられている性質や能力、役割にどんなものがあるだろう。女の子と男の子に付けられる名前を調べてみると、女の子の名前には「美、花、彩」などの漢字やひらかなががよく使われ、男の子には「大、太」などの漢字が良く使われていることがわかる（1999年明治生命調べ）。つまり、女の子には美しさや優しさが、男の子には強さやたくましさが期待されているということだろう。あるいは、町の玩具店の広告をみてみよう。女の子用おもちゃとして人形やままごとセット、男の子用おもちゃとしてバスやトラック、飛行機などの乗り物の模型やスポーツ玩具などが売られている。女の子には幼児期からすでに家事・育児に結びつくような能力が、男の子には行動力や積極性が求められているのだ。親が子どもに何を期待しているか（図3.1）、実際に子どもがどの程度家事手伝いをしているか（図3.2）という調査結

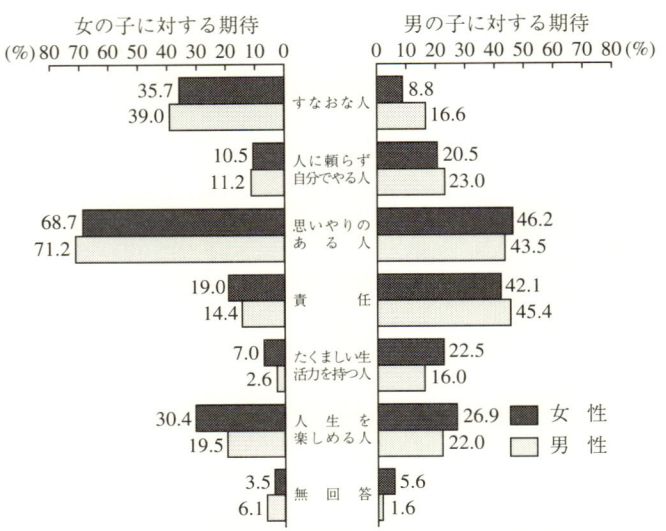

第3章　性と人権－ジェンダー・セクシュアリティを考える－

	女の子に対する期待	男の子に対する期待
すなおな人	35.7 / 39.0	8.8 / 16.6
人に頼らず自分でやる人	10.5 / 11.2	20.5 / 23.0
思いやりのある人	68.7 / 71.2	46.2 / 43.5
責任	19.0 / 14.4	42.1 / 45.4
たくましい生活力を持つ人	7.0 / 2.6	22.5 / 16.0
人生を楽しめる人	30.4 / 19.5	26.9 / 22.0
無回答	3.5 / 6.1	5.6 / 1.6

（上段：女性、下段：男性）

（東京女性財団編『性差意識の形成環境に関する研究：性差に関連する文化の形成および教育効果に関わって』財団法人東京女性財団,1996年）

図3.1　女の子に対する期待,男の子に対する期待

		(%)	行為者の平均時間
女性	10～15歳	55.3	(119分)
女性	16～19歳	56.5	(111分)
男性	10～15歳	31.5	(94分)
男性	16～19歳	27.8	(88分)

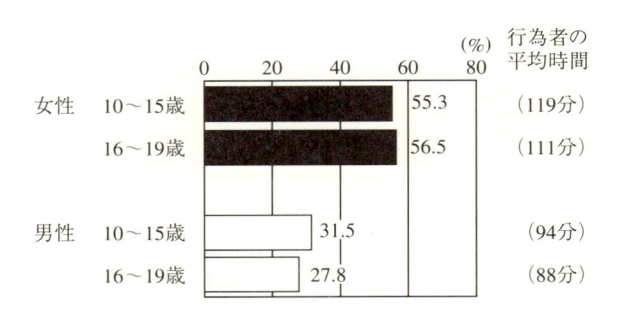

（注）1.日曜日の行為者の割合。
　　資料：国民生活時間調査（NHK放送文化研究所　1995年）
　　　　（東京都生活文化局「東京女性白書'97」）

図3.2　子どもが家事をした割合と時間（全国）

果がある。同じような傾向をそこにもみることができる。

　このように私たちは生まれたときから，女と男では異なった「らしさ」や役

割を期待され，日常生活の中で当たり前のように教え込まれていくので，それを生まれつきの男女の特質と思いがちだが，決してそうではない。女性であっても「女らしくない」人もいれば男性でも「男らしくない」人もいる。女だから，男だからという先入観をはずせば，人は皆一人ひとり違う。そもそも，何を女らしさ・男らしさとするか，何を女の役割・男の役割とするかということも時代や文化によって違っているのである。

1960年代から世界各地に広がった第二期フェミニズム運動は，私たちが生得的なものと思いこんできた「女らしさ・男らしさ」やそれに基づく性別役割は，それぞれの文化や社会が長い間かけて作り出してきたものであることを明らかにしてきた。そして，社会的文化的に構築されてきた性差をジェンダーと名付け，生物学的性差であるセックスと区別して考えるようになったのである。

2. 「らしさ」や性別役割と女性差別

「女らしさ・男らしさ」や性別によって振り分けられた役割は，社会規範となることで，私たち一人ひとりのあり方や生き方を制約してきた。そして，女と男が対等に責任を分かち合い，対等な立場で協力し合う関係の実現を困難にしてきたと言える。

まず，家庭という場を考えてみよう。多くの家庭では食べたり着たり休息したりという，生活の基本を支える仕事を女性が担っている。子どもを産み授乳をする生物学的機能をもつ女性は，同時に思いやりや優しさがあって気配りがきき世話好きであるとみなされ，その役割は育児・介護を含む家事労働だとされてきたからだ。しかし，そのことによって，男性は生活面で女性に依存してしまい，家庭の責任を女性と分かち合うことができずにきた。たとえば，妻がいないと食べる物・着る物に困るという男性は今でも結構存在している。また，たとえ男性が子育てに関わりたいと思っても，子どもが生まれた男性のうち育児休業を取った男性はわずか0.42％という統計が示すように，なかなか育児休業をとれないという現実もある（労働省「女性雇用管理基本調査」1999年度）。

労働の場（職場）ではどうだろうか。家事労働とは反対に，生産労働はもっぱら男性の役割とみなされてきた。そこで，労働の場（職場）では多くの男性が「過労死」が問題になるほど，長時間かつ過重な労働を強いられ，その一方

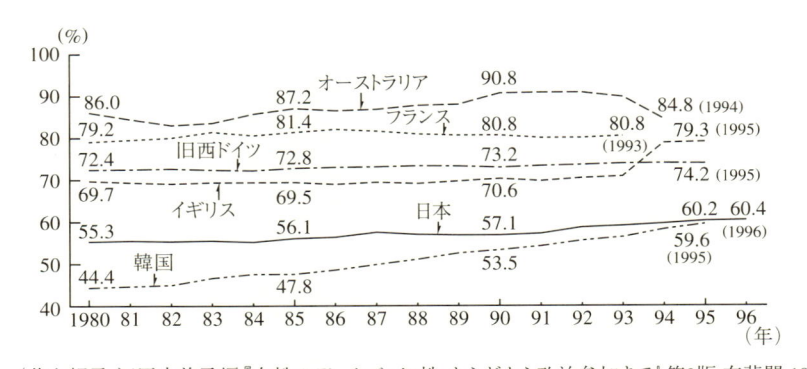

(井上輝子,江原由美子編『女性のデータブック:性・からだから政治参加まで』第3版,有斐閣,1999年)
図3.3 各国の賃金の男女格差(非農林部門,男性の現金給与額を100とした場合の女性の現金給与)

で，女性は低賃金で補助的周辺的な仕事を割り当てられて，一人前の労働者として扱われないという状況が続いてきている。

フルタイムで働く女性の平均賃金と男性のそれを比べたものが図3.3である。これをみると，女性の平均賃金は男性のそれの約6割にすぎず，しかもこの20年というもの（2001年は65.3％），その差はあまり縮まっていない。女性の平均賃金が低いのは，女性の多くが昇進・昇格の機会が少ない単純労働・補助労働に従事していること，また，育児・介護は女性の役割という役割意識の強さと社会的支援体制が整っていないために仕事を辞めざるをえない女性が多く，さらに一度離職すると再就職が難しいからだと考えられる。また，夫婦の生活時間を調べたものが表3.1である。とくに働く妻の生活時間に注目すると，睡眠や休養などの一次活動，三次活動の時間が少なく，仕事と家事などの二次活動の時間が他と比べて多いことがわかる。働く女性は家事労働と賃金労働という二重の負担にあえいでいると言えそうだ。

さらに見過ごしてはならないのは，「女らしさ・男らしさ」の規範が男性による女性への暴力を容認し，正当化する役割を果たしてきたという事実である。男性による女性への暴力は，買春やポルノグラフィー，強かん，セクシュアル・ハラスメント（性的嫌がらせ＝相手の意に反した性的な言動），ドメスティック・バイオレンス（夫や恋人など，身近な男性から女性への暴力），さらには，

2. 「らしさ」や性別役割と女性差別　73

表3.1　共働きか否か別夫と妻の生活時間一週間全体（2001年）

	夫も妻も有業（共働き）の世帯		夫が有業で妻が無業の世帯	
	夫	妻	夫	妻
1次活動	10時間14分	10時間02分	10時間15分	10時間18分
睡眠	7時間37分	7時間08分	7時間37分	7時間18分
身の回りの用事	1時間00分	1時間16分	1時間01分	1時間16分
食事	1時間37分	1時間38分	1時間37分	1時間45分
2次活動	8時間10分	9時間05分	8時間17分	7時間04分
通勤・通学	0時間44分	0時間25分	0時間53分	0時間01分
仕事	7時間01分	4時間29分	6時間51分	0時間03分
家事関連時間	0時間25分	4時間12分	0時間32分	6時間59分
3次活動	5時間36分	4時間53分	5時間28分	6時間37分
休養等自由時間活動	3時間30分	3時間00分	3時間21分	3時間51分
積極的自由時間活動	0時間58分	0時間42分	0時間58分	1時間05分
交際・付き合い	0時間21分	0時間19分	0時間19分	0時間28分

（総務省「2001年社会生活基本調査」）

戦争などの武力紛争下における集団強かんや性的拷問など，社会のあらゆる場でさまざまな形をとって表れてきた。しかし，長いあいだ，それらは女性の人間としての尊厳を踏みにじる人権侵害行為とはみなされてこなかったのである。

　身近な例で考えてみよう。たとえば，女性が通学・通勤途中で痴漢にあったり，学校や職場で男性から身体を触られたり，卑わいなことばを浴びせられるなどのセクシュアル・ハラスメントを受けたとする。痴漢行為やセクシュアル・ハラスメントは暴力の一種だ。心理的身体的性的に相手に苦痛を与えるのだから。したがってこの場合，責められるべきはそのような行為を働いた男性の側であるはずだ。しかし，最近まで男性が性的に攻撃的なのは仕方のないこと，女性の方にすきがあったのが悪いなどと，かえって女性の側を責めるような考え方が一般的だったのだ。ドメスティック・バイオレンスについても同じである。妻が夫に殴られても，男が暴力的なのは当たりまえ，夫を怒らせた妻に問題があるなどと言われてきた。

　また，買春やポルノグラフィーは，「男の性欲は抑えられないからしかたがない」という決まり文句の下で，女性の性と身体を売買できるモノとして扱うことを容認してきたし，同じようなことが，武力紛争下での女性への暴力を正当化するために主張されている。何が，このような女性への暴力を人権侵害と認

識させないできたのだろうか。それは，力で女性を従わせることは男らしいこと，黙って従うのが女らしいこととする「女らしさ・男らしさ」の規範にほかならない。

3. 買春，セクシュアル・ハラスメント，ドメスティック・バイオレンス

ここで，買春，セクシュアル・ハラスメント，ドメスティック・バイオレンスについてもう少し触れておこう。

(1) 買春

皆さんの中には，「買春（かいしゅん）」ということばをみて「売春（ばいしゅん）」のまちがいではないかと思った人もいるかもしれない。それもそのはず，「買春」ということばは1973年に女性たちによって作りだされた比較的新しい日本語なのだから。それまでの日本には「売春」という売る側に焦点をあてることばしかなかった。けれども1960年代から始まった高度経済成長を背景に，日本の男性たちが大挙して台湾や韓国などアジア各地に女性を買いに出かける「セックス・ツアー」が問題になる中で，女性の性を経済力にまかせて買う男性の側に焦点をあてることばとして生み出されたのである。1980年代になると大がかりな「セックス・ツアー」に代わって，今度はフィリピン，タイを中心としてアジア各地から暴力団がらみの人身売買組織によって多くの女性が日本に「輸入」され，監禁，暴力，売春強制などの性的搾取を受けるようになった。2000年現在，超過ビザで日本に滞在している12万人ものアジア，東ヨーロッパ，南アメリカ女性のうち，7万5千人にのぼる女性が監禁状態の下で性産業に従事させられていると専門家たちはみなしている（アジア女性資料センター，2000，p. 18）。

1990年代に入ると，女性ばかりではなく子どもをターゲットにした買春やポルノグラフィーの売買がさかんになるようになった。1996年には国連人権問題調査官が，アジアでは推定100万人の子どもが奴隷的状態で買売春やポルノなどの性的搾取にさらされていると発表し（「ストップ子ども買春」の会，1996，p.15），日本でも「ストップ子ども買春」の会等の活動によって，日本人男性が

3. 買春，セクシュアル・ハラスメント，ドメスティック・バイオレンス　75

国内外で行っている子ども買春の実態が明らかにされるようになった。また，同年，スウェーデンで開かれた「第一回　子どもの商業的性的搾取に反対する世界会議」では，日本は世界一の「子どもポルノ」の製作・配布国として強い非難を浴びたという（いのうえ，2001，pp.108-111）。今日，「売春も仕事のひとつ」「表現の自由」などの主張によって売買春やポルノグラフィーを擁護する主張もあるが，性と身体は売買可能とする考えが，社会的経済的により弱い立場にある貧困層の女性や子どもの人身売買を助長しているという事実は見逃してはならないだろう。

（2）　セクシュアル・ハラスメント

　日本で「セクシュアル・ハラスメント」ということばが使われるようになったのは，1980年代後半になってからである。それまでにセクシュアル・ハラスメントがなかったわけではない。あまりにも当たり前に行われていたので，それを問題視して表現することばがなかったのである。

　そのような状況を大きく変えるきっかけとなったのが働く女性たちのグループ「働くことと性差別を考える三多摩の会」が行ったセクシュアル・ハラスメント実態調査である。調査結果を公表した『女6500人の証言──働く女性の胸のうち』（学陽書房，1991）によれば，男女雇用機会均等法制定（1985年）前後から活動を開始したこの会の会員たちは，自分たちを含め，働く女性たちがことばでは言い表せない「働きにくさ」の経験を共通してもっていることに気がつきながら，それを言い表すことばがなくて困っていたという。そんな時，会員の一人がアメリカからもち帰ったパンフレットの中に「セクシュアル・ハラスメント」ということばをみつけ，これこそ自分たちの経験を表現することばだと気づいたのだった。会はそのパンフレット「Stopping Sexual Harassment a Handbook」を『日本語版 性的いやがらせをやめさせるためのハンドブック』として発行，同時に1989年11月から1990年2月にかけて，働く女性1万人を対象にしたアンケート形式によるセクシュアル・ハラスメントの実態調査を行った。その結果，通勤・帰宅途上で性的嫌がらせを受けたことがある女性は90.5％，職場で「一人前の人格として認められなかった」経験をもつ女性は69.6％，容姿や言動に関して嫌がらせを受けた女性は60％などの実態が明ら

かになったのである。

　この調査がセクシュアル・ハラスメントに対する問題意識を高める中，1992年に福岡地方裁判所で争われていたセクシュアル・ハラスメント裁判が結審した。判決は，性的中傷や噂を流すことで原告女性を退職に追い込んだ被告の男性上司と被告を雇用していた会社に損害賠償の支払いを命じるものであった。これ以後，それまでマスコミなどで揶揄的に使われていた「セクハラ」ということばが市民権を得，セクシュアル・ハラスメントは人権侵害だという認識が社会的に共有されるようになったのである。また，1993年には京都大学で教授による秘書に対するセクシュアル・ハラスメントが明るみに出る事件があり，学校におけるセクハラの実態も明らかにされつつある。

　1997年に行われた公的機関による調査の結果（図3.4(a)(b)）は，セクハラをなくしていくことはまだまだこれからの課題であることを示している。

（3）　ドメスティック・バイオレンス（DV）

　ドメスティック・バイオレンスもセクハラと似たような経過をたどっている。1992年にドメスティック・バイオレンスの実態調査を日本で初めて行った「「夫（恋人）からの暴力」調査研究会」のメンバー，弁護士の角田由紀子は，家庭裁判所の離婚調停の場で，年配の調停員が「ご主人が，思うようにならなくて思わず手が出てしまうというのは，男の方だからしようがないですね」という妻を殴る夫に理解を示すことばをたびたび聞いたという（渡辺，1994，p.197）。そのような状況下で，夫や婚約者や恋人など親密な関係にある男性から女性への暴力を可視化することばとして，すでに英語圏で使われていたドメスティック・バイオレンスということばが用いられるようになったのである。

　「「夫（恋人）からの暴力」調査研究会」の行ったアンケート調査の結果は，現在『新版　ドメスティック・バイオレンス―夫・恋人からの暴力をなくすために』（2002）の中でみることができる。同書によれば，このアンケート調査に応じる中で，ようやく「自分の状況とそのことは語っていいことなのだ」と気づく女性たちが現れ，中には「この調査に答えたことがきっかけで暴力から逃れるために家を出た人もいた」という（p.6）。この調査はセクシュアル・ハラスメント調査と同様，女性の意識や社会的関心を高めるのに役立ち，それま

3. 買春，セクシュアル・ハラスメント，ドメスティック・バイオレンス　　77

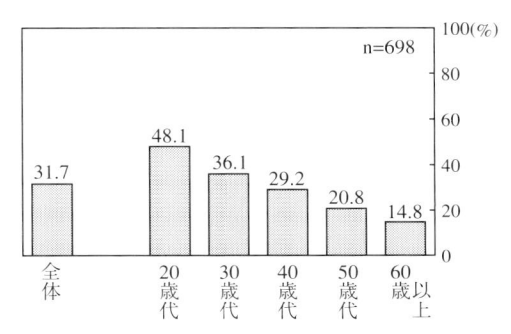

```
        n=698
全体       31.7
20歳代     48.1
30歳代     36.1
40歳代     29.2
50歳代     20.8
60歳以上   14.8
```

(注) 1. 対象は女性の勤め人．
　　資料：労働に関する世論調査（政策報道室　1997年）
　　　　　　　　　　　（東京都生活文化局「東京女性白書'98」）

図3.4（a）　職場でセクシャル・ハラスメントを受けた経験がある人の割合

内容	%
宴会でお酒やカラオケのデュエットなどをさせられた	43.9
性的な冗談を頻繁にいわれた	33.9
仕事に関係のない食事にたびたび誘われた	25.3
結婚の予定や出産予定をたびたび聞かれた	24.4
故意に身体を触られた	24.4
容姿について繰り返し言われた	19.5
立場を利用して性的な関係を迫られた	5.0
帰宅途中，後をつけられた	5.0
性的な内容の手紙や電話を受けた	4.5
ヌード写真等が部屋に貼られていたり，見せられたりした	2.7
その他	4.5

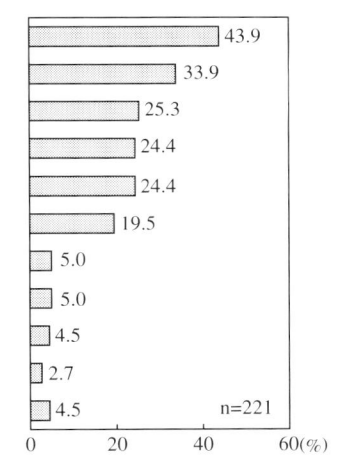

n=221

(注) 1. 複数回答．
　　　2. 該当は何らかのセクシャル・ハラスメント経験のある女性の勤め人．
　　資料：労働に関する世論調査（政策報道室　1997年）
　　　　　　　　　　　　　　　　（東京都生活文化局「東京女性白書'98」）

図3.4（b）　職場におけるセクシャル・ハラスメントの内容

で口をつぐんでいた被害者たちが声を上げるようになり，民間団体や公共機関による電話相談・面接相談やシェルター（緊急避難所），サポートグループの立ち上げと運営などさまざまな取り組みがはじまっている。

　1998年に東京都の発表した調査結果（図3.5(a)(b)）によれば，身近な男性から身体的暴力をうけた経験のある女性は33％，精神的暴力を受けた経験のある女性は55.9％，性的暴力を受けた経験のある女性は20.9％にのぼっている。また1999年に総理府が行った「男女間における暴力に関する調査」でも，「命の危険を感じるくらいの暴行を受けた」ことがあると答えた女性が4.6％にもいた。

4.　「男らしさ」の抑圧性

　「女らしさ・男らしさ」や性別役割は女性に対するさまざまな差別の温床となってきたと女性たちが気づき始める一方で，男性のなかからも「男らしさ」の押しつけは抑圧だという声があがるようになってきた。

　たとえば，いたずらをやめない4歳の娘の顔を突然殴ってしまったことがきっかけで，暴力について考えるようになったというある男性は，『「男らしさ」から「自分らしさ」へ』（メンズセンター編，1996, pp.35-40）の中で言う。「男なら泣くな」，「男は黙っていろ」，「男ならがまんしろ」などと言われて，自分の気持ちをおさえて過ごすうちに，男性は自分で自分の感情がわからなくなってしまっているのではないか。また，感情を取り戻しても，男にとって使いやすい感情表現のことばがあまりない。だから，うまく感情が表現できないという現実もあるのではないかと。

　この男性，阿部達彦は，どうしたら暴力をふるわないで暮らせるかということを仲間たちと学び合うなかで，「相手と理解しあうためには，自分に起こってくるいろんな感情を表現することが大切なのだ」ということがわかるようになり，ようやく子どもを殴らずに叱ることができるようになったという。そして，自分がよく使っていたことばは「怒り」のことばであったが，これからは喜怒哀楽を現すさまざまなことばを使って積極的に感情表現する「感情生活」を送りたいとも語っている。

　阿部のように暴力をふるうことをやめたいと悩んでいる男性は少なからずい

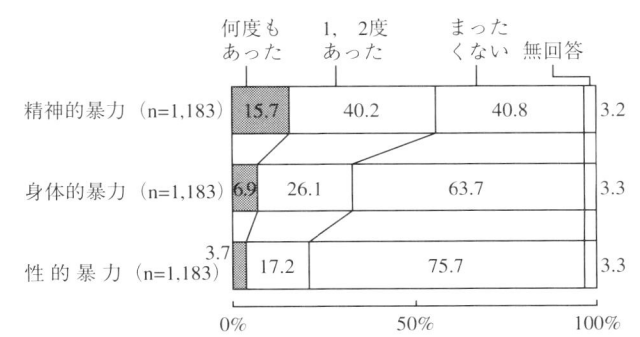

4. 「男らしさ」の抑圧性　79

図3.5(a)
夫やパートナーからの
暴力被害経験の有無
(東京)

	何度もあった	1，2度あった	まったくない	無回答
精神的暴力 (n=1,183)	15.7	40.2	40.8	3.2
身体的暴力 (n=1,183)	6.9	26.1	63.7	3.3
性的暴力 (n=1,183)	3.7	17.2	75.7	3.3

(注)満20歳以上64歳以下の男女4,500人を対象に，1997年に実施
有効回収数2,819(回収率62.6%)
資料：女性に対する暴力調査（東京都生活文化局　1998年）
（東京都「東京都男女平等参画白書'99」）

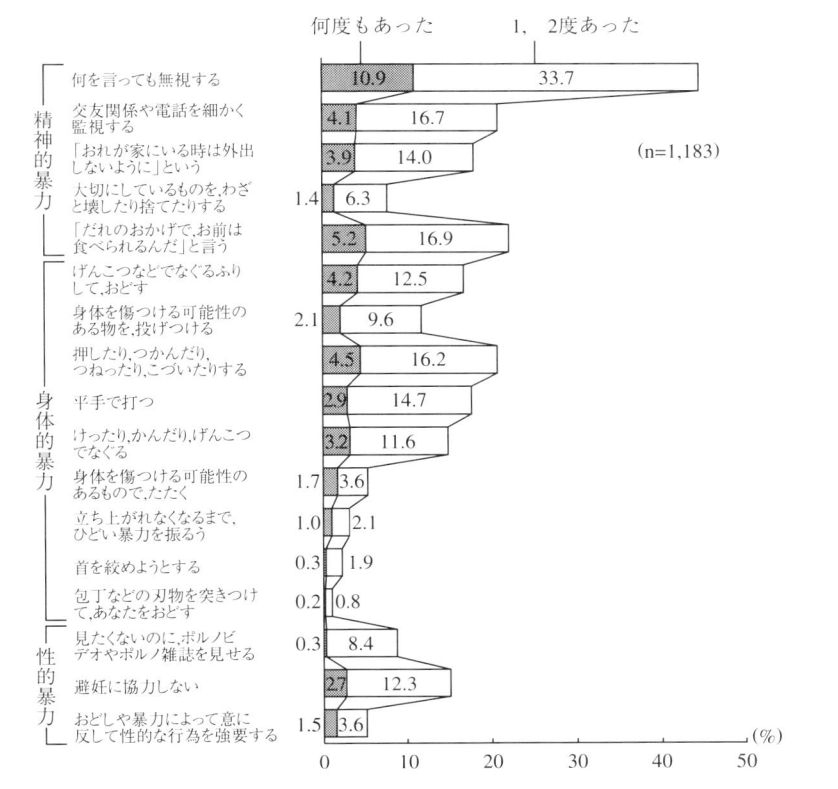

		何度もあった	1，2度あった
精神的暴力	何を言っても無視する	10.9	33.7
	交友関係や電話を細かく監視する	4.1	16.7
	「おれが家にいる時は外出しないように」という	3.9	14.0
	大切にしているものを，わざと壊したり捨てたりする	1.4	6.3
	「だれのおかげで，お前は食べられるんだ」と言う	5.2	16.9
身体的暴力	げんこつなどでなぐるふりして，おどす	4.2	12.5
	身体を傷つける可能性のある物を，投げつける	2.1	9.6
	押したり，つかんだり，つねったり，こづいたりする	4.5	16.2
	平手で打つ	2.9	14.7
	けったり，かんだり，げんこつでなぐる	3.2	11.6
	身体を傷つける可能性のあるもので，たたく	1.7	3.6
	立ち上がれなくなるまで，ひどい暴力を振るう	1.0	2.1
	首を絞めようとする	0.3	1.9
	包丁などの刃物を突きつけて，あなたをおどす	0.2	0.8
性的暴力	見たくないのに，ポルノビデオやポルノ雑誌を見せる	0.3	8.4
	避妊に協力しない	2.7	12.3
	おどしや暴力によって意に反して性的な行為を強要する	1.5	3.6

(n=1,183)

資料：女性に対する暴力調査（東京都生活文化局　1998年）
（東京都「東京都男女平等参画白書'99」）

図3.5(b)　夫やパートナーからの暴力の経験の有無(東京)

るらしい。ドメスティック・バイオレンスの加害男性への再教育に取り組んでいるカウンセラーの草柳和之も，取り組みのきっかけになったのは妻に暴力をふるうのをなんとかやめたいと思っている男性からの相談電話だったという。

草柳は『季刊　セクシュアリティ　No.2』（エイデル研究所，2000）に収録された鼎談の中で（pp.6-15），男性の側からみたドメスティック・バイオレンスのプロセスについて語っている。草柳によれば，男性は社会的により力をもとうとしていくが，その社会はピラミッド型のヒエラルキー社会だから，絶えず抑圧やダメージを受けることになる。ダメージを受けた男性は，身近な女性に暴力をふるうことで自分の下に女性を位置づけ，相対的に自分の価値を高めようとする。そして社会にある男性優位の価値観でそれを正当化してしまう。こうしてドメスティック・バイオレンスがやめられなくなってしまうというのである。

草柳は，男性は「力ある者が価値ある者と認められる社会」に生きているが，おそらく最初からそれをいいと思っているわけではないとも言う。ただ，いったん自分がパワーをもつ側になると，そこからなかなか抜け出せなくなる。けれども，わずかだけれども悩む男はいる。そういう悩む能力を男はもっと開発しなくてはならない。そして，暴力は女性に「苦痛を与えるだけであって，信頼とか愛情とか全て失う行為」であり，男性はそれが「自らの価値や尊厳を損なうこと」だということを気づいていかねばならないとも述べるのである。

男性が，「強さ」「支配的」「競争に勝つ」などという「男らしさ」をよしとする社会の中で暴力性をも身につけていくとすれば，暴力をふるわないで女性と共生する男性になる過程は，そういった「男らしさ」の価値から自由になる過程でもあるだろう。

5.　多様なセクシュアリティ

さて，ここまでは社会的文化的に構築された性差，ジェンダーを中心に話しを進めてきた。しかし，今日，「性」は「ジェンダー」からばかりではなく，「生物学的性」，「性自認」，「性的指向」という視点からも捉え直されつつある。その過程で，私たちがこれまで当然と考えてきた「女」と「男」というカテゴリーさえ問われつつあるのである。そこで，これら三つの切り口から「性」に

ついて考えてみよう。

（1） 生物学的性

皆さんは人間の生物学的性には女性と男性しかないと考えているかもしれない。しかし，実際には女性・男性のどちらにも判定できない中間性とも言うべき性の形態がある。そのような性の形態はインターセックス（半陰陽）と呼ばれてきた。

どうしてそのような中間的形態が生じるのだろうか。それは，胎児のある段階までは人間は性的に未分化の状態であり，その後，次第に女性・男性に分化しながら成長し，生まれてくるからである。分化の過程で，遺伝情報やホルモン分泌に影響されながら，内性器，外性器，性ホルモンのレベルにおいて，女性，男性，中間性の特徴をさまざまな組み合わせでもつ個体が生じてくるのは他の生物と同様珍しいことではない。つまり，インターセックスの存在は，人間の性が女性と男性に二分できる単純なものではなく，明確な境界線を引くことができない連続的なものであることを示しているのである。インターセックスの当事者であり，日本で初めての半陰陽児・者とその家族のための自助グループPESFIS（Peer Support for Inersexuals）を立ち上げた橋本秀雄は，「人類の性には，女性のように分化した人間と，男性のように分化した人間のあいだの，多様に分化した中間性，「性のグラデーション」が存在している」と述べ，生物学的性の連続性を「グラデーション」（徐々に変化していくこと，漸次的移行）という概念で説明している（橋本，2000，p. 136）。

（2） 性自認

性自認とは，自分で自分を女性と思うか男性と思うかという性の自己認識のことである。私たちの多くは，身体が女性であれば性自認も女性，身体が男性であれば性自認も男性というように，身体の性と性自認は一致している。しかし，少数であれ身体の性と性自認が一致しない人たちもいる。身体の性は女性だが性自認は男性，身体の性は男性だが性自認は女性という場合がそれである。

身体の性と性自認が一致しない場合，性別違和を感じる。その程度はさまざまで「個性」だと言う当事者もいれば「障害」だと言う当事者もいる。＜性同

〈性障害〉とはこの性別違和に悩み苦しむ状態に対してつけられた医学上の疾患単位名だ。

　身体の性と性自認が一致しない人たちの中には日常生活に支障をきたすほどの性別違和に苦しみ，それらを一致させるために外性器形成を強く望む人たちがいる。その人たちを＜トランスセクシュアル（TS）＞と呼ぶ。一方，ホルモン治療や美容整形などある程度の手術までは望む人もいるが，全体としては外性器形成にはこだわらず，むしろ社会的な性役割を性自認の性で生きることを大切にする人たちもいる。これらの人たちは狭義の＜トランスジェンダー（TG）＞である。また，身体の性とは反対の性の服装をすることで安心感が得られるという人もいる。異性装者，＜トランスヴェスタイト（TV）＞と呼ばれる人たちである（ただし，TVには性別違和感をもつともたない人が混在しているという）。＜トランスジェンダー＞は，これら全ての状態や人を指すことばとして広義に使われることもある。生物学的性と性自認の関係も人それぞれであり，曖昧で中間的な状態があるから，性自認も「私は女」「私は男」と明確に二分できるのではなく，「グラデーション」と考えていいだろう。

（3）　性的指向

　次に，性的関心が異性に向くか，同性に向くかという性的関心の方向性，すなわち性的指向について考えよう（自分の意志で変えることはできないと考えられているので，「志向」でも「嗜好」でもなく「指向」と書くのである）。

　性的関心が異性に向くことを異性指向，異性愛あるいはヘテロセクシュアル，同性に向くことを同性指向，同性愛またはホモセクシュアル，どちらにも向くことを両性指向，両性愛もしくはバイセクシュアルと言い，また，性的欲求をもたないことをAセクシュアルやアセクシュアル（没指向という意味）と呼ぶ。皆さんの中には，同性愛は「異常」だと考えている人もいるかもしれない。しかし，同性愛は少数派ではあるがそれは人間の性的指向のひとつなのだ（同性愛者はもっとも少ない推計でも人口の3％はいるという）。同性愛者であることを明らかにして活動している伊藤悟は，性的指向に関しても人間ははっきりと二分できるわけではなく，「ひとりの人間の中には「同性指向」と「異性指向」がある一定の割合で存在して」おり，性的指向も「グラデーション」と

考えることができると言う（伊藤，2000, p.20）（なお，「ゲイ」は同性愛者の解放運動から生まれてきた肯定的な意味合いをもつことばであり，現在は主として男性同性愛者を指す。また，女性同性愛者を指すことばとして「レズビアン」がある。「ホモ」「レズ」は侮蔑的に使われてきた歴史があり，使うべきではないことばだ）。

（4） 多様なセクシュアリティ

　以上のように人間は単純に男女に二分化できなければ，身体の性に従ってその人の性を決めつけることもできないし，性的指向も異性愛だけではない。性と性をどう生きるかという＜性と生のありよう＞すなわち＜セクシュアリティ＞はさまざまなのだ。そんなセクシュアリティの多様性を尊重し合って生きていくことができたらどんなにすばらしいだろう。しかし，現実には同性指向の強い人，生物学的性と性自認が一致しない人，中間的な生物学的性をもつ人，すなわち性的側面で少数派に属する人たち（以下，性的少数者と呼ぶ）が差別されている状況がある。そこで，次に性的少数者がどのような人権侵害を被っているのか，当事者の声に耳を傾けながら学んでみよう。

6. 性的少数者の置かれている状況

　まず，インターセクシュアルの人たちが直面している問題は，生まれたらすぐ医師によって性別を女性か男性かに判定されてしまうということだろう。橋本秀雄は，充分な告知や説明，同意確認がなされないまま，治療として行われた性腺の除去や性器の形成手術，ホルモン投与などによって身体的副作用に苦しんだり，深刻なジェンダー・アイデンティティ・クライシスに陥ったりする人たちがあとをたたない医療の問題を指摘している。橋本自身は何の治療も受けていない半陰陽者だが，32歳になるまで半陰陽という性の形態があることはもちろん，自分が半陰陽であることも知らされず，女でも男でもない身体的特徴をもつ自分が何者であるのかわからずに，自己肯定感をもてないで苦しんできたという。今は半陰陽の性を受け入れて生きる橋本は，緊急の場合をのぞき，半陰陽者に対して不可逆の外性器の形成手術や性腺の除去は子ども時代には行

わず，当事者と家族に情報を全て開示し，サポート体制を整えながら，最終的には適当な時期に当事者が「性の自己診断，性の自己責任，性の自己決定」を行えるよう提案している（橋本，前掲書）。

　トランスジェンダー／トランスセクシュアルの人たちが直面している問題は，何よりも性別違和の苦しみが周囲からなかなか理解されないことであろう。とりわけトランスセクシュアルが感じる性別違和感は非常に強く，FTMTSの虎井まさ衛は（FTMとは女性から男性へ変わりたいという意味，Female to Maleの頭文字，MTFは男性から女性へ変わりたいという意味，Male to Femaleの頭文字），「まるでヌイグルミを来て歩いているような違和感」だと言っている（虎井，2000, pp.8-9）。

　しかし，どんなに違和感に苦しんでいても，身体の性と異なる性の格好をすれば奇異の目でみられたり，嘲笑や侮蔑の対象にされてしまう。だから，人に知られず，しかし，少しでも苦痛を和らげるために，FTMTG／TSであれば胸の膨らみを抑えるためにサラシをきつく巻いてスカート制服を着たり，MTFTG／TSであれば背広の下に女性の下着を着けたり，あるいは，休日だけ性自認の性で過ごすなどとさまざまな工夫をしている人もいる（もちろんそれで満足できる人はそれでいいのだが）。また，学校で男子だけに課せられる格闘技が辛くて単位が取れないとか，女子トイレ（あるいは男子トイレ）に入るのが嫌で尿意を我慢したりなど，日常生活そのものが苦痛の連続になる。

　たとえ性自認の性で社会生活を送るようになっても（性別適合手術（いわゆる性転換手術）を受けても受けなくても）問題が解決するわけではない。身分証明が必要な場合には外見と公的証明書の性が異なるために，本人であることを証明するのに苦労することになる。戸籍の性を知られないよう，アルバイトなど経済的に不安定な働き方しかできなかったり，保険証をみせねばならないので医者にかからないことにしている人もいる。もちろんパスポートの性別記載のゆえに海外にも気軽に出かけられない。生活や生命の維持にかかわる問題がそこにはある。

　同性愛者の直面する根本的な問題は，同性愛者であることを隠して生きざるを得ない，いや，積極的に異性愛者のふりをしなければならない状況におかれていることだと伊藤は言う。なぜならテレビを中心にしたマスコミが同性愛を

侮辱したり嘲笑したりしながら歪んだ情報を流し続け，職場や学校，家庭の中でもそれが受け入れられているからだ。

また，社会の仕組みそれ自体が異性愛者を前提にして作られているから，日常生活のあらゆる場面で困難に直面する。伊藤があげる具体例をいくつかを紹介してみると，まず，同性愛者はプライベートな空間をもちにくい。ラブホテルに入ろうとしても断られることも多いし，一緒に暮らそうと思っても，とりわけ男二人の場合アパートを借りることが難しい。さらに，異性愛者のカップルであれば，婚姻届を出すことで税金や財産の相続に関してはもちろん，さまざまな優遇措置や権利を獲得することができる。しかし，法的に認められない同性のカップルには何の権利も生じないし優遇措置もない。また，相手が重病で意識不明になったときなど，血縁関係にも婚姻関係にもないパートナーは，相手の親や親戚など血縁者の理解がなければ面会さえできないこともあり得るのだ。

さらに同性愛者はあからさまな敵意にもさらされている。2000年2月には東京都江東区でゲイとみなされた青年がめった打ちにして殺されるという事件があり，NPO法人「動くゲイとレズビアンの会」（通称アカー）の調査結果でも，ゲイの集まる場所でバッシング・嫌がらせが日常的に起こっていることがわかっているというのである。つまり同性愛者も安心して生活できない状況に置かれているのだ（伊藤，前掲書）。

7. 共生に向けて

なぜ，性的少数者はこのような差別を受けてきたのだろう。橋本秀雄は，豊かな社会の維持に必要な労働力（すなわち子孫）確保のために生殖と性秩序を管理しようとする思想が，中間的性のあり方を否定してきたのだと指摘する（前掲書，p. 34以下）。伊藤悟もまた，「人間の生きる目的は子孫繁栄である」という価値観が「子孫を残さない同性愛はよくない」という同性愛に対する否定的感情を生んできたと言う（前掲書，p. 30以下）。

考えてみれば，このような「子孫繁栄」を至上とする価値観に苦しめられてきたのはインターセックスや同性愛の人たちばかりではない。女性・男性という枠組みを攪乱するとみなされるトランスジェンダー／トランスセクシュアルの

人たちはもちろんそうだが、人口の多数を占める異性愛者の女性や男性もそうなのだ。それは、異性愛者であっても、独身を通したり、子を産まない生き方を選んだり、あるいは不妊であったりしたら差別や嫌がらせを受けるということを考えればわかるであろう。性的少数者を差別する社会は、性的多数者の性と生のありようをも厳しく制約する社会なのである。

そこで、今日、人間を男女に二分化して異性愛を強制し、「らしさ」や性別役割を押し付けて生き方を制約する社会のあり方を変えていこうとする取り組みがさまざまな分野で進められている。

まず、学校では男女を分けないで五十音順に並べる「男女混合名簿」が普及しつつある。従来の「男女別名簿」は、知らず知らずのうちに子どもたちに「女と男は違う」という男女別意識や「男が先・女があと」という序列を教え込んできたと考えられるようになってきたからである。実際に混合名簿を使用するようになった教員たちからは、子どもたちの間から「男はこう、女はこう」といった思いこみが少なくなり、自分の好みを素直に出せるようになったり、男女が混ざって活動する機会が増え、以前よりも性別にとらわれずに仲良くなる機会が増えたという報告がなされている。また、名簿だけでなく、授業の中でも副教材に「女らしさ・男らしさ」にとらわれない絵本を用いたり、学級活動や特別活動のおりに「男は長、女は副」という固定化した役割にとらわれない運営の仕方を探るなどの取り組みもある（男女平等教育をすすめる会編、1997）。

性教育の分野でも、性教育を性器の仕組みや生殖について学ぶだけの授業にするのではなく、セクシュアリティの多様性を視野に入れた人権教育として進めている人たちもいる。『季刊　セクシュアリティ』にはそのような実践が各地から報告されているが、たとえばある小学校の教員は、理科の授業で人間の性分化の過程と性の多様性について学び、橋本秀雄に授業で話しをしてもらいつつ、子どもたちが自分も多様な性の一つを生きていると認識できるよう授業を組み立てたという。授業を受けたある子どもは感想文に次のように書いている。「「自分を大切にする」というハッシーさんのことばを聞いて、私も自分を大切にしようと思いました」（注　ハッシーさん＝橋本のこと）（『季刊セクシュアリティ　NO.4』、2001、p.76）。

女性差別や女性への暴力の問題に関しては、たとえば1990年に有志の女性

たちが集まって発足した「かながわ女のスペース・みずら」のように，女性のための電話相談を開設したり，夫や恋人などの暴力から緊急避難するためのシェルターを運営したり，女性の人権を守るためのさまざまな活動を展開する女性の民間団体が全国各地にできている。また，既存の労働組合で充分な取り組みがなされてこなかったセクシュアル・ハラスメントや女性に対する不当解雇や賃金差別・賃金未払いなどの問題に取り組み，働く女性の権利を女性自ら守っていこうとする「女のユニオン・かながわ」などの女性のための労働組合も大阪や東京など大都市圏で活動している。

　男性に関しては，従来の「男らしさ」に縛られない生き方を探そうと 1995 年に大阪で発足した男性による民間団体「メンズセンター」が 1999 年に「男の非暴力ワークショップ－豊かな感情表現を取り戻すために」を開催したのを皮切りに，男性たちによる男性のための非暴力プログラムの取り組みが続いている。

　性的少数者たちの活動もさかんだ。インターセックスに関しては PESFIS（Peer Support for Inersexuals）が活動していることは前述した。トランスセクシュアルに関しては，たとえば虎井まさ衛が 1994 年に立ち上げた「FTM 日本」のように，当事者ばかりでなく研究者や支援者を含む幅広い層に読まれ，TS の置かれた状況を改善するために貢献してきたミニコミ誌もある。1996 年に埼玉医科大学・倫理委員会は「性同一性障害」を医学的治療対象と認める見解を発表し，1998 年に日本で初めての公式な性別適合手術が実施されたが，その背後には自分たちの状況を改善していこうとする当事者によるねばり強い努力があるのである。

　戸籍の性別記載に関しても，性別適合手術を終えた人たちが各地の地方裁判所に訂正の申し立てを始めている。これらの人びとの申し立てが認められねばならないのは当然だが，しかし，手術を受けたかどうかにかかわりなく，性自認の性で安心して生きられる社会を私たちは作っていかねばならないだろう。

　また，同性愛者たちは，同性愛を「異常」とする辞書や事典の記述を改訂させる働きかけを行ってきたという。それも当然だ。同性愛が治療すべき「病気」とされたのは近代の一時期で，現在では国際精神医学界や WHO（世界保健機構）も同性愛を「いかなる意味でも治療の対象とはならない」としており，日本の厚生省も日本精神神経医学会もその見解を認めているからだ。また，伊藤

悟によれば，2000年現在，約4000のレズビアンとゲイのウェブサイトがあり，これまで差別の中で孤立していた同性愛者たちの交流や情報交換の場となっているという（伊藤，前掲書, p.161）。

さらに，毎年行われている「レズビアン・ゲイパレード」や，1991年に『プライベート・ゲイ・ライフ』(学陽書房)でマスコミにカムアウトした同性愛者の伏見憲明が編集長を務める雑誌『クィア・ジャパン』(剄草書房)のように新しい性と生の文化を切り開いていこうとする動きもある。

8. 立法，司法，行政における動き

このような日本国内の流れと，＜女性差別撤廃条約＞（1979年国連総会採択，日本は1985年に批准）にみられるように「男女の固定的な性別役割分担意識」を変えていこうとする国際的な流れの中で，男女平等については国や自治体の取り組みや法の整備などが進んできている。

主な立法をあげると，まず，1985年には募集・採用から定年・退職・解雇に至るまでの女性差別を禁止する＜男女雇用機会均等法＞が制定され，1992年には男女ともに利用できる＜育児休業法＞（1995年に＜育児・介護休業法＞に改正）が施行，さらに1999年には，性別に関わりなく一人ひとりが個性と能力を発揮して共同参画できる男女平等の社会の実現をめざして＜男女共同参画社会基本法＞が成立した。

セクシュアル・ハラスメントに関しては，1997年に男女雇用機会均等法が改正されて事業主にセクシュアル・ハラスメント防止のための配慮義務が課せられるようになり，1999年には文部省（現・文部科学省）が国立学校等でのセクシュアル・ハラスメント防止のための対応を求める規程を制定した。買春やポルノグラフィーに関しては，子どもを性的搾取から保護するための＜児童買春・児童ポルノ処罰法＞が1999年に成立施行，2001年には＜ドメスティック・バイオレンス（DV）防止法＞が施行された。このような動きとともに各自治体に女性センターなどが設置され，男女平等を推進する取り組みが行われている。

また，性的少数者の人権に関しては，同性愛者差別を問う日本で初めての裁判「府中青年の家裁判」の第一審判決が1994年に，第二審判決が1997年に下された。この裁判は，青少年の健全育成を妨げるという理由で，青年の家の

8. 立法，司法，行政における動き　89

条約および法律について

＜女性差別撤廃条約＞正式名称は「女子に対するあらゆる形態の差別の撤廃に関する条約」，英語では Convention on the Elimination of All Forms of Discrimination against Women。女性差別は「権利の平等原則，人間の尊厳の尊重の原則に反する」という認識に立ち，法律上だけでなく事実上の平等を目指す法的拘束力がある国際条約。

＜男女雇用機会均等法＞正式名称は「雇用の分野における男女の均等な機会及び待遇の確保等に関する法律」。1997 年の改正均等法では女性差別を是正するための積極的改善措置（ポジティブ・アクション）に関する規定も新設された（20 条）。

＜育児・介護休業法＞正式名称は「育児休業，介護休業等育児又は家族介護を行う労働者の福祉に関する法律」。1 歳未満の子がいる労働者，要介護状態の家族がいる労働者は男女問わず，申し出によって育児または介護休業をとることができる。

＜児童買春・児童ポルノ処罰法＞正式名称は「児童買春，児童ポルノに係る行為等の処罰及び児童の保護等に関する法律」。国内外を問わず 18 歳未満の子どもに対する買春行為や，18 歳未満の子どもを被写体としたポルノの製造・販売等が処罰の対象になる。

＜ドメスティック・バイオレンス（DV）防止法＞正式名称は「配偶者からの暴力の防止及び被害者の保護に関する法律」。配偶者からの暴力は犯罪行為であるという認識に立ち，DV に係わる通報，相談，保護，自立支援等の体制を整備し，DV 防止法と被害者の保護を目的とする。

宿泊利用を拒否された同性愛者の団体「動くゲイとレズビアンの会」（通称アカー）が東京都を相手取って起こした裁判である。第一審，第二審ともアカーの勝訴に終わったのだが，注目すべきは裁判所が示した判断である。第一審では東京地方裁判所は同性愛に関して，同性愛は人間の性的指向のひとつであるという中立的な定義を示し，第二審では東京高等裁判所は行政に携わる者が同性愛者の権利に無関心であったり，知識がないということがあってはならないとし，同性愛者の人権が守られなければならないことを明言したのである。さらに，2001 年 5 月に法務省の諮問機関である「人権擁護推進審議会」が発表した最終答申案には，「性的指向」が「人種・皮膚の色・民族的又は種族的出身，信条，性別，社会的身分，門地，障害，疾病」と共に，「積極的救済を行うべき差別的取扱いの範囲」に含まれた。

以上のように，男女の平等に関して法律や社会制度が整えられたり，裁判所

が性的少数者の人権を守る方向の判断を示しつつあるのが現在の状況である。この方向をさらに推進し，さまざまな性と生を生きる私たちの共生を実現していくためには，7. で述べたような一人一人の取り組みが重要であることは言うまでもないだろう。つまり，本稿を読んでいる皆さんの積極的な関わりが必要なのである。

9. おわりに

　先日，通勤定期券を購入に駅の窓口に行ったら，申込書に記入を求められた。申込書には名前，住所，電話番号，年齢を書く欄と共に性別欄があり，男か女かに○をつけることになっていた。私は考えた。この「男・女」というのは，生物学的性のことだろうか，それとも性自認のことだろうか。外見の性と戸籍の性が違っている人はどうするのだろう。女性でも男性でもないというアイデンティティをもっている人は？　そして思った。そもそも，定期券に性別記載が必要なのだろうかと。

　おそらく不正使用を防ぐ目的で性別欄があるのだろう。けれども，定期券を購入するのに身分証明が必要なわけではないのだから，それほど重要な意味があるとは思えない。あの「男女別名簿」もそうだが，この定期券のようによく考えてみると私たちの日常生活には別に分けなくてもいいのに，慣習的に男女別にしてしまっていることが多いのではないだろうか。一人ひとりのセクシュアリティが尊重される社会を作っていくためには，そういった当たり前に考えてきた身の回りの「男女別」をもう一度見直していくこと，そして，変えていけるところから変えていくことが必要なのだろう。そうすることが，誰もが生きやすい社会につながっていくのだから。

【引用文献】
1) 女たちの21世紀編集委員会編『女たちの21世紀　No.24』アジア女性資料センター，2000年。
2) 「ストップ子ども買春」の会編『アジアの蝕まれる子ども－子どもの労働・買春を告発する』明石書店，1996年。
3) いのうえせつこ『多発する少女買春－子どもを買う男たち』新評論，2001年。
4) 渡辺和子編著『女性・暴力・人権』学陽書房，1994年。

5) 「夫（恋人）からの暴力」調査研究会『新版　ドメスティック・バイオレンス―夫・恋人からの暴力をなくすために』有斐閣選書, 有斐閣, 2002年.
6) メンズセンター編『「男らしさ」から「自分らしさ」へ』かもがわ出版, 1996年.
7) 橋本秀雄『性のグラデーション―半陰陽児を語る』青弓社, 2000年.
8) 伊藤悟著, すこたん企画編『同性愛がわかる本』明石書店, 2000年.
9) 虎井まさ衛『トランスジェンダーの時代―性同一性障害の現在』十月舎, 2000年.
10) 男女平等教育をすすめる会編『どうしていつも男が先なの？―男女混合名簿の試み』新評論, 1997年.

【参考文献】

- 『季刊　セクシュアリティ』NO.1～NO.7, エイデル研究所, 2000年～2002年.
- 虎井まさ衛『女から男になったワタシ』青弓社, 1996年.
- 村瀬幸浩編『新版　ニュー・セクソロジー・ノート　性・・もっとやさしく, もっとたしかに・・』十月舎, 1999年.
- 山内俊雄『性の境界―からだの性とこころの性』岩波科学ライブラリー74, 岩波書店, 2000年.
- 日本DV防止・情報センター編『知っていますか？　ドメスティック・バイオレンス　一問一答　第2版』解放出版社, 2002年.
- 伊藤悟・虎井まさ衛編著『多様な「性」がわかる本』高文研, 2002年.
- "人間と性"教育研究所編『同性愛・多様なセクシュアリティ―人権と共生を学ぶ授業』子どもの未来社, 2002年.
- 井上輝子他編『岩波　女性学事典』岩波書店, 2002年.

【課題と設問】

1. 性差別やジェンダー問題に取り組むグループ・団体の活動や, 住んでいる地域にある公立の女性センターのプログラムについて調べてみよう。それらの活動やプログラムが, 自分の問題意識や生き方とどのような関わりがあるかを考えてみよう。
2. 参考文献に上げた『性のグラデーション―半陰陽児を語る』,『多様な「性」がわかる本』などを読んで, 身近にある差別について考えてみよう。また, 自分のセクシュアリティについて考えてみよう。

第4章

「権利としての障害児教育」再考
― 共生・共学の模索

1. はじめに

　本章では，「障害者の人権」ということを「障害児の教育を受ける権利・発達する権利（以下，権利としての障害児教育）」論を軸に考えるが，私は，このことを考えるとき，必ず思いだす二つの条項がある。ひとつは，日本の教育基本法第三条（1947年）で，そこには「① すべて国民は，ひとしく，その能力に応ずる教育を受ける機会を与えられなくてはならないものであって，人種，信条，性別，社会的身分，経済的地位又は門地によって，教育上差別されない。② 国及び地方公共団体は，能力があるにもかかわらず，経済的理由によって，修学困難な者に対して，奨学の方法を講じなくてはならない」とある。

　もうひとつは，第26回国連総会で決議された「精神薄弱者の人権宣言」第七条（1971年）で，そこには「精神薄弱者のうちには，その障害が重いために，実際には自らの権利の全体を行使することの不可能な者もいる。また，権利を制限あるいは抑制することが必要となる場合がありうる。この制限もしくは抑制のために用いられる手続は，精神薄弱者を法的にあらゆる職権乱用から保護するものでなくてはならない。この手続は，資格のある専門家による精神薄弱者の能力の評価に基づいて行われる」とある。

　前者では，「能力の低い者，ない者」とみなされた者に対する教育上の差別はやむをえないと言っている。そして，後者では，そのような者に対する制限や

抑制（つまり、差別）はありうるが、その際、「能力の低い者、ない者」という判定はしかるべき専門家によって慎重かつ客観的に行われなくてはならないと述べている。

とすると、本章で見ていくが、そのように判定された「精神薄弱児・者」など「障害児・者」が「健常児・者」から分離、隔離されてきた歴史と現実を、「障害者の人権」概念から捉え直そうとしても限界があるのではないか。

つまり、私たちは、「人権」という"普遍的"思想が、実は、「人権」の主体群から「障害児・者」を排除してきたという決定的な問題を隠し持ってきたのではないかと疑ってみる必要がある。といって、「障害者」も「能力」があるので、「人権」の主体群に入りうる、と主張することで事足りるとしてしまってよいのではない。この際、「能力」を前提とした「人権」概念そのものを問い直しつつ、「障害者の人権」に関わる言説や実態がどのように進行してきたのかを振り返るが、本章では、「権利としての障害児教育」に焦点を当てて、このことを検証する。

2. 「教育の機会均等」と「権利としての障害児教育」

日本は、第2次世界大戦後（1945年）、九年間の義務教育を実施することにした（1947年）。「子どもは教育を受ける権利・発達する権利がある」ので、親など保護者は、子どもを就学させる義務を、そして、地方公共団体は、小学校・中学校を設置する義務を負うことになった。その意味で、この義務教育は、子どもの権利としての教育だったのである。

ところが、同じ子どもでも、盲児・ろう児は、盲学校・聾学校小学部・中学部で、精神薄弱児・肢体不自由児・病虚弱児は、養護学校小学部・中学部で、義務教育（＝権利としての障害児教育）を受けることになった。ただし、盲・聾学校に関しては、1948年から学年進行で開始されているし、養護学校に到っては、1979年になってやっと義務化されている。こうして、70年代を閉じる年になって、既述した教育基本法第三条①が実現した。

これが「すべての子どもの権利としての教育」の実現、つまり「教育の機会均等」の保障だが、とすると、これは、能力・障害別に教育の機会を順番に設けつつ、ついに均等になった、つまり「権利としての障害児教育」も確立した

ということである。

本章は、「権利としての障害児教育」に関する経過と現実を振り返りながら、共生・共学の模索という観点から、それを考え直すが、この際、まず「養護学校の義務化」に焦点を当てる。

3. 「養護学校の義務化」の動き

日本の60年代は、高度経済成長のまっただ中で、アメリカ合州国につぐ「経済大国」にのし上がった時代だった。そのための教育（能力開発と人材養成）が叫ばれるのだが、高校は多様化され、普通高校のみならず、工業、商業、農業などの高校が増設された。また、大学、大学院が急増して、大学の大衆化とエリート教育が同時に進行した。一方で、特殊学級が増設されて、「軽い精神薄弱児」がここに収容されるだけでなく、普通学級の学力不振児たちも入級してきた。「重い精神薄弱児」は、就学猶予・免除の対象になって、在宅のままの暮らしを強いられるか、"遠くの大きな"収容施設に入れられた。

60年代後半になると、増大する就学猶予・免除児に着目して、どんなに「重い障害児」に対しても、教育を受ける権利・発達する権利があるという主張や運動が生まれる。具体的には、当時、保留中だった「養護学校の義務化」の早期かつ完全な実施や就学猶予・免除制度の廃止を国や地方公共団体に要求することだった。

このような運動も受けて、70年代に入ると、国は、この「義務化」を1979年から実施すると約束した（1973年）。東京都は、先取り的に、障害児の希望者全員入学制度を開始している（1974年）。これは、「就学猶予・免除ゼロ」施策とも呼ばれたが、養護学校の増設、訪問学級の新設で対応しようとした。

当時、私は、特殊学級適当かどうかの判定や親の教育相談をしていたが、そんな経過から、「就学猶予・免除ゼロ」施策や「養護学校の義務化」の動きに立ち会うことになる。東京都は、就学猶予・免除児の実態調査をしていたが、ある調査員に同伴して、足立区に住むH君のお宅を訪問したことがある。

H君は、就学猶予中だったが、親子で、翌年度には、兄も通う近くの小学校へ入学することを楽しみにしているようだったが、それが実現するか心配していた。この調査員は、日頃、当該区の教育相談所長で就学指導を行っていたが、

「特殊学級にも勉強がある。来年から新設される訪問学級を考えたらどうか」と助言した。在宅のまま，学籍を与えて，就学猶予を解き，訪問指導で就学したとみなす制度なのだが，これでは，H君親子の願いはかなわず，従来通り，家に閉じこめられてしまうことになる。

就学猶予のまま，収容施設に入っていた子どもがいた。親は，施設に入れてしまったことを悔やみ，翌年度には，自宅に引き取って，近くの学校へ通わせようとしていた。ところが，この頃，この施設の中に県立養護学校が新設されることになった。子どもたちはここに収容されたまま，この学校に通うことになる。親は，このままでは，親子が生き別れすることになると危機意識をもって，私のところに相談に来た（日本臨床心理学会，1980）。

4. 「共生・共育」の誕生

このような体験を重ねることで，「全員就学」制度や「養護学校の義務化」は，養護学校適当と判定された「障害児」たちを，「健常児」たちから切り離して，そこへ強制的に隔離することになると気づいていく。私は，密室の中で進行する，判定する―される関係，指導する―される関係では，事態は解決しないと考えるようになった。そして，教育相談を公開して，だれもかれもが一緒に考える会（子供問題研究会）を開いた（1972年）。

あるとき，母親と小学校六年生の少年がこの会にやってきた。開口一番，彼は「俺，『普通』に行きたい」と叫んだ。中学進学にあたって，担任は父親に，勉強は無理だから，早くから手に職を着けさせた方がいいので，特殊学級に入れることを勧めていたし，父親はこれに同意してしまっていた。少年と母親は納得できていなかったので，この会に現れたのだが，この第一声は，「普通学級に行きたい」と「普通に生きたい」ということを意味していた。こんな体験にぶつかることで，私たちは，「特別扱い」は冷たかろうと暖かろうと「イヤ」，「みんなと一緒」が「イイ」ということの重さ，あたりまえさに気づいていく。

この頃，ある母親は，わが子が障害幼児通園施設の入園を勧められていたが，彼女は，もともと近くの幼稚園に就園させたいと願った。しかし，事態は難航した。この頃，「教育は共育であってほしい」と書き記している。私たちは，この母親の思いに共感して，「共生・共育」そして「共生・共学」という言葉を，

その願い，主張とともに生み出していった（子供問題研究会，1974，1976，篠原，1976）。

5. 養護学校から地域の学校へ

70年代半ばのことだが，金井康治君は，脳性マヒゆえに，手足が自由に動かず，車イス生活をしていた。明瞭な発声ができないので，文字盤を使って自分の思いや考えを伝えていた。彼は，養護学校に就学するのだが，母親は，彼と就学前の弟を一緒に自転車に乗せて，送り迎えをしていた。そんな生活の中で，弟は「来年はお兄ちゃんと一緒」と，当然兄と同じ学校に行くものと思っていた。ところが，弟は，「健常児」なので養護学校には入ることができない。追って，金井君も弟と一緒に学校に行きたいと母親に伝えるようになった。また，近くの小学校に通う子どもたちが大勢で登校する様子を見ながら，金井君は逆方向に養護学校に通っていた。その光景は羨望のまとであったようだ。

1977年，金井君の両親は，足立区教育委員会に養護学校から校区の小学校への転校希望を表明するのだが，このことは直ちにかなえられることはなかった。闘いは，「養護学校の義務化」批判，「共生・共学」の実現を軸に共鳴の輪を広げながら全国化するが，彼は小学校卒業の時点まで転校を実現することがなかった。そして，1983年，校区の中学校進学をやっと果たしたが，このときまでの闘いは2000日に及んでいる。1999年秋，金井君は，30才の若さでこの世を去った。私もその一人だったが，ひっきりなしに続く弔問の人々は，激しく，しかもしなやかに「共に生き，共に学ぶ」地平の一角を切り開いた彼への感謝と惜別の思いでいっぱいだった（金井闘争記録編集委員会，1987）。

話は戻るが，70年代前半，収容されていた障害者たちの何人かが都立府中療育センター（府中市）から多摩更生園（八王子市）へ強制移転させられようとしたとき，彼らは，ここの医療管理のひどさ（とくに被収容者のモルモット化）の実態を告発し，さらなる強制隔離に反対して，都庁前に座り込みを開始している（1972年）。1973年には，日本脳性マヒ者協会全国青い芝の会総連合会が発足しているが，彼らは，「障害児」のわが子を殺した親に対する世間の減刑嘆願運動を「障害者殺し」を認めるものとして批判したり，乗車拒否をするバスの直前に座り込んで，「移動の自由」を激しく要求するなど，「健常者」中心社

会の頑なな現実と論理を告発している。そして，1976年には，全国障害者解放運動連絡会が結成されている。

このような一連の障害者運動は，養護学校や収容施設の分断・隔離性を自らの体験としても指弾しながら，「養護学校の義務化」に反対して「地域の学校」で共に生き・学ぶという願い，主張を表明していく。このような流れもあって，70年代を通して，「健常者」中心社会が問われ，その一環としてある「学校・教育」も糺される事態が生起している。

さらに，80年代に入ると，国連が唱道した「国際障害者年—完全参加と平等」（1981年）を契機に，障害者たち及び彼らと連帯する人々は，欧米における動きにも励まされて，隔離・差別からの解放，一般社会への参加，「健常者」による保護・管理からの自立，そして共生を模索していく。このような模索にとっても，「養護学校の義務化」反対運動は，不可欠な原点になった（日本社会臨床学会，1996，楠，1982）。

実は，私も，この運動に関わりながら，「養護学校の義務化」を強制隔離の観点から批判するだけでは不十分であると気づいていく。つまり，「教育・発達」を権利化し普遍化することで，隔離・分断が正当化されていったのだが，とすれば，「共に生きること・共に学ぶこと・共に育つこと」の願い，主張の中で，このことを優先しながら，教師など専門家による子どもの「教育」，それによる「発達」を部分化し相対化する必要がある。学校は，「教育効果がない」，「発達しない」子どもや事態に対して，寛大かつ受容的でなくてはならないし，ここに「どの子も共に生きる」学校が展望されてくる。私たちは，「共生・共学の場」としての学校を願い描きながら，「養護学校の義務化」を批判してきたことになる（篠原，1986）。

6. 人種統合教育施策と全障害児教育法のもとで

「養護学校の義務化」と「共生・共学の模索」が激しくせめぎ合っていた頃，ひとつのニュースがアメリカ合州国から飛び込んできた。「全障害児教育法」（All the Handicapped Education Act）が成立したというのである（1975年）。アメリカ合州国では，60年代前半から，障害者の解放と自立が叫ばれるようになり，70年代に入ると，多くの障害者が収容施設から脱出し，コミュニティへ

回帰しだしていた。「障害児」に関しても同様な願い，運動が起きて，収容施設や特殊学校からの「健常児」学校への合流（mainstreaming）が始まった。

その国家による承認と促進が，全障害児教育法の成立なのだが，日本では，「養護学校の義務化」を批判する問題提起を含むとして，この法律から学べと歓迎する者も出てきた。一方で，「義務化」擁護の立場から，この法律は，「権利としての障害児教育」を解体するものでなく，逆に，その徹底を約束するものであると主張する側もいた。

私は，この法律を批判的に読む立場から，後者の主張のほうが妥当のように思ったが，80年代当初，一年間にわたって，私は，その実態と経過を調査する取材活動を行った。詳しいことについては，別書にゆずるが，ここでは二，三のことを報告する（篠原，1982）。

1981年の夏，シカゴで，私は，"知恵遅れ"のキャビン君とその母親と出会っているが，当時，彼は，コミュニティの高校に通っていた。確かに，就学時には，近くのコミュニティ・スクールへ入ったが，小学校5年生になると，専門家の「助言・指導」で「教育可能精神遅滞児特殊学級」に移っている。彼自身は，「訓練可能精神遅滞児」と判定されていたので，この学級でも歓迎されず，そのレベルの子どもたちのための「分離学校」へと転校させられた。

キャビン君の両親は，もともと「キャビンも家族，教会，そしてコミュニティの一員である」と確信していたが，高校に入る頃，全障害児教育法が成立して，「法は今や私たちと共にある」と歓んで，この法律を盾に，イリノイ州教育事務所シカゴ支部に対して訴えを起こした。ここで，彼ら親子には，「同年齢の普通児とコミュニケーションする権利」が認められた。

この法律は，「障害児」を収容施設や分離学校に隔離してきたことを反省して，コミュニティ・スクールへの合流と統合を保障したかの如くであった。事実，この法律は，「もっとも制限の少ない環境で」（in the least restrictive environments），特別な教育ニードに応じた「個別化教育計画」（Individualized Educational Programs）を受ける権利を規定している。

しかし，問題がなかったのではない。そのことを論じる前に，人種統合教育のことについて触れるが，70年代を通して，白人学校への黒人の統合・共学が，黒人の親たちの願いもあって実現していった。黒人の親たちは，白人学校

が伝統的，圧倒的に堅持してきた「よりよい教育の質」を均等に享受しようと願ったのである。一方で，黒人学校への白人の統合・共学も目指したが，こちらの方は最初から不評だった。もちろん，白人の親たちは，黒人の統合・共学を歓迎する由もなく，黒人の子どもたちが登校するとき，投石などで，これを排斥する動きを各地で頻繁に起こしている。

　私が訪ねた80年代当初，混乱は一応収まっていて，白人と黒人の共学と，「健常児」集団への「障害児」の合流が同時に進行していた。そこでは，「個別化教育計画」に基づいて，優秀児学級，学習障害児学級，精神遅滞児学級，行動障害児学級など多様な特別学級があり，しかも，それぞれは，軽度，中度，重度などとレベル別になっていた。普通学級にしても，国語，算数など知的教科に関しては，上級，中級，下級と三つのコースに分かれていた。

　優秀児学級と学習障害児学級には，圧倒的に白人が多かった。逆に，精神遅滞児学級と行動障害児学級では，大半の子どもが黒人だった。学習障害児とは，精神遅滞児ではないと判定された，特定の領域で学力の遅れた子ども，あるいは学力に偏りのある子どもだが，この学級は，黒人学級となってしまっている精神遅滞児学級への入級を避けるために，白人の親たちが行政側にわざわざつくらせたものと言われている。

　行動障害児学級には，落ち着きのない攻撃的な子ども，大人しすぎる引っ込み思案な子ども，神経症的なひどい適応障害を持っている子どもなどが入ることになっていたが，実際には，ほとんどが攻撃的なタイプで，黒人の男子であった。白人中心の普通学級はこれまで通り白人文化圏になっていて，そこに馴染まない，ないしは，そこに破壊的に関わる黒人男児が「行動障害児」として括り出された。

　このようにして，せっかく，黒人の白人学校への統合・共学，「障害児」の「健常児」への合流・統合が強調，実施されたにもかかわらず，結局，そこでは，伝統的な白人文化（とくに知能・学力の尊重）を軸とした，特別学級の多様化，多層化，そして，（測定された知能・学力によって）合理化，隠蔽された人種別学級が生まれたのである。私は，このような事態に戸惑いながら，これを「統合下の新たな分離」と呼んだ。

7. 「インクルーシブな教育」とサラマンカ宣言

90年代に入ると，日本でも，「インクルーシブな教育」が叫ばれるようになる。これは，「包摂教育」とでも訳されるが，「健常者」社会が「障害者」を包摂して，新しい「共生」の社会モデルを構築する理念と方法を提示したもので，「ノーマライゼーション」の系譜を引くものと言える。

「ノーマライゼーション」とは，「障害者」など「弱者」を排除する社会は弱くてもろいということに気づき，「障害者」も「健常者」も社会の一員として共に社会活動に参加し，各自が自立して生活することのできる社会を目指すという理念である。これは，50年代にデンマークで，「知的障害者」を巨大収容施設に隔離してきたことの反省から生まれたが，60年代以降，北欧諸国へ波及して国際世論の関心を集めた。80年代当初の「国際障害者年－完全参加と平等」を契機に，日本にも，この考えが紹介され，今日では，あるべき社会論・福祉論と関わって，官民いずれからも，よく主張されている（花村，1994，ヴォルフェンスベルガー，1982）。

話を戻すが，「インクルーシブな教育」は，「養護学校の義務化」を最後に完成された別学義務教育体制を問い直す新しい原点としても，また，その体制を修正する観点からも，しばしば引き合いに出されるようになっている。まず，この教育の理念と実態を紹介する。

イタリアでは，1975年に，「インクルーシブな教育」が実践され出すが，ほとんどの特殊学校を閉鎖して，そのすべての子どもを地域の学校へ転校させるということをした。そして，義務教育は普通学級で，と謳った。そのために，「障害児」を支援する教員の大量な雇用と彼らの訓練，地域の保健専門家の参加義務，普通学級の少人数化などを実施した。この制度は，「障害児」を「特別なニーズを持つ子ども」と呼び変えることで，従来の「障害児」の枠を越える子どもたちをも「特別なニーズ教育」の対象とした。『インクルージョン教育への道』の著者，P.ミットラーは，これを「革命的」とも「過激な」とも呼んで高く評価しているが，普通学級での「特別なニーズ教育」を強調する分，この制度は，「ただし，重度は除く」となっている。

イギリス政府は，イタリアの実践に刺激されたようで，「ウォーノック報告」（1978年）を議会に提出して，「インクルーシブな教育」を提言し，実施に入っ

ている。ここでは，特殊教育の対象，つまり「特別なニーズを持つ子ども」を全体の 15〜20％と増やしている。これは，従来の「障害」の種類にとらわれない，広い概念を導入しているために起こってくる事態だが，したがって障害別特殊教育の体系を廃止している。1981 年の「教育法」は，「個々の子どもの具体的なニーズに対応した柔軟な措置，統合教育の原則，親の教育に関する権利の拡充強化」などを明記した。そのなかで，90 年代半ばまでの推移を見ると，施設内学校が減少しているし，通学制特殊教育学校数は減少していないが，寄宿制のそれは激減している。そして，公立小・中学校における特別な教育的ニーズを持つ児童・生徒数は倍増している（ミットラー，2002）。

　90 年代に入ると，国連も「インクルーシブな教育」に関心を寄せ，総会で，その精神を盛り込んだ「障害者のための機会均等に関する基準規則」（1993 年）を採択している。1994 年には，スペイン政府とユネスコは，サラマンカ市（スペイン）で，（92 の政府と 25 の政府間組織を代表する）「特別なニーズ教育世界会議」を開いたが，そこで「サラマンカ宣言」を発表している。

　それは，「○すべての子どもは，教育への権利を有しており，満足のいく水準の学習を達成し維持する機会を与えられなければならない。○すべての子どもが独自の性格，関心，能力および学習ニーズを有している。○こうした幅の広い性格やニーズを考慮して，教育システムが作られ，教育プログラムが実施されるべきである。○特別な教育ニーズを有する人びとは，そのニーズに見合った子ども中心の普通学校にアクセスしなければならない」などと宣言している（嶺井，1998）。

　以上の紹介で明らかだが，「インクルーシブな教育」は，「障害児」概念を越えて拡大，規定された「特別な教育ニーズを持つ子ども」を普通教育・普通学校に包摂することを目指しながら，そこで，一人ひとりに見合った教育を実践しようとするものである。ここでは早くも，普通学校の中での細分化された教育プログラムが想定される。80 年代当初にアメリカ合州国で散見した「統合下の新たな分離」が再現されそうな教育思想，教育実践である。

　しかも，イタリアの場合にしても「重度障害児」はインクルージョンの対象にしていないし，イギリスの場合で見たが，寄宿舎制の特殊学校は減っても，通学制のそれはあり続けている。このような排除，分離の現実は，「インクルー

ジョン」が「教育」を強調し，しかも，個々人の「特別な教育ニーズ」に焦点をあてる限り，不可避であると言わざるをえない。つまり，その効果に関する限界が予測的にか，又は結果的にか，「排除・分離」を再び引き起こしてしまうのである。

8. 日本の「21世紀の特殊教育の在り方」

さて，日本では，「インクルーシブな教育」がどのように受けとめられているのだろうか。文部省（当時）は，「21世紀の特殊教育の在り方について～一人一人のニーズに応じた特別な支援の在り方について」報告（2000年）を「調査研究協力者会議」（座長　河合隼雄）に依頼して作成しているが，ここには「インクルーシブな教育」への言及はない。しかし，「社会のノーマライゼーションの進展」に配慮した提言にはなっている。本報告も，「ノーマライゼーション→インクルージョン」の系譜にあるのかもしれない。

「21世紀の特殊教育の在り方について」報告は，「ノーマライゼーションの進展に向け，障害のある児童生徒等の自立と社会参加を社会全体として，生涯にわたって支援する」と強調しているが，そのなかで，「盲・聾・養護学校の児童生徒等にとっては，地域社会の中で積極的に活動し，その一員として豊かに生きることができるよう，地域の同世代の子どもや人々の交流を行うことなど地域の生活基盤を形成することが求められている」と言っている。

地域社会の中で生きる，地域の人々と交流するなど，「地域での生活基盤」を形成すると言っているので，その限りで，「ノーマライゼーション→インクルージョン」的だが，「地域」に出ていく出発点は，この際，「地域の学校」ではなくて，盲・聾・養護学校である。とすれば，「障害児」たちは，囲われた世界から遠慮がちに手足を伸ばして，「普通」の世界の人々の出迎えを待つ静的，受動的な立場になるほかない。

どうやら，この報告は「ノーマライゼーション」を強調しながらも，本当は，「特殊教育の拡大と充実」を意図しているように思われる。すなわち，「障害の重度・重複化」に着目して，その「指導の充実方策」を提言しているかと思えば，「学習障害児」，「注意欠陥/多動性障害（ADHD）」，「高機能自閉症」等への「教育的対応」も述べている。

この報告は,「学習障害」を「全般的な知的発達の遅れはないが,読み書き等のうち特定のものの習得と使用に著しく困難を示す」と定義しているが,「高機能自閉症」については「知的障害を伴わない自閉症」とある。ADHDに関しては,読んで字の如しというわけだろうか,定義に関する言及がない。他書によれば,ADHDは「学力への負的影響」「反社会性・衝動性」が問題になる。

　これらの「障害」は,「知的障害でない」という点で共通している。そして,「学力」と「社会適応性」が共通して問題になっている。したがって,本報告は,これらの「障害児」に対して,特殊学級でも養護学校でもなく,普通学級に在籍しながら通級学級での教育を受けることを提言している。通級学級では,低い学力・偏った学力に対する個別指導,そして情緒的・行動的問題に対する治療教育が行われることになっている。

　本報告は,盲・聾・養護学校の「義務化」を前提としながら,普通学校の中には,特殊学級に加えて,通級学級の増設を提案しているが,普通学級への「インクルージョン」という言及は皆無である。

　しかし,普通学級,通級学級,特殊学級,盲・聾・養護学校の全体で,「障害」の多様化,重度化,重複化に対応しようとしている。つまり,特殊学級や通級学級を橋渡しにしながら,普通学校と盲・聾・養護学校をつなごうとしているし,盲・聾・養護学校は,「地域の特殊教育センター」となることを提案している。とすれば,普通学校で特殊教育を拡充し,盲・聾・養護学校が普通学校と連携・協力する形になっている。ここでは,特殊教育の普通教育への包摂(インクルージョン)が示唆されている。その意味で,一部,「インクルーシブな教育」であると言える。

　私は,「21世紀の特殊教育の在り方について」報告が中途半端な「インクルーシブな教育」になっているがゆえに批判するのではない。そうではなくて,「インクルーシブな教育」を少しでも意識しているがゆえに批判する。つまり,いずれにしても,「特別な教育ニーズ」を強調するし,そのためには,普通学校にしても,盲・聾・養護学校にしても,いずれかで,教育は細分化,個別化されることになり,これでは隔離・分断を克服することにならない。

9. 「盲児等の就学基準」の見直し

ところで,「21世紀の特殊教育の在り方について」報告を受けて,「学校教育法施行令の一部改正」が行われた（2002年）。ここでは，普通学級への「インクルージョン」がどのようになっているかを考えるために，この「一部改正」の一端を紹介する。「一部改正」では,「障害児」が普通学級に措置される場合が規定されているが，彼らは「認定就学者」とわざわざ呼ばれる。つまり,「一部改正」では「就学基準」が見直されているのだが,「盲児」は盲学校へ,「聾児」は聾学校へ,「知的障害児」は養護学校へといった原則は従来通りである。

ただ，その定義にあたっては，従来より「（普通学級など，一般社会生活への）適応性」が強調されている。たとえば，従来は「矯正視力」だけで「盲児」を規定していたが，今度の基準では,「視力以外の視機能障害が高度で，拡大鏡等を使用しても文字等を認識することが不可能又は著しく困難な程度」となっている。

また,「知的障害児」に関して言えば，これまでは,「知的発達の遅滞」に焦点をあてていたが，今回の基準は,「意思疎通が困難で日常生活を営むのに頻繁に援助を必要とする程度」とか「社会生活への適応が著しく困難な程度」がより一層強調されている。（「一部改正」に伴って出された）文部科学省初等中等教育局長名による通知「障害のある児童生徒の就学について」によると，本人の知的能力のみならず，社会適応能力，教育に必要な環境という三条件の「総合的な判断」を求めている。

その上で,「学校教育施行令の一部改正」では,「就学基準に該当する児童生徒で市町村の教育委員会が小・中学校において適切な教育を受けることができる特別な事情があると認める者（「認定就学者」)」を規定している。

さて,「認定就学者」のことだが,「共生・共学」を願い模索してきた側からすれば,「普通学校・普通学級」への願いは例外的にしか認めないと改めて成文化されたことになり，残念である。

文部科学省側から言わせれば，サラマンカ宣言など,「インクルーシブな教育」の国際的な主張に対応する規定だと言いたいようだし，ついでに「共生・共学」を願う人々に対するリップサービスにもなっている。ここでは,「認定就学者」という考えがどこから生起しているかの本音を探ってみる。

10. 「認定就学者」という特例措置問題

　私の手元に，文部科学省特別支援教育課（元特殊教育課）が2001年5月に初等中等局各課担当官あてに配布した「盲者等の就学基準の見直しに伴う学校教育法施行令及び学校教育法施行規則の改正について」という文書がある。ここには彼らの本音がうかがえる。

　この文書によると，本来，盲・聾・養護学校に就学すべき者であっても，普通学校に就学させることができるように就学手続きを見直すとしているが，それはわざわざ「特例措置」（「学校教育法施行令の一部改正」では，すでに見たように「認定就学者」）と呼ばれている。

　その手続きは，「本人要件」および「環境要件」からなっており，いずれの「要件」も細かく面倒になっている。「本人要件」を読むと，①重度の障害を重複している者，②対人関係形成上著しい問題がある者，③普通学校の管理下で安全に過ごせない者は「特例措置」の対象外としている。

　「環境要件」としては，「特例措置」実施にあたって，④障害に応じて学習上必要な施設・設備が整っていること，⑤障害に応じた特別な教材等の提供が可能なこと，⑥移動等の支援が可能なことの三つが求められている。そして，それらの前提として「介助員なしに学習や身の回りのことができること」が明記されている。

　こうして，この文書によると，「車いすの子どもをバリア・フリーの整備された学校に受け入れ」るのは「適当」，「中度の知的障害の子どもを小学校に受け入れ」るのは「不適当だが違法ではない」，「介助員を配置して肢体不自由の子どもを受け入れ」るのはやはり「不適当だが違法ではない」，「日常的に医療的ケアが必要な子どもの受け入れ」は「違法」，「行動障害で対人関係形成上問題がある子どもの受け入れ」は「違法」となる。

　つまり，「重度・重複」はダメ，人的援助は行わない，バリア・フリー的施設・設備が整っていなくてはならないなどが，「特例措置」のための前提条件となっている。ここでは，「どの子も共に生きる，学ぶ」といった私たちの願いと暮らし方は一蹴されている。また，介助員など特別な人的整備をすることで，良きにつけ，悪しきにつけ，子ども同士の本音がぶつかり合う関係，つまりせめぎあう関係をそこなってしまうし，それよりも，子ども同士のやりくりや自

治に託したいし賭けたい，という問題意識は問題外になる。

　そして，バリア・フリー的発想が絶対化していく分，そうなっていない場から「障害児」は断固排除されるという事態が生じてくる。このような事態は，私たちが大切にしてきた「生身の人間同士の肌身の関係」や「せめぎあう共生」ということなど眼中にない，「健常児」中心に整序された世界と言わなくてはならない。とくに，「介助が必要な障害の程度」の者は特殊学校に通うべきとし，そのような場合を普通学校でと認めてしまったならば，二種類の学校の区別がつかなくなると，この際，改めて「障害児」は特殊学校で，「健常児」は普通学校でという大原則を，まずは確認したがっている。

　ここで，改めて整理しておきたいのだが，「視覚障害」，「聴覚障害」に関しては，補助具などを介して"普通の"能力（普通学級での学習能力，社会適応能力，生活能力）を持つにいたったならば，また，「車イスの子ども」に関しては，やはり，"普通の"の能力があって，その上，その場がバリア・フリーになっていれば，普通学級でも可能であるというのである。

　ということは，「視覚障害」，「聴覚障害」のままであれば従来通り盲・聾学校でということになるし，「車イスの子ども」に関しては，バリア・フリー的施設・設備が必須条件になっているので，それが必ずあるはずの養護学校でということが原則になる。この文書では，「知的障害」に関しては，言うまでもなく養護学校で，ということが原則である。

　以上で明らかだが，この文書によると，「障害児」たちは，盲・聾・養護学校を軸に，特例措置としてのみ普通学級で，多様で細分化された特殊教育プログラムのなかへ分断，隔離されていくことになる。振り返ると，この事態は「養護学校の義務化」に伴って進行してきたことであり，この体制の再確認であるとも言える。とはいえ，そうとだけは言えないところがある。

　今日，多くの親や教師たちは，「共に」を願いながらも，一方で，そこでの「個々のニーズを大切にする教育」を求めだしている。また，「障害児・者の社会参加と自立」の主張のなかで「バリア・フリー社会」が進行しているし，そのことを歓迎している。しかし，皮肉なことに，先に見たが，「バリア・フリー化」されていないところからは，「障害者」が正当に排除される結果になりつつある。

つまり，私たちは，同じ社会・学校・職場で，「健常者」も「障害者」もお互いに迷惑をかけずに，対等に競争しながら，互いの能力や個性を自由に発揮し合おうとする「自由と平等」の主張に同意し合っている。そのような同意なしには，「共に」は成り立ってはならないと了解してしまっているのだ。教育における権利問題で言えば，分けられた上での「平等」，つまり「教育の機会均等」が原則である。この原則に立つ「インクルーシブな教育」では，くり返すが，不可欠的に分断・隔離が起こってくる。

11. エリート教育と「問題を起こす子ども」

ところで，この文書も「21世紀の特殊教育の在り方について」報告も，すでにみたが，「ノーマライゼーション→インクルージョン」を射程に置きつつも，「一人一人のニーズに応じた教育」を強調することで，「インクルージョン」をひどく限定している。それは，なぜなのだろうか。

そのために，上記報告の直前に，森総理大臣（当時）の私的諮問委員会，「教育改革国民会議」（座長 江崎玲於奈）から提出された「教育改革国民会議報告―教育を変える17の提案」（2000年）を見ておく必要がある。ここでは，「人間性豊かな日本人を育成する」および「新しい時代に新しい学校づくりを」という二つの柱にはさまれて，「一人ひとりの才能を伸ばし，創造性に富む人間を育成する」という柱が立てられている。

そこには「一律主義を改め，個性を伸ばす教育システムを導入する」という小見出しがあって，就学年齢を学校と親の判断で5才～7才の幅で弾力化する，習熟度別学習を推進する，高校では学習達成度試験を年数回行う，中高一貫教育を推進する，大学への飛び入学ができるようにする，といった才能教育，エリート教育が具体的にしかも堂々と謳いあげられている。

一方で，「教育改革国民会議報告」では，「問題を起こす子どもへの教育をあいまいにしない」という項目が，「人間性豊かな日本人を育成する」の柱のなかに挙げられていて，そこでは「問題を起こす子どもによって，そうでない子どもたちの教育が乱されないようにする」，「教育委員会や学校は，問題を起こす子どもに対して出席停止など適切な措置をとるとともに，それらの子どもの教育について十分な方策をとる」となっている。エリート教育の邪魔をしたら処

分するという強硬な姿勢とともに、彼らに対する「十分な方策」（たとえば、カウンセリングとか特殊教育）をしなくてはならないとしている。

　この文脈を押さえながら、（すでに見たような）社会適応主義的で安全管理主義な「障害児」観とその教育の確認、また、普通学校にいる場合、「障害児」はバリア・フリー的環境に囲まれていてほしいという「健常児・者」側の都合などを思い起こすとき、「21世紀の特殊教育の在り方について」報告や「学校教育法施行令の一部改正」の意図は、「エリート教育」の展開を主眼とする、これからの普通教育の在り方に呼応した姿勢であり、そこに使命を感じた、「障害児」を排除する水際作戦のようにも思われてくる。

12.　選択の自由と自己決定の問題

　ところで、「教育改革国民会議報告」が記した「個性を伸ばす教育システム」との関連で、すでに実施され出していることで言えば、たとえば、公立小・中学校における通学区域の弾力化と学区制の解体ということがある。そこでは、学校間競争に基づく「特色ある学校づくり」が期待されているのだが、それと併行して、保護者の学校選択権・教育選択権が認められるようになる。

　このことは、2000年になって、東京都を中心に、品川区が先陣を切って開始された。最近の調査（2002年）によると、次第に「集中」校と「減少」校の格差がいろいろに現れてきているが、過半数の親たち（約6割）はこの制度を歓迎し、選択理由として、「いじめや荒れがない」「生徒が落ち着いている」「学校が近い、通学しやすい」「教育活動の様子（ユニーク、個性的、活発など――引用者、注）」「高校進学の状況（指導に熱心、名門校への進学率がよい、など――引用者、注）」「子どもの友人関係がある」などを挙げている。

　これで見る限り、学校選択の原理は二つあるようだ。ひとつは、「教育に特色があって、熱心であること」、もうひとつは「近くの学校で、友人関係がすでにあること」である。おそらく、前者の理由に基づいては、「荒れている」学校など、評判の悪い学校を避けて、もともと「名門校への進学率が良い」など、評判のいい学校を選択していくようだが、後者にそっては、当面、従来の「地域の学校」を選ぶと思われる。

　しかし、「減少」校と「集中」校との間で量的、質的格差が進行することで、

遅かれ早かれ「学校統廃合」は避けられないし，「個性の尊重」と「学校選択権」の行使は，こうした，行政が期待する事態を進展させる役割も果たしている（篠原，2002）。

もうひとつの話題を紹介するが，教科選択制に基づく「少人数教育」はすでに開始されている。東京のある中学校の場合だが，2002年度から，国語，数学，英語の教科群と，社会，理科，音楽，美術，体育，技術，家庭の教科群の二つに分けて，二つの群それぞれから，二教科ずつを選択することになった。さらに，各選択教科は，それぞれ2ないし3段階になっているが，教師の助言・指導，親の助言・同意が入りつつだが，どの教科，どの段階を選択するかについて，生徒本人が決定できることになっている。もちろん，すべての教科に関して必修がある。必修時間と選択時間の比率は，教科によって違うが，ほぼ3対1ないし2対1である。

同校教師の説明によると，生徒たちは，公立，私立いずれを受験するかによるが，受験科目を意識して，選択科目を決めていくようである。そのことが主なる理由になって，あるクラスは極端に少人数になり，集団性がまったく成立しなくなる。にもかかわらず，こんな場合でも，生徒の選択を尊重しなくてはならない。逆に，当然だが，人数が多すぎる場合が出てきて，「少人数教育」の筋からクラスを分割しなくてはならないのだが，担当可能な教員が不足していて，そのことは実現しにくくなっている。

こうして，受験教育へのニード，そのための個別指導の要求などから，このような選択制は，教師の助言，指導を強化しつつ，能力別学級（最近の用語で言えば，「習熟度別学級」）にいよいよなっていかざるを得ないわけで，「個性の尊重」と「自己決定」という大義名分の中で，受験教育，エリート教育の合理化・効率化が進行すると言える。しかも，それは，生徒と親の希望を満たす結果になっているので，「下」からの批判は起きにくくなっている（篠原，2002）。

13. 「共生・共学」の模索は続く

ここで再び確認しておきたいが，「21世紀の特殊教育の在り方について」報告では，「個性の尊重」は「個々のニーズ」に置き換わっていたし，本人や親の，学校や教育プログラムの選択権（つまり，自己決定権）への言及は皆無である。

つまり,「個性の尊重」は,普通教育における「学力」という能力を中心とした細分化,序列化を実態とする「個別化・個性化」である。この意味で,「自己決定・自己責任」の行使は,「能力のある」側だけに認められつつ,経済的・社会的に有利になるのであって,公正な基盤の上で成立しているとは言いがたい,問題含みの社会的・倫理的実践である。

といって,私は,「個性の尊重」や「自己決定・自己責任」が,昨今の「教育改革」のなかで翻弄され手垢で汚されつつ,能力主義・学力主義の論理の中で矮小化されてきていると批判して,そのような事態から自由な「自己決定・自己責任」であればよいとか,そうであるべきだと主張したいのでもない。

「個性」は個々人に分断される個人内属性であり,その「尊重」になっているということ,そして「自己決定・自己責任」は個々人の能力や意思に託された個人的行為であるということを自覚しなくてはならない。

そのなかで,個々人は,当然のごとくバラバラにされていくし,多様かつ階層的に分類,収容されていく。そのような事態は,大人と子どもの間,そして子ども同士の「共生・共学」をいよいよ遠のけていくことになる。「教育改革」のなかで強調される,「個性の尊重」と「自己決定・自己責任」あるいは「インクルーシブな教育」は,このような文脈の中で批判的に考え続けなくてはならない必須なテーマである。

最後に,70年代に願い模索され始めた「共生・共学」を思い起こしておきたい。それは,家族と共に,地域の子どもと一緒に,近所のオジサン,オバサンに叱られながら,といった文脈の中にある「地域の学校」でのことであり,教師など専門家による子どもに対する「教育」を部分化し相対化することで,「教育」につきあえない者を排除しないことである。したがって,「地域の学校」は,学習,勉学および能力・学力で序列化され,そのことによって,お互いがお互いを差別,抑圧する場にもなる。その意味で言えば,特殊学級・養護学校では,そのようなことが隠蔽されているし,「障害児」は保護されていると言えるのかもしれない。

私たちは誰も彼も,このような差別,抑圧の場が現実にある限り,そこから逃れることなく,まずは,このど真ん中に立つほかない。そこには,いろいろな子どもがいるし,いろんなことが起きる。侮蔑,軽蔑,いじめの渦が起きる

かと思えば，そのような渦を反省しあう子ども同士の関係や解く事態が生まれるかもしれない。「共生・共学」の場は，このような二面性，両義性を帯びた，あるいはそのことに賭けた，リアルな時・空間なのである。

私は，第4節「『共生・共育』の誕生」で触れた子供問題研究会を始めるにあたって（1972年），「皆と一緒に，勉強ができてもできなくても」と呼びかけたが，その中で，大人も子どもも，誰もが相互関係，共同利害の体験を重ねていく。そのことがまずは何よりも大切なことである，と今でも思ってならない。

【引用・参考文献】

1) 日本臨床心理学会編『戦後特殊教育　その構造と論理の批判―共生・共学の原理を求めて』社会評論社，1980年。
2) 子供問題研究会編『俺,「普通」に行きたい（正，続）』明治図書，1974年（正），1976年（続）。
3) 篠原睦治『「障害児」観再考―「教育＝共育」試論』明治図書，1976年。
4) 金井闘争記録編集委員会『2000日・そしてこれから』千書房，1987年。
5) 日本社会臨床学会編『施設と街のはざまで―「共に生きる」ということの現在』影書房，1996年。
6) 楠敏雄『「障害者」解放とは何か―「障害者」として生きることと解放運動』柘植書房，1982年。
7) 篠原睦治『「権利としての障害児教育」思想批判―関係の創造か，発達の保障か』現代書館，1986年。
8) 篠原睦治『「障害児」教育と人種問題―アメリカでの体験と思索』現代書館，1982年。
9) 花村春樹訳・著『「ノーマリゼーションの父」N. E. バンク・ミケルセン　その生涯と思想』ミネルヴァ書房，1994年。
10) W. ヴォルフェンスベルガー『ノーマリゼーション―社会福祉サービスの本質』学苑社，1982年。
11) P. ミットラー『インクルージョン教育への道』東京大学出版会，2002年。
12) 嶺井正也監修『共育への道―「サラマンカ宣言」を読む』アドバンテージサーバー，1998年。
13) 篠原睦治「『教育改革』のなかの『個性の尊重』と『自己決定』を問う」『子どもの〈心の危機〉はほんとうか?』所収，教育開発研究所，2002年。

【課題と設問】

1. あなたは，学校をどのように体験してきましたか。先生から「教えられる場」，自ら「学習する場」としてだけだったでしょうか。本章では，学校を「共に生き，共に学ぶ場」として描こうとしてきましたが，このような観点から，あなたの「学校」体験を思い起こしながら，お互いに語り合ってください。

2. 本章では，「共生・共学」ということを「健常児」と「障害児」の関係にしぼって考えてきましたが，今日，男性と女性の関係，在日日本人と在日外国人の関係などでも，このような問題は考えられています。それぞれの文脈における「共生・共学」には，共通の問題・課題があるだろうし，独自なものもあるはずです。さらに，上記の諸関係を交叉させて，この問題を考えてみる必要がありそうです。たとえば，男性との関係で，女性である自分が差別される体験をしつつも，その自分が「障害児・者」を差別していることは日常的にありがちです。「差別はいけない」などと簡単に言わないで，そんな現実をしっかり見つめ合ってみませんか。そして，それらを語り合ってください。

3. 本章では，「障害児・者」を大方においてカッコで括ってきました。「健常児・者」と「障害児・者」とは無関係に独自に存在するのではないということを確認し続けるためです。つまり，「健常児・者」も「障害児・者」との関連でイメージされ，定義されているはずです。こんなことを意識しながら，各自の体験や思い出を出し合って，「健常児・者」観と「障害児・者」観を照らし合わせつつ語り合ってください。

第 5 章

学校のなかの人権

1. はじめに

　本章では，子ども，学校，保護者そして「子どもの人権」について学校的な問題を挙げながら，現代的な課題を提起していきたい。

　読者のほとんどは，義務教育学校（小学校，中学校）を経験しているであろう。しかし，世界の子どもたちすべてが，「学校」を経験してきているわけでもないし，歴史的にみても，「学校」は普遍的なものでもない。

　学校へ行くのが当たり前というのは，ここ 100 年足らずにできあがった日本の「常識」であり，あえて言うのなら「惰性的になった考え」にすぎない。

　子どもの人権というひとつの概念が，まず学校との関わりで考えられてきたのも日本的なのである。とりあえず，子どもの権利が教育関係者や親に理解できる，あるいは，なんとなく意味が分かるようになったのは，1980 年以降に「管理教育」「不登校問題」「いじめ」などの問題が社会に大きく登場してからである。その後 1989 年国連で採択された「子どもの権利条約」によって，マスコミなどで本格的に取り上げられるようになった。

　ここでは，「子どもの人権」だけを語るのではなく，「子どもと人権」を論じていきたい。つまり，初めから「子どもの人権」というものが，あって当たり前，すべての前提という立場でなく，「子ども」と「人権」が学校生活の中でどのような「関係」にあるのかを明らかにしていこうと思う。

　「子どもは黙って親の言うことを聞いていればいいんだ」とか「子どもは未熟なんだから教員がある程度は厳しくしつけて行かなくてはならない」という

ホンネがまだまだ世の中には支配的である。そこを避けて、「子どもの人権」を論じても、それは「タテマエの世界」であり、現実生活の中で実効性のある子どもの人権を築いていくことにはならない。

逆に言うと、まだまだ、子どもにとって「人権」は遠く、身近になっていない。そして、誤解を恐れず言えば、子どもの人権は「実質的な市民権を得ていない」のである。キャンペーンや学校の授業では「子どもの人権」は大いに語られているだろうが、学校の門から外へ出ていないのではないか、いや学校の中でさえ市民権を得ていないのではないか、というのが、私の率直な意見である。

子どもが一日のうちで多くの時間を過ごす学校というところでは、子どもの人権はどのようにとらえられているのだろうか？　そう疑問をもつときに、果たして学校とはどういうところなのだろう？　と再度問い返すことが必要不可欠である。

本章では、最初に、学校における「教育的な善き働きかけ」そのものの中にも「人権の侵害」の誘因があり、それを見極めることが、極めて難しいということを、体罰を例にあげながら、まず明らかにする。次に従来の子ども観がゆらぎをみせており、「純粋無垢な子ども」「白紙状態の子ども」という考え方が無効になっていることを述べ、「子どもの権利条約」の位置づけを述べる。最後に、現代の学校と教育改革がかかえている矛盾と課題が子どもの人権とどのように関係しているのかという点を論じることにする。

2.　教育愛という名の暴力：人権を侵害する「体罰」の意味

(1)　体罰を生産する学校

1)　体罰が減ったのはなぜか？

はじめに、子どもの人権を侵害する行為として代表的な「体罰」について考えてみる。体罰については、今まで多くの論議がなされてきた。ところが学校での体罰事件はいっこうになくならない。新聞紙上をにぎわすこともしばしばである。むろん、全体的に、ひどい体罰は減少してきていることは確かである。それは、私の現場感覚でも言える。私自身が子どものころであった1960年代に比べれば雲泥の差である。

ただし、統計的な処理が正しく実態を表しているかというとそれはまた別の

話である。なぜなら，体罰に関して言えば，「過度な暴力」は被害者である子どもや親からの指摘，批判，告発を受け，当該教員に何らかの処分があってはじめて記録される。もともと体罰は教員と子どもの関係性の中で認識されるものである。いわゆる「程度問題」という面もかなり大きい。実際，私も「子どもの肩に手を触れても，不快なら体罰ではないですか」という親に出会ったことがある。したがって，体罰には「程度」というあいまいな認識のものさしが必ずついてまわる。何が体罰でどこまでが許容されるのか？体罰を受けた子どもがすべて「怒りをもって報告」しているかというなら，それも疑わしい。

しかし，それでも過剰な体罰は減少していると思う。それは，教員の人権感覚が高まったからという理由なのかというと，必ずしもそうは言えないのだ。減少したとすれば，その理由は「世間がうるさくなってきた」ことによる，教員の自主規制でしかない……と言える。悪くすれば懲戒免職につながるような体罰を平気で行使する教員は少ない。体罰は教員にとっては，職を失い社会的に非難される「自爆行為」なのである。いくら主観的に善かれと思って殴ったとしても，「体罰」は違法行為である。そこに，まず例外はない。情状酌量を狙って子どもに手を挙げるような教員はいない。

2） 体罰に対する教員のホンネ

しかし実際に，体罰で問題を起こした事件を，他の教員が知ったとき，まずどう思うだろう。「その子どもの行為が，よほど腹にすえかねたのだろうなあ」という同情をすることが少なくない。同時に，「そんな体罰で処分を受けたり，職を失ったりするなんてばかばかしい」というあきれた気分でそのことをみている教員も多い。こうした現場の声は決して新聞紙上には掲載されないし，教員の声としても表に出ることはない。メディアに「率直に言うとどうですか？」とマイクを向けられても，決して言わないだろう。体罰を「肯定」「許容」するようなことは，社会的な公論には決してならない。

むろん，教育的には保守的な思想のもち主が，批評的に「最近の先生は意気地がない」「悪いことは殴ってでも教えなくてはいけない」「びしびしとやるべきだ」などと言ったとしても，学校や一般的社会にそれが通用するはずもないし，それに押され「はげまされて」体罰をしても，援護してくれるはずもない。自爆には変わりないのである。

表5.1 2000年度 教育職員に係る懲戒処分等の状況について

体罰に係る懲戒処分等の状況の推移　　　　　　　　　　　　　　（単位：人）

年度	懲戒処分					訓告等	諭旨免職	総計
	免職	停職	減給	戒告	小計			
3	0	1	24(1)	20(1)	45(2)	151(58)	0	196(60)
4	0	4	10	39	53	159(82)	1	213(82)
5	0	4	16(1)	45(5)	65(6)	193(87)	0	258(93)
6	0	6	18(1)	43(2)	67(3)	212(110)	1	280(113)
7	0	8	27(2)	39(1)	74(3)	236(135)	1	311(138)
8	0	8	34(3)	68(9)	110(12)	297(194)	0	407(206)
9	0	5	37	67(2)	109(2)	305(158)	0	414(160)
10	0	11	44(1)	59(2)	114(3)	269(177)	0	383(180)
11	0	9	40	65(2)	114(2)	271(197)	2	387(199)
12	1	7	56(3)	68(5)	132(8)	295(202)	1	428(210)

（　）内は，監督者責任により懲戒処分を受けた者の数で外数である。
（文部科学省　初等中等教育局初等中等教育企画課）

3)　あいまいな体罰違法論議

　そもそも「体罰は違法だからよくない」という考え方は，その違法性がどこから由来するのか？　という点に論議の中身を置かないと機械論的になる。どこまでが体罰でどこまでが懲戒なのか？　というような論議はあまり生産的ではない。体罰のもっとも非教育的な点は「成長過程の子どもに物理的暴力という抑圧で教育をするということで，当人の発達や成長の可能性をゆがめるものだ」という点にあると私は考えている。

　ところが，教育の世界の物言いは抽象的であいまいである。「成長」「発達」「可能性」ということばの意味することは多様で複雑で，かつ個別的なものである。したがって，体罰という現実の事件についての評価も，極めて個別的なものにならざるを得ない。そして，本来なら，その場に参加した教員，子どもらの主張がきちんと出されて，論議されなくてはならない。

　このような体罰の検証作業がなされてこなかったから，体罰や暴力に関しても，画一的かつ中途半端であいまいな意見が飛び交い，子どもや教員，当事者

たちの思いがきちんと論議されてこなかったのである。

4） 体罰は「過剰な教育」か？

では，体罰はどうして起きるのか？　むろんそれは一般論で決めつけることは難しい。しかし，体罰が身体へ対する物理的な暴力であるなら，それは，学校だろうと街中であろうと許されるべきことでない。ここで，体罰の本質論的な論議のためにいくつか問題を提起しておきたい。

体罰のもっとも重要な点は，それが「教育的な行為」の中で行われるところにその特徴がある。つまり「子どものためを思ってなされる行為」だと言われるところにある。いわゆる「愛の鞭」論である。たしかに，子どもをしつけるときに親が小さな子を叩くということがある。これは，最近の児童虐待にみられるように過度に（またもや程度問題である）叩く場合は，親が子どもを虐待したとして罰せられる。子どもの命を奪うほどの虐待行為も，そのもとは「しつけ」であり，つまり「教育」だったのである。

つまり，体罰は，その強度と積み重ねが，ある時点を超えると，傷害を起こす犯罪的暴力になるのだ。教育的な働きかけ，つまり，教員や親が子どもに善かれと確信して教育しようとするその行為が，違法体罰・生命を剥奪する暴力になる。このことは，学校の教育という行為が，ときに生命を剥奪をするまでに至る体罰に連続的につながっていることを明示していると言える。

子どもと人権の関係を考える上で，この教育＝体罰という，一見対立するように見えて，下の方でつながっている「通底器」のような視点を無視してはならない。

（2）　体罰の回収作業の虚無感

1）　「本当は子どもをかわいがる熱心な先生だった」のか？

体罰事件が起きたときに，学校の対応を，私は「回収作業」とよぶ。なんらかの，解決というよりは，事件の起きた学校空間をどう日常に戻すかということに現場関係者はエネルギーを使うのである。

体罰事件が起きると，学校側のコメントが必ずマスメディアを使って伝えられる。たいていは，校長か教頭がスポークスマンになり，謝罪したり，事件の概要を述べたり，保護者への対応についてマスコミに答えることになる。しか

し，そのとき必ず聞かれるのが「体罰をした教員はどんな先生でしたか」ということだ。これについては，そのほとんどが，「やっぱりやると思っていました」などとは決して言わずに，「日頃は熱心に子どもに指導をしているよい先生です」などということが多い。「熱心さが行きすぎて，思わぬ結果を招いた」ということもよくコメントにはある。

それで，実際にそうなのか否かはケースバイケースであるが，基本的に管理職は身内をかばうのである。そして，部下の失策は自分の失策になり，減点対象になるから，気を遣う。「あってはならないことですが……」ということをよく言う。この，「あってはならないことですが」という場合，では，「あってはならない」のにどうして「あってしまった」のか？　それが，問題なのだ。

2）　忘却という社会的解決と論議回避という無力感

体罰事件が起きて，新聞ネタになっても，数週間，あるいは数カ月もすれば，世間ではそのことを忘れ去り，新しい特ダネに耳目が集まる。体罰事件の関係者は沈静化したことにホッとしている。そして，体罰の問題は，当事者の個人的な問題となり，現場でも「不幸な出来事」として「思い出化」していく。時には，その教員の処分の撤回署名がされたり，あるいは転勤させられたり，裁判になったりすることもあるだろう。しかし，そこでは体罰とはなんだったのか，どうして体罰になったのかが論議されることはない。

残るのは「あまり熱心になると，体罰なんかになっちゃうから，適当にやっておくのがいちばんだなあ」という印象批評が妙に説得力をもつようになるだけのことも多い。

こうした，やっかいな論議を避けて，体罰は違法行為であるという図式が確立した時点で，「触らぬ神に祟りなし」の論理が有効性をもってしまう。管理教育に異議申し立てした頃は，「当人のためになのに，なぜ殴っちゃいけないのか？」という人権侵害と教育的行為の境目の論議がされていた。この問いが，埋め込まれてしまったところに体罰の不幸（？）はある。

体罰批判をされたときの，現場教員が感じる「割り切れなさ」や，「体罰否定はきれい事じゃないか？」という疑問が十分に論議されないうちに，「やってはいけない」という至上命令だけが，現場に貫徹していくことになった。可視的な体罰が無くなれば次に，新たな不可視の暴力が根をはる危険を感じる。体

罰を批判するときの不徹底さが，問題を解決せずに拡張されるのではないか？と私は感じている。

3） カウンセリングや「心の教育」で人権は守れるか

学校は，体罰をされた子どもたちのケアと称して，校内に相談室を設けたり，一人ひとりカウンセリングを受けさせようとしたり，さまざまな精神的支えになるようにと，回収作業をする。しかし，実際に実施した学校をみると，教員も子どもも，そのあざとさに「教育的偽善」を感じてしまい，それが，ルーティーン化している。とりあえず，社会に向けて，学校は「事件のケアをしました」という免罪符を得るのである。

保護者を集めての説明集会も同じようなことになっている。つまり，「学校側の謝罪」ととにかく，「悪いのは学校ですから頭を下げます」という全面降伏である。ところが，体罰をしてしまった関係者を含めて，本当の構造的原因を，一緒に考えようとしない。一方で保護者たちは「最近の教員は熱心さが足りない」と言いつつ「もっと面倒をみてください。お手上げです」と言ったり，「うちの子を放っておいてください」「プライバシーに関することは介入しないでください」と言ったりする。保護者も多様で，本当に色々な価値観，教育観をもっている。

その中で起きる，体罰にかぎらない学校事件は，そのほとんどが，こうした，関係者の思考停止による，「全面謝罪」か「もんくあるか！」の居直り指導のどちらかになってしまいがちである。

挙げ句の果ては，「子どもたちへの心の教育が足りない」とか「ダメ教員たちの人事考課をすべきだ」と個人的な課題にすり替えていく。こうしたことが，いかに形式的に流れ，仕事を増やし，免罪符づくりに終始し，結果的に体罰の構造的な課題をみえなくしていることか。

(3) 学校そのもののあり方を問うこと

そもそも，体罰は学校の中では，指導に不可欠なものとされていた。むろん，体罰を表向きに禁止していたのは当然である。しかし，とくに戦前戦中の学校教育では，軍隊の上下関係の中で行われる問答無用の上官の体罰をまねたやり方が当然のごとく学校の中でも用いられた。戦後の民主教育と言われた時代で

もそれはなんら変わることなく続いていた。

　体罰はなぜなくならないか？　それは，認めたくないかもしれないが，「現実の場面で，表面的には，子どもたちへの『指導』に役に立つから」なのである。「口で言ってわからないのなら，体に聞いてもらいましょう」というのは，教員だけでなく，親も子育ての中で言ってきた。

　学校は，こうした体罰を使って，身体に痛みを加え，従順な行動を子どもたちに要求している。言ってみれば，体罰は心身への教育であり，「暴力」なのだ。もともと頭や心で分からないものが痛みによって分かるはずはない。こんなことは常識である。しかし，表面的には，行動規範を守らせることができる。とりあえず，みた目は従順になる。

　体罰は，学校教員の指示や，命令が理解不可能な子どもたち，または，それらに異議申し立てをする子どもたちに対し，従順にすることができる身体的暴力の道具なのだ。

　そこには，「子どもは口で説明したって，分からないことがたくさんあるのだから，体罰を行使してもやむを得ない。体罰を避けて，いつまでも説明する方が，子どももいやだろうし，教育という責任を回避しているのではないか？」という強い思いがある。

　「ぐたぐた説明やお説教をくらうより，一発殴られておしまいの方がすっきりしていい」という子どもも少なくない。「自分が悪いのだから殴られても当たり前」などという子どもも，スポーツクラブなどでは，少なくない。

　先に述べたように，教育的な働きかけは，とりあえず，子どもの主体とは別の外部から働きかけて子どもを「変える」という行為である。子どもにとっては，「自然・偶然」でもない「他者の意図的な行為」である以上は，暴力性を感じざるをえない。だから，体罰を根絶しようとするならば，教育という行為そのものが「暴力」ではないのか？　というところから考えていかねばならない。学校教育の歴史の中では「善意の教育愛」を無前提に肯定してきた。体罰がいくら人権侵害だからと言って否定してしまったら，教育愛をどう実現したらいいのかわからなくなっているのが現場の感覚なのだ。そのアポリア（解決困難な難問）こそが，子ども，学校と人権を考える上で，今もっとも重要な課題であると私は考えている。

3. 子どもはどこへ行ったのか？

（1） 子育ての困難さと学校依存

1） どう育てていいかわからない

　子どもたちの親と世間話をしたり，教育に関する色々な相談を受けたりしていると，「どう育てていいかが分からない」と言われることがある。むろん，直接にそういう言い方をしなくても，自分の子育てのやり方が間違っているのではないか？　という不安を感じることが多いようだ。

　その時に，思うのは，自分の子どもが「ちっとも言うことを聞かない」というレベルの話ではなく，小学生くらいだと「みんなとうまくやっているのだろうか？」「いつも暗い顔をしている」「友だちが少ない」「みんなに良い顔をしているので疲れている」「勉強しようとしない」「勉強しているのに，成績が上がらない」「何かと意欲が足りない」という，かなり微妙な友だちとの関係に不安を感じているのである。

　そして，子育てのしかたが「正しい」か「間違っている」かと，白黒をはっきりさせたがるのである。「先生，このやり方は間違っていますか」と聞かれることもある。

　しかし，もともと子育てなどは，正しいとか間違っているという類のものではない。子どもと周囲の大人のせめぎ合う中で，限られた時間や，忙しい毎日の中で，失敗や成功を繰り返しながらするものである。それほど単純に，子育て行為が，インプットとアウトプットで，確認できるようになっているものではない。

　どうしてこんなことになっているのだろうか。それは，ひとつには教育情報が多過ぎるということがある。むろん，情報を，ある程度選択していける力を親がもっていればいいが，忙しい毎日の中で，マスメディアで「正論」ばかりを聞かされていると，結局は，相矛盾した方法や，権威的な「こうすべき的」指導法で親たちは，混乱を起し，目の前の子どもがみえなくなるのである。

2） 説明専用の論理と偏狭なマニュアル

　こうした情報過多の中で，大きな問題は，二つある。

　ひとつは，日常的にそのような情報を処理し切れないということと，その通

りやるためには，金銭的・空間的・時間的に相当の無理が伴うということだ。結局，何が残るかというと「疲れ」であり「徒労感」である。

　もうひとつ，「正論」は，つねに，欠如した部分を指摘しながら，そこを補うための強迫観念を生み出している。失敗したり，うまくいっていなかったりするのは，これこれこういう理由からであり，その根本はこういうことだ……というような説明がつづく。こうした説明に説得力があればあるほど，不安をかかえている親は，とりあえず，安心する。それが説明できない不安からは，逃れられる。しかし，だからといって，生活の中で「改善」しようとすると，とたんに何をしていいのか分からなくなる。たとえば，「トラウマ」で，なんでも片付けようとする。結局，その「トラウマ」に該当するような過去をもっている人たちが全て「トラウマ」にさいなまれているとは限らないように，説明の正当性は，生きていることの複雑さには対抗できないものなのだ。

　したがって，考えながら育て，失敗しながら生活するというごくあたりまえのことを拒絶し，きわめて分かりやすいマニュアルに依存することが慣習的に生活の中に入ってくると，今度は，成長期に必要な，試行錯誤の回路が断たれてしまうのだ。

3）　学校へ子育てを依存する親たち

　「学校へとりあえずあずけておける間は，子どもの顔をみなくてすむわね」という親は多い。実感がこもっている。夏休みなどの休業期間に，街で親に会うと，「早く，夏休みが終わってくれないかしら，家でやかましくてたまらない」ということを言われる。子どもをみたくないという親も多い。

　子どもがまだ，小さい小学校中学年くらいならいいのだが，反抗期や，ある程度自己主張をするようになったり，子どもたち自身が学校でトラブルをかかえて，帰ってきたりすると，そこから，親の不安が生み出される。

　子どもに対する専門性に期待して，教員やその他教育サービス機関に自分の子どもの問題をあずけるために，躊躇なく，最初から非常にストレートに，教育的治療，カウンセリングなどを要望する親も最近は多くなっている。専門家にあずければ，何とかなるという幻想に依存する親が多くなっている。

> **学校の機能**
>
> 　そもそも学校教育は，近代国家の国民を形成するための教育を施す所だった。ところが，現代では，その機能にプラスして，子どもを預かる託児所的な機能ももっている。昼中に，大人が働いている時に，子どもが街をウロウロしないように囲い込む役割である。このことを軽視してはいけない。つまり，学校はその高邁な理念とはうらはらに，実利的な機能をもっているのだ。

(2)　子どもの権利条約と「権利」を獲得するということ
1)　指示待ち人間としての子ども

　「最近の子どもたちは指示待ち人間で……」と，否定的に揶揄されることがある。しかし，それは別に子どもばかりではない。大人も同様である。

　指示待ちになるのには，理由がある。それは，その方が「トク」をするからだ。子どもたちが色々と考え，意見を言っても，それが，学校・教員の側の価値観や期待度に一致しなかったら，即座に否定されるからだ。「色んな意見を出してごらん」と言いつつ，答は決まっている。その答に，もっとも近い道を通って到達できる者が勝利者ということになっているのが現在の学校や社会の一般的な姿であり，子どもはその方法を学ぶ。

　「万が一，自分の考えが，教員の許容範囲を越えていたらどうなるか？」マイナス評価になるだろうとなることは想像にかたくない。そんなリスクを避けていくことが，現代社会の支配的な「生きる価値観」になっている。そのことは子どもの生活態度全体に表れる。「子どもらしくない」などというのは残念ながら，「子どもはこうあったらいいなあ」という視点だけで，子どもの現実を直視しない人の話である。

　指示を待ち，評価される者つまりその場の権力者のものさしに合わせて，自発的に動けない者は，沈黙する以外にないのだ。そして，最終的には「指示を待つ」より「指示を先取り」するような能力が目標となっている。したがって予定されたリスクには強いが，予定されないアクシデントにはまったく歯が立たない。そんな，「自由強度」のない子どもを，今，学校で育てているのではないか。

> **子どもの権利条約**
>
> 96年に日本政府が国連に出した報告書に対し、オンブズパーソンなどの制度をつくり、子どもの権利の拡大にむけてもっと努力せよという審査の結果が出ている。日本では、文部省も法務省もこの権利条約の啓発活動に消極的であり、現場からは「これ以上子どもがわがままになるのは困る」というような、教員の学習不足からくる無理解によって、なかなか実効性があがっていない。

2) 子どもの権利条約のとらえ方

この子どもの権利条約は、世界の子どもたちに特別なケアを施すことを宣言した条約である。とりわけ「発展途上国」の子どもたちに愛情を注ぎ、健康を保障していこうという主旨である。

むろん、だからと言って、日本のように「発展途上国」でないから、それは必要ではないという一部の人びとの考え方が正当ということではない。ここに宣言されているのは、大人が、あるいは社会が、子どもに対して果たすべき責任と義務を明確にしているのであって、「先進国」であれ、「子どもが幸せになるということは、どういうことなのか？」「そのためには、この社会がどうあるべきなのか？」という問いから、免れているわけではない。

こうした条約は、批准した結果、それを、単なる「画餅」に貶めないように、きちんとした施策が取られねばならない。ポスターやパンフレットでこと足りりとする行政の姿勢は厳しく反省されねばならない。現実に、日本のどれだけの義務教育学校のクラスで、この権利条約が話題にされただろうか？

条約に対して、なんら啓発活動どころか、学習をしていない現実に対しては、厳しくその条約の実効性が問われるのである。

3) 子どもの権利条約の現代的な意義をどうとらえるのか

したがって、現代の日本の子どもで、一番問題になっているのは何か？　あるいは、重要な問題点は何か？　それを調査し、吟味する必要がある。

そのためには、まず、「子ども自身から話を聞く」必要がある。子どもだからと言って適当なことしか言わないという考えは禁物である。子どもに聞く、子どもと話をするという行為それ自体が、子どもの権利条約の実効性を高める一番の方法である。もちろん、子どもは天使ではないから、当然、いろいろなバ

イアスがかかった話がでてくるだろう。しかし，そういうことの積み重ねから，本音，本当の不満，悩み，希望が出されるのである。

しかも，時間をかける必要がある。今まで，教員や親の顔色をみて，それに合わせた意見を要求していたのに，突然に，「きみたちの本音をきちんと聞こう」などと言ったとしても，それを信用しろという方が無理だ。

子どもたちの話を聞き，意見を聞くところから，権利条約の実現が始まっているのだ。意見を聞き，話に耳を傾けるということは，子どもの言うことを何でもかんでも受け入れることでもなければ，彼等の声を「わがまま」と断じて，その回路を切断することでもない。

子どもたちの，話から出てくる，現実の問題を，大人は「課題」として受け止める必要がある。

第12条「意見表明権」には，「自由に自己の見解を表明する権利」を子どもは有するということが明記されている。このことは，「何でも話していこう」ということ，「何を話してもそれは，いいんだよ」ということでありながら，そこには，差別を正当化したり，不正義を正義と言いくるめたりすることを，子どもに許しているわけではない。

意見を表明するということは，その子どもたちが存在し，生活している場があるはずだ。その日常的な場で，自分の幸せのために，不満を表明したり，自分たちの計画を提案したりすることである。テレビの公開番組で，ライトを浴びながら，カメラの目線を気にしながら「意見」を言うことではない。あるいは，討論会で多数の観客を前にして，「すばらしい子どもたちだ！」と賞賛を浴びながら，マイクでしゃべることでもない。

実現したいのは，日常的な場で，親や，教員に，自分の思いを話しながら，できるだけ前向きに進もうとすること，制度や規則に対する疑問，大人の社会に対する不満，親からの抑圧に対する抗議などが，きちんと言えるような環境とそれを論議できる場を保障することである。

4) **権利はサービス概念ではなく闘争し獲得する概念である**

子どもたちが，自分の生活を再検討し，そこにある憤り，不満，欠如したものへの欲求，そうしたものを支えている制度的な差別，力ある者からの人権侵害などを，もし，言語化して表現し得るならば，おそらくそれだけでも，子ど

もの権利闘争となりうるだろう。しかし，実際は，なかなか言語化されることはなく，不登校，暴力，病気などによって，「表現」されることが多い。その問題提起をどう受け止めるかが私たちの義務と責任なのだ。

また，同時に，子どもたちが，大人からのサービスを要求するとき，それを受け入れることが権利の実現であるとは簡単に言えない。たとえば，「～が無いから欲しい」と，欠如したことへの補填要求があるとき，あるいは子どもの「欲望」をみたとき，その欠如や欲望が，高度に産業化された社会が意図的に作り出した過剰な消費への欠如や欲望であるなら，それは，簡単にケアされるべきものではない。子どもたちの意志を，とりまく大人との闘争の中で，実現してこそ「権利」である。物分かりのよい大人が権利をサービスすることは，権利それ自体を形骸化するものなのだ。それが，高度産業社会・高度消費社会の「子どもの権利」の実現の困難さである。

4. 開かれる学校と閉塞する学校
(1) 情報公開で学校は開かれるか？
1) 情報公開は論議より自主規制を招く？

情報公開制度が条例として確立し始めている。その制度を利用した市民運動が色々とみられるようになってきた。

学校の情報公開も，色々と出てきている。以前，職員会の議事録を情報公開請求した市民がいた。それは，自分が学校に申し入れた体罰廃止の要求が，どのように職員会で論議されたのかを知りたかったからだ。しかし，それはまことにむなしい結果となった。情報は公開され，職員会議録は公開されたのだが，職員会の議題と提案のプリント，若干の意見が記されているだけで，本人の申入れについては，教頭からの報告だけで，なんの論議もされていないのである。

また，ある学校では，情報公開があるからと言って，職員会の議事録を二重帳簿にしようかという案が出された。その理由は，意見を記録するのはいいことだが，情報公開の後，父母や市民が読んで「誤解を招く」ようなことになるとめんどうくさいので，そのことを避けるために，公開用と内部用を作ろうというわけだ。

その時，教員たちが，黙っている，つまり「反対をしない」ので，決まりか

けたが，ある教員が「二重帳簿にしたって，どうせ意見なんか少ししか出ないのだから同じことです。やめましょう」と発言した。その意見がもっともだということになり，結局二重帳簿はやめになり，「ただしい結果」？になったというのである。

ここには，学校の職員会というものがもっている問題が，ねじれた形でうきぼりになっている。

つまり，まず，職員会が停滞しており，ほとんど意見を交換し合うような状況がないということ。今，筆者が知っている限りでは，職員会で大論争になったり，意見の衝突がおきたりすることは少なくなっている。職員が意見を言わなくなったのである。

この背景には，2000年に職員会議がはじめて法制化された事実がある。それは学校に「置くことができる」とされ，置かないこともできるとなり，また，校長が「主宰する」もので，校長の補助機関とされた事情もある。学校から自由な論議を通じた民主主義的な意志決定の機会が無くなったのである。そして，その職員会のほとんどないに等しい記録簿さえも，公開されるのを恐れて二重帳簿にしようとするねじれである。

また，右翼的な市民が，職員会で日の丸や君が代に反対する教員を探し出そうと，職員会会議録の情報公開をした結果，取るに足らない意見ばかりで，おまけに発言者の名前は墨塗りだったということで，圧力にならなかったという話もある。

学校の内と外に関わる公開と非公開（閉鎖）の関係を端的に指摘すれば，外への公開は内における「管理化＝非民主化」によって承認されるところとなり，反対に，非公開は「内における民主主義」がある程度，機能していた限りで続けられていたという関係にあったといえるだろう。

職員会議録を公開するということは，いずれにせよ，論議があるという前提なのだが，職員会は低調である。それに，意見を言うだけで，管理職に睨まれたり，職場でいじめを受けたりするので，発言が控えられているのが現実である。反対でも賛成でも意見は言わない。物言えばくちびる寒し……なのである。自主規制して「なにもない」「ノープロブレム」が，優先されるのである。

2) 情報公開の意義は何か

　しかし，情報を公開していくことには重要な意味があるはずである。まず，開示請求しても何も出てこないということはない。つまらない内容でも，実際に学校の内幕がかいまみられる。子どもが生活している学校を知る権利としては当然のことだ。

　また，体罰などがあって，その指導をどうしたか，職員はどのように対処し学習したのかは，あって当然だから，それを開示させることは，学校の動きを外から確認することができる。何も開示されないことは，「何もしていない」ということが開示されるということだ。このことは，意味がある。「善処します」といいつつ，何をやったかが明確になるから，それを繰り返すことで，学校は情報公開の実効性を意識しはじめる。

　しかし，公開には，個人情報や内部の細かい論議や力関係などを読み取るのは難しいという，一種の限界もあるということを知っておく必要がある。学校職員としては，仕事をしながら，情報公開を常に頭においていくことになる。しかし，それは，先に述べた「ことなかれ」に終始することでなく，その情報公開によって，学校の指導の限界を明らかにするチャンスでもある。

　劣悪な労働条件の下に，教職員が働いている現実を明らかにするためにも意義あることである。そして，開示の請求があったら，外からはみえないこともきちんと説明して，学校の限界をきちんと開示していくべきであろう。なんでもかんでも，言われたらやらねばならないというわけではない。

　いずれにせよ，情報公開は，学校組織内部が，外からの問題提起をきちんと受け止めて，どのような対応をしたらよいかということを考える機会でもあるといってよい。

　何でも引き受けてしまう学校であるが，ここで情報公開を利用して，私たち教員にも限界があるということを親や市民に知らせることのできる良き機会だと考えることができる。

> **2002 年教育改革**
>
> この教育改革は，学校五日制という大きな改革を伴って，「子どもたちに生きる力と自ら考える力」を身に付けさせようという主旨で実施されている。しかし，現場感覚とのギャップは致命的で，効果はでていない。低学力キャンペーンに振り回されたり，学校間で競争原理を安易に導入したり，教員への管理強化が行なわれ，教育の「自爆テロ」の感がある。

(2)　教育改革で学校は開かれるか？
1)　失われる学習のリアリティ

2002 年の教育改革によって，学校五日制が実施され，総合的な学習が全国で展開されている。低学力キャンペーンが「学力とは何か？」という論議抜きで騒然と広がり，「なんとなく低学力」というムードが学校教育や保護者たちの間に広がっている。したがって，公立でなく私立でないと，将来が不安であるというところまで意識は進んでいる。しかし一方，不景気の煽りとともに，生活費に占める教育費への割合が高い中で全収入が減ってくるので，親たちの不安は一層増大している。

教育改革の目玉のひとつである，総合的な学習の時間は，地域学習や国際理解教育，環境教育，情報教育など，今までの既成の教科の枠からはずれた領域でありながら，現代的な課題を据えた経験を重視した学習の時間であるとされている。

しかし，そこには問題も山積しており，かえって学習が貧困化，形式化しているむきもあるのだ。

地域に開かれた学校を目指しながら，「地域学習」を進めようとしている学校が多い。たとえば，地域のお年寄りの施設との交流をするのだが，高齢化社会の問題をきちんとみることなく，「お年寄りを大事にしよう」というような，道徳の徳目を確認してまとめるような学習がある。実際に，お年寄りがどうしてその施設に入ることになったのか，そのとき家族はどうであったか，福祉政策としての高齢化政策はどのようなものか？　実際には，こうした問題が緊急的かつ重要な問題として私たちの身近にはある。

ところが，学校では，こうしたことに，ほとんど触れようとしていない。せ

いぜい，お年寄りを学校へ招いて，交流会をして，おしまいである。むろん，複雑で難しい高齢化社会の問題をそのまま小中学生が学習できるとは思えない。しかし，こうした問題へつながらないでおいて，地域に開かれた学校，地域に開かれた学習活動とは言えないだろう。発展的な学習を期待して終了するという「オープンエンド」ということが，総合的な学習ではよく言われる。しかし，そこにはリアリティが喪失しており，地域の課題とは程遠い。

地域の学習が教材化されることで，リアリティを失ったのである。これは，総合的な学習だけではなく，現代学校の学習活動全般がもっている，大きな問題でもある。

2） 教育行政，文教政策の貧困さ

「日の丸・君が代」問題は戦後の大きな学校での論争のひとつである。ところが，最近では，卒業式，入学式など儀式等に日の丸・君が代を拒否する教職員の行為が，その儀式の運営を妨げないものまで，処分の対象となってきている。このことは，率直にいうなら「内心の自由の権利侵害」であり，日の丸・君が代を肯定するか，否定するかはあくまで個々人の思想信条の自由と権利と考えるべきである。むろんそれらは，公的な論議を進める中で，検証されていくし，普遍性をもつこともある。

ひるがえって考えれば，子どもたちの自由な発想や意見や創造的な活動を保障し，誘発しながら学習活動をすすめるのが教職員の役割であるならば，教育上もっとも重視されなくてはならないのが「自由」と「権利」の概念である。その意味からも，こうした，日の丸・君が代に関する教職員の態度も多様であるべきであり，公的な権力や行政機構上の権力関係で「命令」できるものではあり得ない。

また，「心のノート」のように，「道徳教育の一層の充実」をはかろうとして全国一律に配布するという行為それ自体が，非道徳的？　なのである。つまり，「お上（文科省）」から，まさしく一方的に「心を教育せよ」という「命令」が出ているに等しい。朝，学校へ行ったら，机の上に道徳の本がおかれ，「さあ，これで子どもたちを教えなさい」ということなのだ。

「心のノート」は内容以前に，その作り方・やり方自体が，教育的ではない。直接学校で子どもたちと向き合う教員の意見も何も聞かずに，さあ，教えるん

> **こころのノート**
>
> 　文科省が7億円以上の予算をかけて，義務教育学校の子どもたち全員に配布した，「副読本」。河合隼雄が中心になって作成。ココロの教育に役立てて欲しいということで，作成。不遜にも「心を教育しよう」という，内心の自由をも無視する，完全な人権侵害行為。また，内容的にも，とくにきわだった特徴はない現代版「修身教科書」。どちらかというと世間知らずの，問題提起にもならない，既成道徳のおしつけになっている。現場では単なる「仕事が増えた」という実感しかない。

だ！　という，まるで「ティーチングマシン」に命令コードを入力するようなやり方で，果たして「心が育つ」のだろうか？　そして，そこで育つ心とは一体なんだろうか？　教材化することでリアリティが消失するという危険性に，学校は常に直面しているわけであるが，現場の教員がその採用の選択すらできないこの「心のノート」は教育行政の貧困化を示す「リアリティ」と言えよう。

　こうした，行政へのきちんとした批判や指摘ができる教員や親こそが「人権」を獲得概念として把握できているのかもしれない。「心のノート」をお上の言うように，忠実に受容するときに，すでに，「人権」は，教材化された，リアリティのないものになってしまうのである。

（3）　学校で働く人たちの憂鬱
1）　学校で働く人たちの現在

　学校にはたくさんの職種の人たちが働いている。教員，業務士（用務員），事務職員，栄養職員，調理員，カウンセラーなどが働いている。みんな，子どもたちの人権を守り，その内実を豊かなものにしていこうとしているはずである。子どもたちの周りにいる大人，ましてや，日々教育活動にたずさわっている大人たちの人権感覚が，もしお粗末なものであったら，話にならない。

　大人たちの人権感覚は，そこでの働き方，上司や同僚との関係のもち方，自分の仕事と地域や地方自治の関連性，公立学校教員であれば公務員であることの意味など，様々な角度から鍛えられなくてはならない。

　たとえば，「子どもの立場に立つ」「子どものために」ということがよく言われるが，実際に私たち大人が，「子どもの立場に立つ」ことができるのだろう

か？ これは相当にむつかしい。同じ、教育的な働きかけをするときでも、「子どものために」ということを、色んな立場で色々な価値観で考えている。だから、学校では、「子どものために」意見が対立してしまうことはよくある。そして、子どもたちと教員側との意見さえも対立する。

「君たちのためを思って男子は丸刈りを校則とする」という教員に対して「私たちのために頭髪は自由選択にして欲しい」という子どもたち。こういうとき、今なら、「身体的個性についての強制は、人権の侵害である」というのが一般的だから、「丸刈りを強制」する学校は少ない（なくなってはいない）。

こうした問題を課題にしたときに、その解決方法として重要なことは、先に述べたように、「子どもたちの意見をまず聞く」ということと同時に、教員をはじめ学校教職員の「人権感覚」を研ぎ澄ますことである。

つまり、学校教職員同士で、職場仲間でのいじめがあったり、強圧的な上司、仲間意識を高めるための不合理なつき合いであったり、性差別などが、職場としての学校にあるとすると、そこでは、人権意識などあるはずがない。

いかにも「子どものために頑張っています」と言わんばかりの教職員集団が実は、自分の人権さえ守られないような集団であるとするなら、子どもの人権どころではないし、子どもの立場などに立てるはずがない。

2) 子どもの人権と大人の人権は違うのか

私自身が子どもの人権に対して意識をし始めたのは、愛知の管理主義教育に疑問をもちはじめ、その批判活動を始めた頃であった。その時に、子どもたちは軍事教練なみの集団行動訓練や、微細な校則と管理によって自由に意見を表明することを教師から厳しく禁止されていた。その実態を知り、疑問をもつ父母や教員、市民とともに「反管理主義教育」の運動をはじめた。

そして、実感的にもよく分かったことは、人権を侵害され管理されているのは、子どもたちばかりでなく、学校の教職員であり、保護者たち、地域の人びとでもあるという事実だ。教職員は、労働基準法もなきに等しく、深夜まで勤務させられ精神的にも肉体的にも病んでいた。そして、上意下達、問答無用の職場環境に窒息し、不満を言えば仲間から排除され、教職員組織は学閥や閨閥に支配されているのである。

愛知の管理主義教育においては、教職員や保護者は子どもの犠牲になってこ

> **管理主義教育**
>
> 　子どもたちの生活を，非常に細かな校則やきまり，体罰で管理して「良い子」をつくろうという教育。たとえば，「三高禁」といって，三つ以上の違う高校生が集まるのを禁止した。これは，違う高校の生徒があつまると，徒党を組んで「よからぬことをする」と主張する教員が作ったきまりである。西の千葉，東の愛知といわれ，この二つの県が有名だった。詳しくは，80年代管理主義教育の基礎資料といわれる『かんかん1〜6号』（ユニテ刊）に詳しい。

そ「真の教育者」という言説が流布していた。いわゆる聖職者としての教師，子を思う親なら学校の協力要請ならなんでもやって当たり前という，枠組みができてしまっていた。

　だが，自分自身の人権を守り充実させることを自ら放棄している教職員が，他者としての子どもの人権を考えることなど不可能なのだ。ここに至り明確なことは，「人権」というのは，大人も子どもも本質的には違いなどないということである。この視点は，「子ども用」の人権を考える人にとっては，違和感をもつかもしれない。「子どもは世話させるべき未発達な存在」であるという観点に立てば，大人と子どもの人権の違いはあって当然であるということを主張してもおかしくはない。しかし，問題は，その当事者が自立し自律的な存在になるためには，「ケアを充実させる」ということの中で，同時に自己表現の権利や試行錯誤の権利が満たされているか？　ということである。

　ひるがえって考えると，私たち大人も同じではないか？　子どもだけに自己表現の権利が必要なのではない。現代社会の中で，大人だって自己表現の権利が十分に保障されているとは言いがたい。つまり，権利獲得の過程そのものが，権利の確立にとって必要不可欠であり，先に述べたでき上がったサービス制度としての権利は，かえって自律の力を貶めるということなのだ。

　教職員が子どもの権利について真剣に考えるのであれば，教職員自身の権利獲得と同時進行，あるいはリンクさせるものとして，設定されていなくてはならないのではないだろうか？

5. あとがき

　子どもを育てるという行為，教育するという行為が極めて困難な時代になっていることは論をまたない。しかし，だからといって，昔はよかっただの，現代は，地域の教育力が低下しただのといくらぐやんでも，社会状況が変化しているのだから，それを過去に戻すことはできない。

　子どもの権利条約を日本も1994年に批准したが「先進国」にしては158番目という遅さである。このことは，単に権利意識が無いというだけでなく，日本の教育の課題を如実に表していると言える。

　つまり，その課題とは，「子どもは，大人に保護され養護される存在であり，権利主体にはなり得ない」という日本人の多数がもっていると言われている，子どもに対する心性であり，子ども観である。

　私たちが乗り越えなくてはならないのは，「子どもに教育をし，サービスを施すほど，子どもの自律性を奪うことにならないか？」という問いである。アフガニスタンの子どもたちが貧困と暴力に喘ぎながらも，どうしてあんなに美しい目をしているのか！　という「印象批評」もいいが，だからと言って，戦火の中に子どもを放り込むような愚を肯定することはできないだろう。

　「豊かさ」の中で，どうやって子どもたちを自律させ，自立させるのか？「教育って本当にいいものなの？」という根源的な問いが，私たちの目の前に大きな壁としてそびえている。

【参考文献】　（参考文献は，文献そのものと同時に，その本に引用されている文献が参考になる）

1) 教育解放研究会『学校のモノ語り』東方出版，2000年。
2) 江國香織他『いじめの時間』朝日新聞社，1997年。
3) 堀正嗣編著『子ども・権利・これから』明石書店，2001年。
4) S・J・ボール編著『フーコーと教育』勁草書房，1999年。
5) 月刊誌『現代思想：特集「教育の現在」』青土社，2002年4月号。
6) 岡崎勝『わし，教員だわ』家族社，1996年。
7) 季刊『おそい，はやい，ひくい，たかい』ジャパンマシニスト。

【課題と設問】
1. 体罰について，友人など身近な人から聞き取りをして，賛否の両論をまとめ，自分の立場を明確にして論じなさい。
2. 自分の育った環境を思い出し，自分の性格や，生き方，価値観に影響を与えた事柄・事件を，中学生にも分かるように優しいことばで論じなさい。
3. 自分の日記や，自分あての手紙を，親がみたり，開封したりした時に，子どもの人権は侵害されたと思うか？自分の立場を明確にして，論じなさい。

第6章

情報化社会とコミュニケーションの権利

1. はじめに

　インターネットは，その技術的な仕様の面で言えば60年代からの長い歴史を持ちながら，その一般への普及という面では，まだ10年にも満たない経験しかもっておらず，全ての人びとが自由に利用できる通信手段という点では開発途上の仕組みであるといっていいだろう。他方で，本書のテーマである人権の概念は，近代の歴史とほぼ同じだけの長い歴史をもっている。インターネットが人びとのコミュニケーションの道具として，しかも電話や郵便とならんで必需品に近い存在になりつつある現状を前提として，このインターネットがどのような意味で人権と関わるのだろうか。インターネットもコミュニケーションである以上，インターネットと人権の関わりは，コミュニケーションと人権の関わりとして論じることができるはずである。人間にとって，コミュニケーションは，人間であるための不可欠な条件であるということからも明らかなように，コミュニケーションは，基本的な人権を構成するものといえる。そこで，まずこの「コミュニケーションの権利」とはどのような社会的条件と関わるのかをみておくことにしたい。

　人びとが会話をしたり，手紙，電話，電子メールで連絡を取り合うといった行動は，人びとが利用できるコミュニケーションの技術，社会がこうしたコミュニケーションに対してどのような制度的な条件を提供し，どのような法的

なルールを定めているのかに大きく依存している。したがって，人びとが権利として手にいれることのできるコミュニケーションは，社会制度や時代が異なれば異なる条件のもとに置かれることになる。そこで，二つの分かりやすい例でこの点を確認してみよう。ひとつは，小規模のコミュニティで主として人びとが直接接して会話をすることでコミュニケーションが行われるような社会の場合，人びとのコミュニケーションの権利を保障する社会的な条件はどのようなものになるかを考えてみよう。もうひとつは，現在の私たちのコミュニケーション環境により近い例で，遠距離のコミュニケーションの権利を保障する社会的な条件とはどのようなものになるかを考えてみる。

2. 小規模なコミュニティを例にコミュニケーションの権利を考える

　人びとがお互いに直接顔を合わせて会話をすることのできるような小さなコミュニティを想定してみよう。人びとが自由に交流し，会話を交し，意見を述べることのできる条件は，人びとがこのコミュニティを自由に移動し，自分の会いたい人に会い，自由に話しができる条件が必要だろう。こうした条件とはどのようなものだろうか。こうした自由は，このコミュニティがどのような空間設計をもっているかと関わる。人びとが自由に移動できるような道路や，コミュニティを構成する人たちが集まれるだけの余裕のある広場やホールがなければならないし，これらの空間を維持管理できるだけの経費も必要になるだろう。移動の自由のためのコミュニティの設計が自動車中心なのか，歩行者中心なのか，さらには車椅子などの通行にも配慮しているかどうかで，人びとのコミュニケーションの権利も大きく左右されることを忘れないようにしよう。

　こうした移動の自由な環境が整うことによって，このコミュニティは，集会の自由を得ることができ，この集会の自由によって，コミュニティを構成する人びとが，コミュニティを運営する上で必要な議題についてみんなで議論し，意思決定することが可能になる。しかし，たとえば議論に必要な会議場や広場の大きさは，コミュニティの人口に比例して大きくなるとは限らない。100人のコミュニティは，100名を収容する会議場を建設することもできるし，10名

しか入れない小さな会議室しか作らないこともできる。どちらにするかは、このコミュニティがどのような意思決定のルールを採用しているか、コミュニティの構成員相互のどのようなコミュニケーションを期待しているかによって様々な選択肢が考えられる。全員で議論することを尊重するコミュニティは100人が集まれる場所を確保しようとするだろう。しかし、10人以上の人が集まることを法律で禁じているコミュニティでは、100人が集まる場所を提供することはないだろう。建物の設計は建築学の理論通りのものでなければならないが、設計の方針は人びとの意思決定に委ねられるので、技術の問題ではなく政治的な課題となる。「技術の進歩」などと言われると避けることのできない必然的なニュアンスを伴いがちだが、どのような技術を選択するのか、選択された技術を社会がどのようなルールで応用するのかは政策の問題である。往々にしてこうした政治的な問題を覆い隠す方便として「技術の進歩」といった言い回しが利用されることがあることに注意する必要がある。だから、コミュニケーションを支える技術と技術に関する政策は関わりをもちながらも区別されるべきである、ということである。

　さらに、コミュニケーションが誰に対しても保障されるためには、異なる言語の間の通訳や聴覚障碍者のための手話通訳などが提供されなければならないだろうし、読み書きなどの識字も前提条件となる。これらをコミュニティが人びとの基本的な権利として保障するには、教育や福祉のためのそれなりの財政的な支出が不可欠だ。

　もうひとつ、上記の条件とは一見すると正反対の条件もまた整備されなければならない。これは、一言で言えば「内緒話」ができる権利である。一般にプライバシーの権利とよばれるのがこれにあたる。人びとが、特定の人とだけ内密な会話を交したいということは普通のことだ。こうした場合、人びとは、不特定多数の人が入ることのできない場所で親密な会話を交すことになる。それは家庭の中の個室であったり、会社の中の会議室であったり、内密な話をする相手との関係や内容によって様々だが、いずれの場合も、コミュニケーションをとりたいと考える相手とだけコミュニケーションができる環境とルールが準備されていなければならない。たとえば、個人の室内に警察が犯罪捜査のために自由に盗聴装置を仕掛けたり、監視カメラを密かに設置することを認めるこ

とは，あきらかにプライバシーの侵害となるが，こうした行為は明確に法律で禁じるか，厳格なルールを定めなければならないだろう。

このように小規模なコミュニティにおけるコミュニケーションの権利を保障する条件は，私たちが生活する複雑で膨大な人口を擁するような社会においても何らかの形で保障されることが必要な条件であることがわかると思う。

3. 遠距離通信はどのような新しいコミュニケーションの権利を必要とするか

直接顔を合わせての会話の範囲を越えるような大きな社会集団や，異なる社会集団の間のコミュニケーションでは，手紙や電話，インターネットなどの遠距離の通信手段を使うことになる。

遠距離であったとしても，右にみたような小規模のコミュニティの場合同様，コミュニケーションの権利が保障されるためには，人びとが自由にコミュニケーションができると同時に，内緒話もできなければなならないだろう。しかし，遠距離のコミュニケーションにおいてこれらの条件を満たすためには，広場や道路，あるいは閉じられた私的な空間などが保障されるだけでは十分ではない。手紙を送ることができるためには，郵便の制度が確立していなければならない。郵便によって，正確に宛先に手紙が届くためには，正確な住所の制度が整備され，住所が重複しないような管理が前提になる。インターネットも同様である。世界中の何千万という人びとが皆異なるメールアドレスをもち，自分のメールボックスを管理しているコンピュータに間違いなく相手からメールが届くように，ネットワーク上のコンピュータがデータの配送経路を中継できるような仕組みをもっていなければならない。また，内緒話ができるためには，封筒の内容が読まれないことが保障される必要があり，そのためには，封筒の封印の仕組みや，第三者による無断開封に何らかのペナルティを課すようなルールが必要になるだろう。インターネットにおいても，プライバシーを守るためには，暗号で通信ができる仕組みが整備されていなければならないだろう。

遠距離や大規模な社会のなかのコミュニケーションでは通信の技術が果たす役割が圧倒的に重要になる。技術が確立していなければコミュニケーションそ

のものが成り立たないからだ。しかし，すべてが技術で決まるわけではない。その技術をどのような条件のもとで利用するかは，法律や規範などの社会的な約束ごとで決まる。郵便を配達できる手段があるということと，実際に配達するかどうかは別のことだ。定められた料金を支払わなければ，配達されないのは，技術の問題ではなく，ルールの問題である。

　IT社会などの議論では，先端的な情報通新技術などの目新しい動きに目を奪われがちになるが，むしろ「社会」である以上，私たちが見落としてはならないのは，こうした新しい技術がどのような社会的な条件のもとで開発され，私たちの基本的な人権をどのように保障することに貢献するのか，あるいは逆に問題をもたらすのか，という点である。この点で，技術とルールを別々に理解するのではなく，社会的な規範や法を前提として技術開発が行われるのだという点を忘れてはならないだろう。

4. コミュニケーションの権利はどのように規定されているか

　「コミュニケーションの権利」や「コミュニケーションにおける人権」といった概念は具体的な法律の条文にどのように定められているのだろうか。人びとが自分の考えや意見を表明したり，表明するのに必要な手段が保障されるべきであるという考え方は，思想・信条・信教の自由，表現の自由といった個人の自由に関する基本的な人権として，すでに多くの国で憲法が保障し，また国際条約でも繰り返し保障されるべき権利として明記されている。

　日本国憲法では，第19条から21条でこれらの自由権について明記されている。また，国連の世界人権宣言（1948年採択）では，第19条で次のように述べられている。

　「すべての者は，意見及び表現の自由についての権利を有する。この権利には，干渉されることなく意見をもつ自由，並びにあらゆる方法によりかつ国境とのかかわりなく，情報及び考えを求め，受け及び伝える自由を含む」

　国連の自由権規約やヨーロッパ人権条約などでも同様の表現の自由に関する条項が定められている（その他関連する法，条約については，章末の文献目録中の『人権大百科』参照）。この自由権は，無制限ではなく，ある条件のもとでは制限されることが許されている。この自由とその限度をどのように考えるべ

4. コミュニケーションの権利はどのように規定されているか

きか，という点がコミュニケーションと人権を検討するうえでもっとも重要な課題になる。

右の世界人権宣言にあるように，コミュニケーションの権利には，二つの異なる権利が含まれている。ひとつは，「干渉されることなく意見をもつ自由」に関わる権利であり，もうひとつは，「情報及び考えを求め，受け及び伝える自由」である。さらに後者には，情報を受ける自由と伝える自由という二つの自由に関する権利が含まれている。

とくに情報化社会とよばれる時代において重要なのは，情報を求め，伝える自由に関する権利が具体的にどのように保障されているか，である。これらの自由は，コミュニケーションの環境，社会的な条件や制度など，コミュニケーションそのものを成り立たせる前提条件によって左右される。たとえば，電話で会話するためには，電話のための通信設備が整備されていなければならない。また，電話があったとしてもこれを利用するのにどれだけの費用がかかるのか，また誰でも利用できるのかそれとも何らかの利用制限があるのかといった様々な条件によって，誰にでも利用可能な情報通信の手段になるのか，特定の人にしか使えない特権的な手段になるかが決まるだろう。つまり，人びとの情報を受け，発信する自由の権利を保障するために情報通信に関わる社会的な基盤が整備されているかどうかが，まずコミュニケーションの権利の社会的な前提条件となる。

もうひとつは，右のようなコミュニケーションの条件を踏まえた上で，実際になされるコミュニケーションの内容に関わる権利問題である。たとえば，インターネットのホームページでどのような情報を発信することが許されているかとか，どのような情報にアクセスすることが制限されているかといった情報の内容に関する権利の問題である。情報を伝える自由が基本的な人権の一部を構成するとすれば，原則として自由な情報発信は最大限保障されなければならないはずだ。

情報通信の社会基盤に関わる問題と，これを前提とした上で，実際にコミュニケーションの内容に関する権利を行使する際の問題は密接に関わるが，異なる問題を含むので，別々に検討したうえで，関連する領域について検討することにしよう。

5. 平等なコミュニケーションの権利とは

　コミュニケーションの環境や条件は時代や社会制度，あるいは社会の中の個々人の占める位置や役割などによって大きく異なるだろう。憲法で表現の自由が保障されているとしても，マスコミで働く記者やニュースキャスターとそれ以外の人たちとでは明らかに表現できる手段に大きな差がある。では，コミュニケーションの権利の具体的な内容とはどのようなことでなければならないのだろうか。

　コミュニケーションの権利を考えるためのヒントとして，私たちをとりまくコミュニケーションがはたしてどの程度平等な権利を保障できているのかについて，私たちの社会の成り立ちと関わるので歴史的にみてみよう。

　19世紀にイギリスを世界の工場とする資本主義の世界体制が成立し，現在のような国民国家とよばれるような国家体制と市場経済を中心とした経済システムが成立した。同時にコミュニケーションの手段も，郵便制度，電信，電話，ラジオ，テレビと技術的にも多様でさらにリアルタイムでの遠距離通信を可能にする技術と，不特定多数に大量の情報を提供する技術が開発され続けた。一度も顔を合わせたことのない人びとが，同じ「国民」意識をもつといったナショナルなアイデンティティにとって，マスメディアは，必要不可欠の手段といえた。

　しかし，このようなコミュニケーションの発達のなかで，個人とマスメディアのコミュニケーションの能力の格差は大きく広がった。新聞，ラジオ，テレビなどを不特定多数の受け手に発信できる者と単にこれらの情報の受け手となる以外に情報発信の手段を持ち得ない大多数の人びとという明らかな情報発信における格差が20世紀の国民国家の前提に存在した。この点で，世界人権宣言にいう情報を伝える自由は，権利として何人にも保障されるものとして実現されたことはなかったのである。

　このような情報発信の不平等という問題は，資金力のない者が放送局を設置したり新聞社を興したりできないのは当たり前ではないかと思われてしまうために，これがコミュニケーションの権利に関する深刻な問題となっていることは見過ごされがちだ。しかし，マスメディアが情報発信を事実上独占する環境は明らかにコミュニケーションの権利という観点からみた場合に，好ましいとは言いがたい。

インターネットがコミュニケーションの権利に積極的な意義をもつのは，これが全ての人びとに平等な情報発信の機会を提供できる技術的な前提条件を備えているからである。これは，インターネットへのアクセスに必要な環境（パソコン，電話回線，アクセスIDなど）が整えば，個人も政府もその区別なくほぼ同じ情報発信の環境をもてるからだ。しかもこのアクセス環境に必要な条件は日本の場合，平均的な所得層でも十分容易に支出できる費用水準にあることが重要な意味をもっている。

インターネットは明らかに，従来のマスメディアによる情報発信の独占を打ち破る可能性を秘めており，人びとの平等なコミュニケーションの権利を促進すると考えることができる。この意味において，インターネットは，コミュニケーションの権利における必要な条件のひとつとみなしてよいだろう。

6. 個人の自由とその社会的な前提

コミュニケーションの権利の内容は，自由に物事を考え，自由に情報を受け，また発信することにあるが，コミュニケーションにおける自由とは何かという問いに答えるのは容易ではない。その理由は，二つある。ひとつは，「自由」という概念が非常に難しい概念だからだ。もしこの概念を人びとが経験や主観によって「自由」と感じているかどうかという点を基準にして理解されてしまえば，人によって「自由」についての評価はまちまちになるだろう。動物園で生まれ育ったライオンにとって動物園の檻は決して自由の妨げとは感じないかも知れないが，捕獲された野生のライオンにとって檻は，文字通り自由を束縛する苦痛な障害物以外のなにものでもないだろう。人間もまた同じかもしれない。私たちが「自由」と感じることをもって自由と定義することは必ずしも正しいとはいえない。もうひとつの問題は，客観的に自由についての定義が与えられるとした場合，この定義による自由は，人びとが主観的に自由であると感じられるような状態を保障しなければならないはずだが，この二つの自由を両立させることは可能だろうか。野生のライオンも動物園育ちのライオンもともに自由だと感じる自由な条件というものを想定することはほんとうに可能なのだろうか。

コミュニケーションの自由というのは，ある種の矛盾した言い回しになって

いる。なぜならば、コミュニケーションは常に自分以外の、自分の意思では自由にならない誰かとの会話などで成り立つものだからだ。完全に他者を自分の「自由」にすることが可能であるとした場合、ある一人の人の「自由」は権利として保障されるかもしれないが、残りの人の自由は決して保障されないだろう。いやむしろ抑圧されるということになると言っていいかもしれない。これでは社会がコミュニケーションの自由を認めていることにはならないだろう。コミュニケーションは相手との関係のなかで初めて成り立つ以上、コミュニケーションの自由とは「個人」の自由ではありえないのだ。常にコミュニケーションの相手を含む関係のなかでのみ成り立たせなければならない自由なのである。この点で、近代の個人主義が思想として論じてきた自由の考え方からみてコミュニケーションの自由は若干の例外的な位置を占めると言っていいかもしれない。

さらに、もっと大切な問題がある。それは、コミュニケーションの自由に関わる権利問題は、ここで述べたような個人と個人との会話などに典型的に示される場面を想定するだけでは十分ではないという問題である。とくにコミュニケーションにおける自由や権利を論じようとする場合、ありがちな批判は、自由を論じる前に、情報を発信する者の責任を論じるべきであるとか、権利を論じるのであれば同時に義務をも論じるべきだ、というものだ。これは一見するとバランスのとれた見方のようにみえるが、実はそうではない。

基本的な人権に関わる人びとの権利は、何よりも優先的に保障されなければならない。だからこそ「基本的」とよばれ「人権」と呼ばれることになる。まずなによりも基本的な人権としてのコミュニケーションの権利として人びとに保障されている自由の権利とはどのようなものなのかが明らかにされ、この権利を保障する制度的な条件が整備されることが優先されるべきなのである。そのうえで、あくまで例外としてこの自由の権利が制限されるのはどのような場合なのかについて慎重な検討を行って、この権利の制限が拡大されないような細心の注意をはらった上でのルールが定められるべきなのだ。

このような観点からみたとき、コミュニケーションの権利に関わる問題は、個人が個人と会話したりするという場面で生じる個人間の問題だけを扱えば済むということにはならない。なによりも重要なことは、本章の一番最初にやや

図式的な例で示したように，コミュニケーションを成り立たせる社会環境がコミュニケーションの権利を保障するのに十分な実質をもっているかどうかという問題があるのだ。人びとが集まり，自由に議論したり意思表示できる広場がないとか使えない，あるいは遠距離の人びとと人に知られることなく親密な会話や手紙のやりとりができないといったことでは，人びとのコミュニケーションの権利が守られているとはいえない。さらに，ある人たちにはコミュニケーションの権利が保障され，別の人たちには保障されないといった格差や差別があれば，これもまたコミュニケーションの権利が保障された環境にあるとは言えないだろう。

広場の存在や遠距離通信のプライバシーが守られる通信などという条件は，個人の努力で作り上げることはできず，社会がこれらを保障するために一定の負担を負い，ルールを定めなければならない。また，人によって，あるいは所属する社会集団（国籍，性別，学歴，勤務先，年齢，民族などさまざまな条件が考えられるが）によってコミュニケーションの権利に格差や差別がある場合，こうした差別を生み出す原因を個人に求めることはできないし，その解決を個人に委ねることもできない。これらは，政府などのしかるべき統治の機関や社会全体の経済，政治，文化などの制度的な要因を視野にいれなければその原因もその解決も論じることはできない。

7. インターネットとコミュニケーションの権利

右に述べたように，人権の概念はインターネットのようなコンピュータによる情報通信技術を前提としたものではないから，インターネットは従来の人権概念では対応できない様々な問題をもたらすかもしれない。そこでインターネットに即して今まで述べたことを考えてみることにしよう。

たとえば，次のような問題がインターネットの問題として論じられることが多い。

① インターネットによってはじめて個人が，不特定多数の人びとに情報発信することが可能になった。不特定多数への情報発信はこれまでもっぱらマスメディアが担ってきた。ごく少数の職業的なジャーナリストが組織的な管理のもとで情報を発信してきたわけだが，個人の情報発信はこ

うしたマスメディア環境とはまったくことなる前提にたった情報環境を作り出す。たとえば，ある人が友人となんらかの諍いを起こして，腹いせに友人を糾弾するようなメッセージを匿名で掲示板に投稿した場合，この表現が友人側にとっては不当な誹謗中傷とみなされることがあるかもしれない。

② インターネットによる通信は，国境を越えてグローバルに拡がるために，国民国家の枠組を前提として成り立つ法律の枠組では対応できないかもしれない。人権に関わる立法が国別に制定されても，インターネットはこの立法によって十分にコントロールできないかもしれない。たとえば，ポルノの表現の規制は国によってかなりの差がある。比較的規制の緩やかな国のポルノサイトは，より厳しい国からすれば違法な内容を含むとみなされるだろう。

　この二つのような事例は，マスメディアを賑わすインターネットに関わる「犯罪」や「事件」にたびたび登場する。こうした出来事に接するたびに，インターネットはあたかも無法地帯であるかのように感じられたり，もっと厳しい取り締まりが人権を守るためにも必要であるかのように論じられたりもする。

　たしかにインターネット上の言論には多くの問題が存在することは確かである。問題解決のためのアプローチのひとつとして，こうした問題に着目し，問題を細大もらさず解決する政策，立法，技術の導入などを最優先させるという方法があるだろう。しかし，私はこのようなアプローチには大きな欠点があると考えている。

　第1に，コミュニケーションがもたらす問題のなかには，道徳や倫理などに関わる場合がある。不道徳だとか青少年にとって有害だなどと言われると萎縮してしまいがちだが，道徳や倫理に関わる場合ですら先入観をもつことなく冷静に判断することが必要なケースが少なからずあり，抽象的に「道徳」や「倫理」を持ち出しすることは好ましい結果を生まない。たとえば，戦前・戦中であれば，天皇に対するささいな皮肉すら「不敬」とみなされた。当時の社会的な文脈ではこの「不敬」のニュアンスは，刑法の処罰対象である犯罪行為であるだけでなく，日本人である以上口にすべきではない言動であるという道徳的な意味合いをもっていた。政治的な自由を奪うことを肯定できる人は少ないが，

不道徳な言動を肯定できる人は多くはないだろう。こうした人びとの言論に対する価値判断を巧みに利用して，道徳的な規範を政治的な言論のなかにもち込んで，政治的な言論の自由を奪うことが有効な言論弾圧の手法となる。

　第2に，個人間で引き起こされる誹謗中傷やプライバシーの侵害にあたるような言論によって引き起こされるコミュニケーションの権利の侵害のなかには，純粋に個人的な事情による問題ばかりでなく，たとえば人種的な偏見や性差別の意識など，人びとが暮す社会そのものがもたらす偏見や差別を背景として個人同士のあいだで引き起こされるコミュニケーション上のトラブルが多く見受けられる。こうした問題は，個人のコミュニケーションを抑制したり規制することで解決できるものではなく，むしろ社会的な偏見とそれを支える制度そのものを変えることが必要なのである。

　ところが，往々にして，制度的な問題は全体像を理解することが困難であり，多くの人びとにとっては，それが当たり前と感じられて問題の所在に対する自覚が生まれないことも多く，放置されがちなのである。これに対して，個人間のトラブルは，経験や実感にてらして理解しやすく，しかもセンセーショナルになりやすく，コミュニケーションの権利に関する問題というとすぐさまこうした個人間のトラブルの問題との関わりに注目が集まってしまう。しかし，個人間のトラブルの多くも先に述べたように，社会的な背景抜きには理解できないし，理解すべきでもないのだ。

　第3に，問題解決のための手段（立法や技術的な解決策など）が，問題のないコミュニケーションに支障をきたすようなものであってはならない。実は手段と目的は思うようには一致しないのが一般的だ。たとえば，未成年に有害な内容を規制するために，未成年に限らずすべての人がこうした情報にアクセスできないようにするという手段をとるのもひとつの方法かもしれない。あるいは，インターネットには有害な情報が提供されているということを理由に，インターネットそのものを違法にすることもひとつの方法であることは間違いない。しかし，これは行き過ぎだと多くの人びとは考えるに違いない。では，どの程度なら行き過ぎにならないのだろうか。この問題を考える際に，問題となる対象を完全にカバーする手段に着目するのと，問題ではないコミュニケーションを完全に保護することを前提とした手段を講じることに着目するのとで

は，実は異なる結果を生む。私は，前者の方法は，後者に比べてコミュニケーションの権利をより侵害しやすいと考えている。その理由は後に述べる。さらにやっかいな問題は，いまここで述べた「未成年に有害な内容」という場合の「有害」についての評価や判断基準が必ずしも明確ではないし，だれもが納得できる判断基準があるわけでもないように，コミュニケーションの領域では，「有害」の定義が自然環境や医学などのように科学的客観的な判断にゆだねることが困難で，往々にして特定の価値観，道徳，イデオロギーなどに左右されやすいという問題がある。

　第4に，個人間の問題と，個人と企業，個人と政府などの個人対組織の間の問題やトラブルは区別して議論し，判断する必要がある。前者と後者とでは問題を解決する方法が異なるばかりでなく，権利の領域も大きく異なる。私的な個人に対しては許されないような批判や非難，あるいは嘲笑的な風刺も公的な地位にある人物や政府，社会的な責任を負う企業などに対しては許される。プライバシーの権利で保護される領域も大きく異なり，公的な存在になればなるほどプライバシーも制限される。これは，自由な批判や情報の開示が自由なコミュニケーションの前提条件であり，また民主主義の基本だからである。

　最後に，インターネットが国境を越えたグローバルなコミュニケーションを実現していることから，上記の問題は，すべて国内の問題としてだけでなく，グローバルな環境のなかで考えなければならないということである。このことは，グローバルにコミュニケーションの権利が保障されなければならないということであって，コミュニケーションの人権問題は，必然的に国際的な人権の問題であるということになる。そして，これは，言論，表現の自由にだけ関わるわけではない。さらに，情報を受け，また発信する自由を保障するグローバルなコミュニケーションを支える技術や管理のルールに関わる。このようなコミュニケーションの技術や管理システムは，人びとの実感や日常的な経験の背後に横たわっており，容易に把握できないため見過ごされがちであるが，グローバルなコミュニケーション環境を誰がどのような手続きで決めるのかという「インターネットのガバナンス」と呼ばれる問題は同時に人びとのコミュニケーションの権利と深く関わることを忘れてはならない。

　したがって，コミュニケーションの領域では，人びとの活動の自由を規制す

るような法的行政的な強制的措置は最小限である方がよいというのが私の考えだ。その結果，問題をはらんだ言論が野放しになる危険性が残ることになる。こうした言論は，強制的な措置ではなく，言論の世界の中で相互の討論を通じて是正する努力に委ねるべきだろう。たとえば，差別の言論は，現実の世界の差別の構造と無関係ではなく，現実の社会関係を変えることなしに言論の世界だけを変えることはできない。こうした現実を変える努力によって，問題となる言論は長期的には衰え，社会的な影響力を失うことになるだろう。

　私は，インターネットにおける人権の問題を考える際に，まずなによりも重要なのは，私たちがインターネットを利用して保障されるべき積極的な権利とは何かをはっきりさせることだと思う。「積極的」というのは，何らかの権利侵害にたいする防衛的な権利や行使してはならない振る舞いについての規範ではなく，自らが行使できる権利のことである。この行使できる権利のなかでもっとも大きいのは，情報を発信する権利と情報を受け取る権利である。この両者がそろうことによってはじめてコミュニケーションは完全なものとなる。

　情報発信の権利はいうまでもなく表現の自由の権利であるが，これは，単に表現をするという行為（たとえば，パソコンの前に座って，自分の考えを入力するという行為）を意味するわけではない。

　新聞社はこうして作成された文章を多くの人に読んでもらえる回路をもっている。政府もまた自らの主張を多くの人に知らせる回路をもっている。しかし，大多数の市民は自分の考えを入力する自由はあってもそれを配布する手段をもたないとすれば，これは情報発信の権利が保障されているとはいえない。情報発信の権利の保障には，情報を伝達する回路へのアクセスが保障されることが不可欠である。

　情報を受け取る権利についても，単にマスメディアの情報を受け取ることなどの受け身の権利にとどまらない内容をもつ。情報を受け取る権利のなかでもっとも重要なのは，情報公開の権利であり，このなかには政府や企業がもっている私たち市民に関する情報を知り，コントロールできる権利が含まれる。インターネットに限らず，コンピュータネットワークと電磁的な記録媒体が情報の蓄積と流通の中心的な役割を演じている現在，いったん記録された「私についての記録」は，ネットワークを介してさまざまなところで利用可能であり，

また複製されたデータは元のデータと区別をつけることが難しい。したがって，「私についての記録」がどのように利用されているかを私自身がチェックできる仕組みは，個人のデータが政府や企業によって個人の思惑や意思に反して利用されないために不可欠な条件となる。

　このような情報を発信し，情報を受け取る権利は，民主主義的な意思決定の大前提である。十分に必要な情報を受け取り，この情報を前提に人びとが自由に議論（情報発信）し，意思決定を行うということが民主主義における討議の実質を支えるのである。たがって，コミュニケーションの権利は，同時に民主主義に基づく政治システムを確かなものにするのであって，単に個人の自由に関わる権利にとどまらない意義をもっていることを忘れてはならないだろう。

8. 社会的な格差による「デジタル・デバイド」

　インターネットは1990年代に急速に普及しはじめた。このインターネットの普及は，民間の商業的な利用と各国政府のIT政策や国連や世界銀行などの国際機関による開発戦略のなかで重要度の高い分野として位置づけられた結果とも言える。インターネットが個人の情報発信に多大な効果をもたらし，マスメディアとの情報発信の格差を縮める要因となっていることから，インターネットの普及のプロセスが同時にコミュニケーションの権利の実現や拡張に貢献してきたことは事実である。

　しかしこのようなインターネットの普及は大きな問題を生み出した。インターネットが国境によって遮られることのないグローバルな情報通信のネットワークである一方で，このインターネットにアクセスできる社会的な基盤が整備されている国・地域とまったく整備されていない国・地域との間で，従来にはみられなかった深刻なコミュニケーションの格差が生じているという問題である。従来のマスメディアの場合，アクセスできないことによる不利益は，情報を受けとることに関する不利益だったが，インターネットにアクセスできないということは，情報を受け取ることだけでなく発信することにおいても不利益をこうむることを意味する。さらに，電話のように双方向のメディアの場合，電話を利用できないことによる不利益は受信，発信双方に関わって大きなものがあるが，インターネットはさらに電話以上に多様で，多数の相手とのコミュ

ニケーションが可能な分だけ，アクセスできるかできないかの違いがもたらす不利益はより一層大きなものになる。

インターネットへのアクセスは，人びとのコミュニケーションの不可欠な条件になりつつある一方で，比較的容易に，場合によっては経済的な負担を負うことなくアクセスできる人たちとそうでない人たちとの間の格差は，その社会のなかで人びとが占めている社会的な地位と密接に関わっている。米国の NTIA (National Telecommunications and Information Administration) の報告書では，デジタルデバイドは「電話，パソコンなどへのアクセスについて，社会諸集団間で格差が生じている状態」(NTIA, 2001) を指すと定義され，人種，ジェンダー，所得，学歴，年齢，都市と農村，使用言語，南北間格差など様々な要因に根差すものであると指摘している。つまり，米国であれば，黒人やヒスパニック系の人びとの方が白人にくらべてインターネットへのアクセスで不利であり，女性の方が男性よりも不利であり，学歴のない人たちの方が高学歴の人たちよりも不利である等々の結果が出ている。こうした結論は，デジタル・デバイドと呼ばれる格差が，実は現在の社会が持っている様々な差別や格差をそのまま反映しているということを示している。

インターネットが一部の研究者などの間で利用されていた初期の時代から，90年代に入って誰もが利用可能な情報通信の手段へと転換し，さらに米国政府がインターネットを「情報スーパーハイウェイ」と呼んで国の基幹的な情報通信インフラに位置づけるなど，インターネットが市民の日常生活にとって不可欠な手段へと大きく発展するにつれて，インターネットを利用できる人とそうでない人との間に，見過ごせない利益，不利益の格差が生まれた。

NTIA は 1995 年と 99 年の二回にわたって調査を行っているが，この 90 年代後半の急速なインターネットの普及期に右にみたようなデジタル・デバイドは解消される兆候を示さなかった。インターネットは新たな情報通信の道具として，人びとの社会的な能力を高めることが期待されたにもかかわらず，むしろ現実には，現にある社会の格差がそのままインターネットの利用環境にも波及し，その結果むしろインターネットは，社会的な格差を固定化し助長するあらたな原因になる可能性をもつことになってしまったのである。

デジタル・デバイドは，個人相互や国内の社会集団相互の格差にとどまらず，

グローバルなコミュニケーション環境にも同様の問題を引き起こしている。つまり，欧米や，日本などの一部のアジア諸国を除く世界の大半の国，地域ではインターネットの普及が大幅に遅れているという現状である。こうした普及の遅れを生み出した原因は，インターネットが利用する電話回線の普及率が途上国ではそもそも非常に低く，しかも，電力供給も安定していないなどコンピュータが稼働し，ネットワークが構築されるための前提となる社会的なインフラそのものが未整備であるということが非常に大きな障害になっている。

　しかも，これらの社会的な情報通信のインフラが整備されたとしてもさらに次のような条件を克服しなければならない。第1に，私たちが比較的「安価」だと考えているパソコンも，途上国の所得水準からすれば非常に高価であること。第2に，パソコン本体ばかりでなく，電話を利用する通信である以上，電話料金などのコストがかかること，第3に，ウィンドウズのようなコンピュータを稼働させるための商用基本ソフト（OS）それ自体が非常に高価で，しかもライセンスによる制限がある。これらは，いずれも経済的なコストが普及の大きな障害になっている。言い換えれば，インターネットは商用利用によって大きく普及したが，途上国のような経済的に弱い地域では市場経済の価格メカニズムや商品としての所有権（著作権）が普及に大きな歯止めをかけているのである。

　こうしたグローバルな情報通信の格差は，多国籍企業や国際機関に有利に働いている。多国籍企業は，世界中の労働コストの情報や環境規制情報を収集しながら，より賃金の安い地域に工場を移転させ，世界中に分散した工場を情報通信のネットワークで繋ぐことによって，新しい国際分業体制を作り上げた。多国籍農業資本は天候情報や農産物の市場動向をコンピュータを駆使して解析し，これらをもとに途上国の農業をコントロールしようとする。他方で，農民や労働者にはこうしたグローバルなコミュニケーションの環境は保障されていないために，インターネットをはじめとする情報通信のネットワークは，グローバルな資本主義経済がもたらす経済的な格差を解消するのではなく，むしろこの格差を生み出す社会的なインフラとして機能している側面の方が大きくなっている。

9. 政府と情報流通のコントロール

　市場は，所得の高い人ほど多くの商品を手にいれることができる仕組みになっているから，所得の高い人に有利なシステムである。また，市場は，所得の格差がある場合にはこの格差そのものを縮小する方向を取るとは限らない。商品やサービスが市場の競争で低価格化し，普及をうながす一方で，高額の商品やサービスもまた高所得者向けに提供され，結果的には所得の格差が取得できる商品やサービスの格差に反映される。基本的な人権にかかわるコミュニケーションの分野がこうした市場経済の仕組みに巻き込まれたままであれば，当然のこととして所得の大小がそのまま権利の大小に反映されてしまう。これでは平等な権利を保障することができないのはいうまでもない。

　いわゆる社会保障や福祉などの政府の機能は，この市場システムの所得格差を修正する機能をもち，情報通信の分野でもこうした政府の機能を利用して，低所得層などがより容易に情報通信のサービスを利用できるようにすることは可能である。「ユニバーサル・サービス」などと呼ばれて，所得格差や地域間格差を政府の公的資金によって埋める政策を各国政府とも採用している。

　しかし，こうした政府の情報通信政策は，所得格差に伴うコミュニケーションの権利の格差を是正する上で有効な場合がある一方で，別の問題を引き起こす可能性がある。それは，政府が法的政治的な権力を行使して原則として誰もが情報を受け，また発信できる代りに，得られる情報を規制したり，発信できる情報を監視したりすることが同時に促される可能性があるからである。たとえば，米国がクリントン政権時代に立案した通信品位法は，インターネットを学校教育に利用し，子どもたちのインターネットへのアクセスをうながす一方で，子どもたちにとって好ましくない情報を規制しようとする意図で制定された。この法律は制定の過程で大論争を世界中に巻き起こし，連邦最高裁も合州国憲法修正第一条の表現の自由条項に反するという判決を下した。この事例は，決して例外ではない。現在急速にインターネット人口を増やしつつある中国もインターネットカフェへの規制を強化し，ベトナムでもウエッブの開設を許可制にするなどの規制を導入している。また，韓国でもウエッブの内容についての格付けを行うことを法律で定めている。日本の場合も，学校や企業からのインターネットのアクセスに際して「フィルタリング・ソフト」と呼ばれるソフ

トウェアを導入して，利用者にアクセスさせたくないウエップを表示させないなどの規制が行われているケースが多くみられる。

　子どもが有害な情報に接するのを何らかの方法でコントロールするということは，比較的容易に合意を得やすい。しかし，多くの場合，有害と言われている情報を個別にきちんと検討して，確かに子どもたちのアクセスを制限する必要があるということを偏見にとらわれず，子どもたちにも多様な情報を保証すべきであるという観点にたって実行することは容易ではない。右に紹介した「フィルタリング・ソフト」は，コンピュータのプログラムによって，特定のことばなどが用いられている場合には一律にアクセスの制限をかけるために，まったく問題とならないケースであってもアクセスできないという事例が多発している。しかも，有害であるかどうかの判断が別れるボーダーラインに属する内容が多くみられる。たとえば，エイズの予防のための性教育についての具体的な事例をどのように判断するか，ゲイやレズビアンといった性的マイノリティの権利と保守的な性道徳を主張する人たちや宗教的な理由で同性愛を否定する人たちの権利とどちらを優先させるべきか，など個別の事例を考えただけでもコンピュータのプログラムで安易に白黒決着つけるべきことではないことを理解しておかなければならない。情報の内容に関して大多数の人が合意できるもの（肯定的であれ否定的であれ）については，あえてこれを権利として保護したりする必要はない。むしろ権利としての保護が必要なのは，比較的少数の人びとや社会的な立場が弱い位置にある人びとの言論である。こうした人びとの言論は，政治的，文化的，民族的，宗教的など様々な社会的背景と不可分な場合が多い。そして多くの場合，こうした少数者の主張は多数の人びとからすれば，単に少数であるだけでなく，いかがわしいもの，反社会的なもの，あるいは不道徳，非常識であるとみなされたり青少年には悪影響をおよぼすと思われたりする場合が多く見受けられる。たとえば，戦前の日本では共産主義の思想が危険とみなされたし，2001年9月の同時多発テロ以後，イスラム諸国の出身者やイスラム教徒を偏見の目でみる傾向が強まるなどの具体的歴史的な事例を念頭においたときに，少数者の言論をコミュニケーションの権利として守るということが決して容易ではないことが理解できると思う。

　インターネットにおけるこうしたアクセス規制は，公的な機関が行えば，事

実上の検閲と変らないことになる。従来の定説では，公権力による事前審査を検閲と呼ぶが，この狭い定義を採用したとしても，インターネット上の情報の流れを規制する動きには検閲といってよい場合がすでに多く見いだせる。したがって，デジタル・デバイドの解消のために政府が積極的な姿勢をとることが同時に，人びとのコミュニケーションの権利を侵害しないものであるように明確な歯止めをかけることが基本的な人権の立場からみて忘れてはならない重要なこととなるのである。

　政府など公的機関との関係で重要なもうひとつの問題は，情報公開と自己情報のコントロールの権利である。情報公開制度は，公的機関の内部文書へのアクセスの権利を認める制度である。政府内部の会議録など意思決定のプロセスがわかるような文書が公開されることによって，行政の意思決定の手続きそのものを市民がチェックできることになる。情報公開の制度は，従来官僚が独占していた情報を市民も共有することによって行政組織を監視する重要な役割をもつ。

　他方で，生年月日や住所，職業，収入，家族構成など私たちの個人のデータは，銀行，クレジットカード会社などから自治体や政府の各省庁に至るまで，様々なところで様々に蓄積されている。しかもこれらのデータがネットワークでつながり，自由に利用できるようになってしまうと，思わぬ形で個人のデータが利用されかねない。従来のように，個人データが紙の書類で管理されていたのと違って，ネットワーク化されてコンピュータを介して同時に様々な人たちが利用可能な現在では，誰がいつどのような目的で私の個人データを利用したのかを把握することがますます困難になっている。

　そこで，私に関するデータを政府や企業がどのように利用しているのかを知る権利や，あるいは不必要な私についてデータを削除させる権利を認めるべきだという考え方が登場してきた。これを自己情報コントロールの権利と呼ぶ。この権利は，プライバシーの権利に含まれる新たな規定であるが，この自己情報コントロールはまだ新しい考え方であり，個人データを利用する政府等はまだこの考え方を十分に受け入れるには至っていない。

　むしろ，インターネットの普及で，個人が容易に世界中とコミュニケーションができるようになったために，政府や情報機関による国境を越えるコミュニ

ケーションへの監視が厳しくなっている。「エシュロン」と呼ばれる国際的な軍事諜報ネットワークが通信の秘密を侵している可能性を欧州議会が指摘したが，さらに2001年9月11日の米国での同時多発テロ以降，各国政府ともに，個人のプライバシーや通信の自由を制限する政策や立法，国際条約の締結などが進められており，プライバシー団体などから大きな危惧の念が表明されている。とくに以下で述べるように，こうした通信の監視や規制は，グローバルな難民や移民の移動に伴う通信のプライバシーと自由を侵害する可能性があり，人びとの生命や生活の安全を脅かしかねないのである。

10. グローバリゼーションのなかのコミュニケーションの権利

最後に，インターネットがグローバルなコミュニケーションの道具であることに伴う問題に触れておこう。インターネットは国境を越えたコミュニケーションとしては電話や手紙と比べて圧倒的に大きな影響力をもつことができた。その最大の理由は，市内電話料金で，リアルタイムに世界中と通信できるというそのコストの安さにあるといっていいだろう。料金を気にせずに国際電話を自由にかけられる人はそう多くはないのに比べて，インターネットは相手との地理的な距離を気にせずにコミュニケーションできるという点で，急速に国境を越えた通信を拡大させた。

こうして人びとのコミュニケーションがますます国境を越え，ますます多くの人びとが国境にこだわらずに議論したり意見交換したりすることが可能な環境が整うことになった。しかし，インターネットの普及の現状では，様々な未解決な問題を抱えている。

第1に，先にも述べたように，デジタルデバイドによって，インターネットの普及は先進国に極端に偏っており，途上国やなかでも最貧国とよばれる諸国ではほとんど普及していない。他方で，地域紛争や戦争は多くの場合，こうした途上国やインターネットの普及の遅れた地域で発生している。生活や生命の危険にさらされている人ほど，インターネットのような双方向の通信手段にアクセスできないでいるのだ。たとえば，アフガニスタンではほとんどインターネットは普及していないし，サハラ以南のアフリカも同様である。2002年の国連開発計画の報告書においても，先進国のインターネットのホストコンピュー

タ数は人口1000人当り120にのぼるが，上記の途上国地域ではほとんどゼロに等しい数値しかでてこない。そもそも，電話回線が先進国で1000人中600回線余りであるのに対して，南アジアでは33回線，サハラ以南のアフリカでは15回線しか敷設されていない。

インターネットのような双方向のメディアは，こうした紛争地域や経済的に貧困を強いられた地域から様々な形で国外，地域外へと移動する難民や移住民たちが相互に直接コミュニケーションをとったり，戦争地域の住民が自らの安全のために地域外とのコンタクトを取る上で，長距離電話よりも安いコストでの通信を実現できる唯一といっていい手段なのであるが，それが現状ではほとんど利用できない状況にある。だから，アフガンへの米国の軍事行動などの場合も，インターネットはアフガン現地の人びとの声を直接国外へ伝えることができなかった。同様のことは，パレスチナでもソマリアでも，また，フィリピンやインドネシアの農村部でも，あるいはイラクや北朝鮮でもいえる。

一見するとこうした地域にインターネットを普及させることなどは無理なことのように思われるが，先進国が押し進めているワイヤレスによるインターネットの通信やアマチュア無線を利用したインターネットの通信技術などがすでに実用化できる状況にあり，有線の電話回線に頼らない普及は決して不可能ではないのである。

グローバル化の中で，ますます地域紛争が激化し，戦争に巻き込まれる人びとがおびただしい数生み出されている現状を考えるとき，インターネットをこうした地域の人びとの手の届くものにすることは人びとの生活の安全や移民，難民として世界中に散らばった同胞とのコミュニケーションの権利を保障するうえでも必須の人権問題となっていることを忘れてはならないだろう。

第2の大きな問題は，言語の壁である。多くの途上国では，識字率が低いために，文字情報は必ずしも有効なコミュニケーション手段にはならない。さらに，これに加えて，現在インターネットで利用されている言語の大半は英語であり，グローバルなコミュニケーションは，英語が事実上の共通語の位置を占めている。英語を理解できる比較的高学歴の支配階層やエリートがインターネットの情報発信を独占してしまうような環境ができあがっている。

コミュニケーション環境がグローバル化するのにつれて，英語でのコミュニ

ケーションの比重も高まり，英語とインターネットを前提に人びとのコミュニケーション環境ができあがって行く。こうして英語のできる人とできない人との間に新たなデジタル・デバイドが生み出されることになる。

　インターネットを通じて英語で議論できる人たちの主張は通りやすく，逆に英語を話せない人たちは，自分たちの考えを表明することも，また議論に参加することすらできないという状況におかれることになる。このように英語ができるかできないか，という言語の問題は，議論によって合意を形成したりルールを定めるという民主主義の手続きの基本的な条件に関わる重大な権利問題になるのである。とくに，グローバル化とよばれるようになった現代では，地域のローカルな問題がストレートにグローバルな経済や政治問題とつながりをもつことが多い。先進国や世界銀行のような国際機関が途上国に経済援助でダムを建設するような場合，ダムの建設現場となる農村の人たちが，世界銀行のエリートたちと英語で対等に問題を議論したりできる環境にはない。たとえインターネットが使える環境がなんとか確保できても，自分たちの主張を多くの人たちに伝達する言語的な環境はそれだけでは確保できたとはいえない。

　「英語帝国主義」とさえいわれるこうした言語の問題は，インターネットがますます普及し，多くの少数言語の人びとがますますインターネットを利用するようになればなるほど深刻な問題となる。これは全てのひとが英語を学べばよいという問題ではないからだ。エスペラント語の創始者であるザメンホフが今世紀始めに述べたように，特定の民族語や国民国家の公用語が国際的な公用語となることによって，コミュニケーションで有利となる国や民族と不利となる国や民族との格差が重大な政治的な支配関係を生み出す恐れがあるからだ。

　さらにまた，識字率を考えると，音声や映像によるマルチメディア・コミュニケーションは途上国でこそ必要なコミュニケーション手段なのだが，逆にそのためには多大な投資と大規模な回線容量が必要であり，途上国や最貧国では普及が遅れ，先進国では生活の基本的な安全とは無関係な娯楽目的のマルチメディアが普及するという不均衡が目立っている。この点でグローバル化が論じられインターネットによるグローバルなコミュニケーションの環境が整備される一方で，国民国家の枠組のなかではごく当たり前に成り立っている民主主義を可能にしているコミュニケーションの条件がグローバルな世界では未だに

模索の途上にある。これは,グローバル化がますます進む中で,コミュニケーションの権利がグローバルな環境のなかで基礎づけられるかどうかに関わる大変重要な課題である。同時に,このグローバルなコミュニケーションの権利の確立は,お互いに対等な立場で議論を行うという民主主義の手続きの確立と密接に関わるだけでなく,デジタル・デバイドを生み出す根源にある様々な社会的な格差そのものを打破することなくしては実現することもできない。この意味で,コミュニケーションの権利の問題は,基本的な人権全般を実現するそのほかの諸課題と密接に関わる問題なのである。

【引用文献】

1) National Telecommunications and Information Administration(NTIA), "Falling through the Net: A Survey of the 'Have-Nots' in Rural and Urban America," 1995, "Falling through the Net: Defining the Digital Divide," 1999, in Compine, Benjamin M., ed., The Digital Divide, Facing a Crisis or Creating a Myth?, MIT Press, 2001.

【参考文献】

- 北川高嗣他編『情報学事典』,弘文堂,2002年。
- エドワード・ローソン編(宮崎繁樹監訳)『人権百科事典』明石書店,2002年。
- アメリカ自由人権協会(青木宏治他監訳)『プライバシーの権利』教育史料出版会,1994年。
- マイケル・ウォルツァー編(石田淳他訳)『グローバルな市民社会に向かって』小倉利丸編『監視社会とプライバシー』,インパクト出版会,2001年。
- 小倉利丸編『エシュロン』,七つ森書館,2002年。
- マニュエル・カステル(大澤善信訳)『都市・情報・グローバル化』青木書店,1999年。
- 国連開発計画『人間開発報告書』2001年版,2002年。
- 酒井隆史『自由論』,青土社,2001年。
- サスキア・サッセン(伊豫谷登士翁訳)『グローバリゼーションの時代』平凡社,1999年。
- チャールズ・ジェニングズ,ローリー・フィーナ(荒木ゆりか訳)『あなたの情報は盗まれている』翔泳社,2000年。
- D・トレンド編(佐藤正志他訳)『ラディカル・デモクラシー』三嶺書房,1998年。

- 水越　伸『デジタル・メディア社会』，岩波書店，1999 年。
- ローレンス・レッシグ（山形浩生訳）『CODE』翔泳社，2001 年。

【課題と設問】

1. 国境を越えたグローバルなコミュニケーションの自由を保障するうえで，各国政府の役割はどのような意義をもち，またどのような限界があるだろうか。「グローバルな民主主義」を念頭に考えてみよう。
2. デジタルデバイドの問題は，階級，ジェンダー，エスニシティ，学歴，年齢などの要因とどのように関わっているか考えてみよう。
3. コンピュータのソフトウェアが商品として販売され著作権が設定されていることが，開発途上国や経済的に貧困な階層のコンピュータ利用にとってどのような影響を与えているか考えてみよう。

第7章

生命操作時代の「自己決定権」を考える

1. 生命操作時代以前の「生と死」の風景

　私は，1938年生まれで，現在（2002年8月）64歳だが，今から55年前（1947年）の9月，5人きょうだいの末っ子，弟が生まれた。その頃，福井県大野郡上庄村（当時）にある母方祖母の実家に疎開していたが，弟は，村の"取上婆（とりあげばば）"（普段は農婦）が取り上げてくれた。その間，私と妹たちは，秋風の吹き出した庭で，分娩中の母のうなり声を障子越しに聞きながら，生まれてくるのを待っていた。母は，産湯をすませたばかりの弟を私に抱かせてくれたが，私はうれしさの余り，早速外に連れ出した。少し冷たくも感じられる北陸の秋風は，生まれたばかりの弟には刺激が強かったにちがいない。母は驚いたようだったが，それほど叱ることがなかった。

　その弟が生まれようとする頃，母は，何日もかけて古着で産着をつくっていた。その家の最年長者，曾祖母は，母のそんな姿を不思議そうに，そして感心した様子で，「生まれてくるかどうかわからない子にどうしてそんなことするの」と幾度も聞いていた。曾祖母は，（ご本人もよく覚えていないと言っていたが），8人くらい産んだらしい。が，当時，生存していた子どもたちは，私の祖母を含めて4人だった。あとの子どもたちは死産したか，乳児の時に死んだようだった。

　弟が生まれたとき，同じ屋根の下に，一人のはとこがすでにいたが，彼女は，

まだヨチヨチ歩きをしていた頃，結核で死んでしまった。"結核の特効薬"ペニシリンがこの村にまではまだ届いていなかった。村はずれの山小屋風の火葬場で，組み積まれた薪の上に臥せて寝かされたまま，彼女は，読経と合掌の中で，村人の手で燃やされていった。私が涙を流しながら死者を送った，生まれて初めての体験だった。

　当時も，もちろん「不老長寿」「無病息災」の願いや祈りはあったが，それはかなわないこととして観念していた。「いのち」は人為を越えて授かるもの，奪われるものであったのだ。ここで述べた体験で明らかだが，私の少年の頃，人びとの生と死に，近代医学・医療が関わることは非常に少なかったのである。

2. 障害胎児の中絶問題に直面することから

　ところが，日本においても，戦後，高度経済成長時代を経由して，人びとの生と死は，医学・医療管理のなかに囲われてきた。病院で生まれ病院で死ぬことは，あたりまえのことになった。

　そのなかで，「赤ちゃんがほしい」，「男の子（または女の子）がほしい」，「障害をもった子どもは生みたくない」，「寝たきりになったり，ボケたりしたら，生きていてもしょうがないから，死んでしまいたい」，「人様のお役に立つなら，献体をしたい」といった，以前からもあった人びとの願いが，医学・医療の進歩と普及の故に，倫理的・法的問題を引きずりながらだが，かなりの程度，実現しつつある。

　たとえば，羊水チェックなどの出生前診断でダウン症など障害胎児の発見が可能になって，その場合，人工妊娠中絶をすることが起こってきた。体外授精が始まって20年程経つが，そこでは，諸検査，諸手続を経て，「健康な赤ちゃん」，「男（または女）の赤ちゃん」が生み分けられるようになった。本人の子宮での着床が困難な場合，体外授精での受精卵は「代理母」に託する仕方も実現している。また，その受精卵で遺伝子診断を行い，心配される遺伝性の障害や病気の可能性がないことを確認して，それを子宮に戻すということも可能になってきた（日本臨床心理学会，1987，山口，1998，福本，2002）。

　リヴィング・ウイル（生前発効遺言，日本では，日本尊厳死協会発行の「尊厳死の宣言書」）を，「正常な判断能力」があるときにあらかじめ書き記してお

けば,「不治および末期」,「ひどい身体的苦痛」,「植物状態」などになった場合,アメリカでは,「自然死」と呼ぶが,生命維持・延命処置を停止できることになっている。日本の場合,「尊厳死の勧め」はまだ社会運動,啓蒙活動レベルにある。さらに,脳死状態になったとき,本人がドナー・カードを携帯していれば,本人が指定している臓器を摘出して移植医療に使うことができるようになった(篠原,2001,pp. 282～319, pp. 337～364)。

以上は,日本とアメリカの場合が念頭にあって,例示したのだが,断っておくが,日米では,それぞれの倫理性,合法性の具合が違う。たとえば,「代理母」制度は,アメリカでは合法だが,日本では,今のところ,その倫理性が問われている段階である。「尊厳死(アメリカの場合,「自然死」)」は,アメリカでは,大半の州において合法だが,日本ではまだである。しかし,相当程度に「社会的合意」を得つつある。

私たちは,今,このような「(医学・医療による)生命操作の時代」に暮らしているのだが,私が,この時代の到来に気づき,戸惑ったのはつい昨日のことのように思われる。それにしても,もはや30年が経っている。そのときの体験をふり返ってみよう。

1972年5月,当時,私は,ある大学の特殊教育学科で助手をしていた。ある日,後輩のT君が,一片の切り抜いたベタ記事をもって研究室に入ってきた。その内容は次のようであった。

「兵庫県はダウン症候群(顔つきがおかしく,ちえ遅れや虚弱体質が多い)など,現代の医学では治療法がはっきりしていない先天異常児が生まれない対策のひとつとして,妊娠中の母親から羊水を取り,胎児の染色体をチェック,異常があれば,人工妊娠中絶を指導する,という自治体では珍しい試みを六月から始める。約二万五千円の検査費用の半額を県で負担する。軌道に乗れば,二百五十人に一人の割合で生まれてくるという先天異常児をなくすことができる,と同県では言っている。

同県が企画した染色体チェックでみつかる先天異常は,ダウン症候群の他,知能や生殖器の発育が遅れたり,停まったりするターナー症候群,クラインフェルター症候群など,いずれも染色体の異常のために起こる。

これらの先天異常児は,普通の検診ではなかなかみつからない。同県では,

神戸市須磨区の県立こども病院で，こうした先天異常児の診断と治療をしているが，『生まれさせないのが先決』と，去年9月から同県衛生部の『不幸な子どもの生まれない対策室』（橋本修三室長）が中心になり，準備を進めていた」（『朝日新聞』1972年5月5日）。

T君も私も，この頃，障害をもった子も，遠くの障害幼児通園施設や特殊学級へではなく，近くの保育園・幼稚園，普通学級に通って，きょうだいや近所の子どもたちと一緒に育つことを応援したいと考え出していたし，何人かの親子とそんなつきあいを始めたばかりだった（子供問題研究会，1974, 1976, 篠原，1976）。

そんなときだっただけに，このニュースは衝撃的だったし，戸惑いをもたらした。私は，早速，同紙「声」欄に次の投書をした。

「本紙で，兵庫県がダウン症児など知恵遅れの人間を生ませないため胎児のチェックを行おうとしていることが報じられた。これは，『知恵遅れの人間は，親の幸せのために胎内にあるうちに殺してしまおう』という行政的措置だと言えよう。この措置は，ダウン症などに代表される"能力少なき"人間を社会と国家が不幸にさせている状況をおおい隠している。それどころか，社会と国家は高度経済成長を軸に，繁栄や発展を希求し続けるものだから，それに役立たぬ人間を生み育てることをムダと考えてしまうのだ。胎児のチェックに基づく，ダウン症児などの人工妊娠中絶の指導は，この考え方の行政化である。その指導の本音は『親と子の幸せのため』ということでカムフラージュされようとしている。

障害児（者）を，その家族に抱きかかえさせることをタテマエとしておいて，その家族に『大変でしょう，殺してもいいよ』と恩恵的に関わってくる国家・社会の非人間性を，われわれはしっかりみぬいておかなくてはならない。こんな状況で強引に生まれてくる心身障害児は，ますます肩身狭く生き続け，閉じこめられようとしているのだ」（『朝日新聞』1972年5月10日）。

このような批判は，脳性マヒ者の運動団体「青い芝の会」など，障害者運動の側からはあがったが，障害児の親たちは，この事態を複雑に受けとめたようで，同紙上でも私宛の手紙，電話でも，私の意見に対する異論，反論が届けられている。あるダウン症児の父親は，私宛の手紙の中で，このような行政化は，

「親のため」でもあるが，まずは何よりも「本人のため」であると述べている。さらに，権力からの押しつけのように（篠原は）受けとめているようだが，どんな指導があっても，「産むか，産まないかはまったく両親の自由意志で決定される」と強調している。

　私は，障害児・者は存在しないに越したことはないと，国家・社会がその都合上考えていると思っていたが，親，家族，本人もそう考えていると言われて，追い打ちをかけられるように戸惑いを重ねることになった。もうひとつ，「（障害児を）産むか産まないかは両親の自由意志」という主張も私を混乱させたが，障害胎児を中絶するかどうかの「選択の自由」は親の手中にあるというのである。

　振り返ってみると，以後，私は，思想としても実践としても，これらの問題にこだわり続けながら，障害者，親たち，専門家たちと考え続けてきたように思う。そして，ここでも，それらを考える。

3.　脳死・臓器移植の幕開けとモンデールの危機意識

　70年前後の話題をもうひとつ紹介するが，1967年12月，クリスチャン・バーナードが南アフリカで，世界で最初の心臓移植を行っている。南アフリカ政府は，国家的事業であるとして，その偉業を称えているし，当時のアメリカ大統領リンドン・ジョンソンは彼を礼をつくして歓迎している。日本でも，翌年の1968年8月，和田寿郎が心臓移植を行って，マスコミがこれを絶賛する記事を書き立てた。

　しかし，いずれの場合においても，やがて，心臓摘出は，臓器提供者（ドナー）に対する救命医療が徹底された後のことだったのか，説明と同意は十分になされたのかなどの疑問が生じてきた。また，移植された側（リシピエント）は術後間もなくして死んでしまうのだが，心臓移植以外の治療方法はなかったのか，免疫抑制剤効果に関する検討等，治療の見通しについてどれほど慎重だったのか，また，その見通しを適切にリシピエントに伝えていたのかなどと騒がれた。

　こうして，当時の心臓移植は，後に，功をあせった拙速主義，結果としての殺人行為として非難され裁かれることになるのだが，それにしても，1968年中には，和田心臓移植も含めて，18カ国で102件もの移植が行われている。だ

が，70％のリシピエントが手術後12週間以内で死んでいる（ペンス，2001, pp. 82〜115，町野・秋葉，1999, pp. 231〜240）。

アメリカの上院議員，ウォルター・モンデールは，このような「臓器移植の幕開け」に危機意識をもち，「移植とそれに関連する研究を評価するための大統領委員会」を設置する提案を議会に対して行うのだが，その時，彼は，「これらの進歩は，これから，われわれの社会に深刻で根本的な，倫理的，法的問題を突きつけるだろう。それは，だれが生きて，だれが死ぬべきなのか，生命をどれだけ維持し，どう変えていいのか，だれがその決定をするのか，このことについて社会はどう整えられるべきか」と，私たちの考え方と国家・社会のあり方を問うている（ロスマン，2000, pp. 234〜262）。

つまり，「（医学・医療による）生命操作の時代」を迎えて，日本でもアメリカでも，国家・社会のレベルでも人びとの暮らしのレベルでも，同様な問いを発せざるを得なくなったのである。

ウォルター・モンデールのメッセージは，今日の日本においても，ホットな問いかけである。そのことを，日本における臓器移植法（1997年10月施行）の問題でみておこう。ここでは，脳死と判定された時点で，「臓器提供の意思」を明示したドナーカードを携帯している者で，「遺族」が摘出を拒まない場合，「脳死した者の身体」からの臓器移植は，合法であるとしている。当該法では，「脳死した者の身体」は「死体」として（ ）で括られているが，ストレートに「脳死＝ひとの死→脳死体」と言い切れていない。「脳死」と判定された者は生きている，という執拗な主張は，法律となった時点でも跳ね返すことができなかったからである。

この法案を議論する国会において，「脳死＝ひとの死」と決めたいと思っていた人たちの答弁はおぞましいものがあった。「脳死≠ひとの死」を主張する議員に対して，その答弁は，そのように決めておかないと「心臓や肝臓を摘出する行為は，当然，殺人罪あるいは承諾殺人罪に当たるということになる」し，「本来平等であるべき生命の価値に軽重をつけることになる」となっている。これは便宜主義，ご都合主義の「脳死＝ひとの死」論なのだが，さすがに，その意見は通らずに，臓器移植法においては，「脳死」者からの臓器摘出を「本人の意思」と「家族の同意」を媒介にして，刑法上の「殺人罪」とすることなく，

合法化したのである。ということは，当該法においてこそ，「脳死者からの臓器摘出＝殺人」という問題と，ドナーとリシピエントという，生きている者同士に「生命の価値に軽重」をつけるという問題が露呈し確認されたのである。

当該法の法理論的背景には，「脳死者からの臓器摘出＝殺人」は刑法上の違法行為であるが，その医師の行為は，臓器提供という「被害者（本人）の意思」（他人の生命を救おうとする善意など）のゆえに免罪されるという「違法性阻却論」がある。臓器提供という「本人の意思」の絶対性・神聖性が浮上してくる論理だが，ここの部分が，本論で考えていく「死の自己決定権」と言われるものである（篠原，2001, pp. 24〜78, pp. 260〜319）。

ここで挿入的に，生命操作の時代を迎えて，よく語られるようになった「死の自己決定権」ということばについて整理しておく。思うに，この権利に先んじて，もともと「生の自己決定権」があったはずだが，これは，日本国憲法も保障する基本的人権に属するもので，「自律＝自治を軸とした生きる権利」（つまり，「尊厳に生きる権利」）で，国家・社会のみならず，すべての他人から干渉，侵害されないで，公正・平等を求めて，自由に「自己決定」し「自己責任」をとっていく能力を所有している個人に保障されている権利なのである。この文脈にそって言えば，「死の自己決定権」は，人びとの「自律＝自治」にゆだねた「生か死かの選択」の自由となり，それゆえに「尊厳に死ぬ権利」とも言われる。こう考えると，「生の自己決定権」という表現は，「死の自己決定権」概念を構築する関係で，理論上必要とされるもので，「尊厳に生きる権利」を行使し得なくなったとき，その者には，必然的に「尊厳に死ぬ権利」が発生するという考え方である。「尊厳に生きる権利」の補完的権利としての「尊厳に死ぬ権利」＝「死の自己決定権」はこうして成立する。その問題について，以下でさらに考える。

4. だれが生きて，だれが死ぬべきか

さて，「脳死・臓器移植」問題にそって，モンデールが問うた「だれが生きて，だれが死ぬべきなのか，だれがその決定をするのか」の答えは一般的に言えば，次のようになるのではないか。

まず「だれが死ぬべきか」だが，脳（とくに大脳）機能が不可逆的に停止し

てしまって、もはや考えることも感じることもできなくなった者で、自発性を失って受動的、静的になってしまったとみなされた者である。しかも、心臓など臓器、血液、組織が人工呼吸器などの生命維持処置によって支えられつつ活動している状態で、移植用として期待される臓器が「新鮮な臓器」として摘出しうる程度の状態にある者である。

次に「だれが生きるべきか」だが、脳（特に大脳）機能がしっかりしているが、一部の臓器機能が著しく劣っていて、もし、適当な他人の臓器が移植されるならば、命拾いする可能性があると診断されている者である。「脳死・臓器移植」は、一方が死なされて、他方が生かされる関係になっていた。

さらに「だれがその決定をするのか」だが、有り体に言えば、それはまず、医師たち医療チームである。彼らは、診断・治療に関する一切の情報と技術と判断を握っている。また、摘出された臓器が待機している者に適切かつ平等に配分されなくてはならないのだが、その仕事は日本では臓器移植ネットワーク、アメリカではUNOS（臓器配分のための統一ネットワーク）で行われることになっている。ここもその決定の一端である。そして、決定の主体は、ドナー本人とリシピエント本人であると強調される。

つまり、リシピエントは、インフォームド・コンセント（十分な説明を受けた後の同意）で「臓器移植」という治療法を「選択（自己決定）」し、その結果に対する「自己責任」を負うことになる。一方、ドナーは、その時点では「判断能力」をもはや有しないのだから、「判断能力」のあるうちに、あらかじめ「心臓死か脳死か」、「脳死判定を受けるかどうか」、「臓器提供するかどうか」、その場合「どの臓器にするか」を「選択（自己決定）」しておくわけである。それがドナーカードだが、それをもって、「脳死」時点の「本人の意思」とみなすのである。「死の自己決定権」の保障と行使は、このようにして成立する。

このような文脈で考えると、「死の自己決定権」概念とその行使は、問題の渦中にある「脳死・臓器移植」を倫理的・合理的に実施するのに都合のよい、便宜主義的な装置と思われてくる。私も、つくづくそう思うのだが、この問題の批判をここに留めるわけにはいかない。

5. 生と死の自己決定権の表裏性

　私が「死の自己決定権」をめぐる問題を考えざるを得なくなったのは，90年代に入ってからである。すでに述べたが，臓器移植法の成立に到る経過を批判的に考えるなかで，この問題にぶつかった。また，91年の夏，アメリカで，「障害者の社会参加」問題を取材する中で，このことに気づいた。ここでは，アメリカで聞いた話題を紹介しながら，「生の自己決定権」の裏返しとしての「死の自己決定権」ということを考えよう。

　この年の前年（90年），「障害をもつアメリカ人の法律（Americans with Disabilities Act, ADA）」が成立していた。バリア・フリー（障壁が取り除かれた，たとえば車イスでも自由に移動できる）社会を確立しながら，障害者のアクセス権（一般社会に接近する権利）を全面的に保障することを約束した法律である。この法律は，70年代から始まっていた「障害者の社会参加と自立生活」運動の集大成であり，その国家的・国民的承認であると言ってよい。

　81年の時に訪ねたときも，その運動のシカゴ拠点，アクセス・リヴィング・シカゴ支部は元気があって賑やかだったが，91年夏の訪問時，スタッフたちは81年時よりはるかに多く，さらに多面的で活動的だった。

　このとき会った「障害者の権利」コーディネーター，ルナさんは，車イスに乗る障害者だったが，親元を離れて自立生活を始めて1年が経ったばかりだった。アパートはバリア・フリーになっていてとても住みやすいと言った。アパートからこのオフィスまでは，まずリフト付きの公共バスに乗り，途中から，自分のような者たちのために町中を走っているバン（大型自家用車）に乗り継いで来るのだと。

　この日，ルナさんは，ADAの成立に向けて闘った日々を誇らしげに振り返ってくれた。興味深かった話をひとつ紹介すると，「われわれの自己決定権」の確立は，「専門家の指導」という父性愛的な保護主義（paternalism）から自由になることであると述べた（なお，81年に行った同支部取材の報告については，篠原，1982, pp. 62〜73を参照）。

　インタビューが終わろうとする頃，ルナさんは，ジョージア州政府に対して，町中で暮らすための24時間介護体制を保障するように要求した障害者，ラリー・マカフィーの話をしてくれた。

州政府は，それは金がかかりすぎる，ナーシング・ホーム（長期療養の医療施設）なら入れてやってもよいと恩を着せた。彼は，「自分が必要とする諸方策を提供されながら快適にコミュニティで暮らす権利」があると主張してゆずらなかったが，州政府は「あなたは生産的でも社会貢献的でもない」と述べて，彼の主張を受け入れようとせず，「施設入所」を提案し続けた。

そこで，マカフィーは，「それぐらいなら，死んだ方がまし」，「自分に死ぬ権利を保障しろ」と主張し，裁判を起こした。結果は，マカフィー側が勝った（1989年9月）。つまり，「死の自己決定権」を保障したのである。ただし，彼は，周囲の人びとの説得によって自殺することはなかった（篠原，2001，pp. 142～153，ペンス，2000，pp. 101～106）。

もうひとつの同様な裁判を紹介するが，それは，80年代前半から半ばにかけ数年にわたって行われたが，ある障害者，エリザベス・ブービアは，家族との関係や職業的展望を絶たれ，人生に絶望し，自殺念慮にさいなまれていたので，ある病院の精神科（カリフォルニア州）へ「死なせてほしい」と駆け込んできた。病院はそのことを認めず，24時間の監視体制を敷きながら，強制的栄養補給を続けた。

ブービアは，このことを不満として，裁判を起こすのだが，相次ぐ裁判結果は病院側の措置を支持するものだった。85年になって，やっと同州控訴裁判所は，「判断能力のある成人の患者が，死のために医療措置を拒否するという憲法上の権利を持つ」とし，「自分の生命を終焉させようとする欲求は，おそらくプライバシー権の究極的な行使である」とまで公言して，ブービアの訴えを認めた。

こうして，彼女の場合も，合法的にいつでも自殺することができるようになったが，彼女は死んでいない。実際には，ブービアの場合に類する，これからの事態を一般的に枠づけることに寄与しただけだった。一般的な枠組みとは，徹底した個人主義，自己決定主義である（篠，2001，pp. 246～257，ペンス，2000，pp. 91～101）。

ブービアの場合もマカフィーの場合もそうだが，ここには，「死の自己決定権（尊厳に死ぬ権利）」が「生の自己決定権（尊厳に生きる権利）」の裏返しとしてあった。ところで，この「尊厳に死ぬ権利」行使の主体は，「判断能力のあ

る成人」なのだが，とすれば，彼らは，その前提としての「尊厳に生きる権利」ももっているとみなされる。その上で，まず身体的・精神的状態（病気，障害，とくに身体的・精神的無能力），次に環境・生活上の諸条件（家族崩壊，孤独，失業，貧困，思想的・宗教的迫害など）において，どうしても「尊厳に生きられない」と認定された段階では「尊厳に死ぬ」（尊厳死）ということが認められることになる。それは，他者に侵害されてはならない，自己に完結した，自己規律，自己統制の権利の一端である。そして，それは，その権利行使を可能にする精神的・知的能力を有する個人に保障されたものだったのである。（既述の）徹底した個人主義と自己決定主義は，もうひとつ，能力主義に支えられている。

6. 「死ぬ権利→死なす権利→死ぬ義務」の成立

　私たちは，「死の自己決定権」の前提としての「生の自己決定権」も疑う段階に来た。なぜなら，それは，「生きる」ことに「尊厳に」という条件をつけている。したがって，それを所有できる者は「判断能力のある成人」に限定されている。そこでは，病気・障害，とくに精神的・身体的無能力はあってはならないものとして限りなくマイナスに評価される。そして，（既述の）環境・生活上の諸条件がひたすら蔑みか同情，そして慈善ないし福祉の対象として扱われている。「ひとは有能に健康に，そして豊かに生きてこそ」「生きるに値する」という人間観は"正しい"と絶対化しているのだ。とすれば，そのような人間観は，相互関係や共同利害から切り離された，"孤高な"人間像である。

　このことを「尊厳死」問題で，さらに考えてみよう。日本尊厳死協会によれば，「尊厳死」が認められる条件は，回復の見込みがまったくないのに，ひどい身体的苦痛にさいなまれている場合と，長期にわたって意識を失ったまま「植物状態」にある場合である。同協会は，「重度の老人性痴呆」もその対象にしたいと考えているが，内外の事情で保留にしている。つまり，「尊厳に生きていない」状態は，これらの場合に代表され象徴されるのだが，そのようになったら，あらかじめ明示した「リヴィング・ウイル（「尊厳死の宣言書」）」があれば，「生命維持・延命処置の中断」によって「尊厳に死ぬ」権利があるというわけである（篠原，2001，pp. 337〜364）。

　元尊厳死協会理事長，沖種郎は，「人は誰しも精神が健全である内は，精いっ

ぱい生きる権利があるし，その権利を行使するために周囲に多少とも迷惑をかけている。だから，精神活動が停止し，回復の見込みがないときには，生命活動が完全に終わるまでの無意味な延命を拒否し，自然死を早めるのがせめてもの贖罪である」と述べている。そして，食糧事情の好転，医療技術の進歩，医療保険制度の普及などによって高齢化社会を迎えることになり，そこでは「身体的寿命と人格的寿命の逆転現象」が起きていると憂えている（沖，1991, p. 39）。

とすると，「尊厳死の勧め」は，とくに「植物状態」「痴呆状態」など精神的・知的無能力状態の者（沖的表現を借りれば，「人格的寿命」が終わりつつも「身体的寿命」が無駄に続いている者）に向けられている。なお，私たちは，「尊厳死の勧め」が，なぜ，かくほどえげつなく進行するのかを，沖の指摘するような経済的・社会的事情とからめても考えなくてはならないのだが，本章では，問題の指摘に留めて，以後も，私たちが日常的に培いつつある「生と死」に関する見方，考え方の点検に集中することにする。

沖によって示された「尊厳死の勧め」は，同協会理事長，成田薫（弁護士）によって，日本国憲法13条の文脈で再強調されている。まず同条を紹介しておくと，「すべての国民は，個人として尊重される。生命，自由及び幸福追求に対する国民の権利については，公共の福祉に反しない限り，立法その他の国政の上で，最大の尊重を必要とする」（下線，筆者）である。

成田は，「尊厳死」は「尊厳に死ぬ権利」（死の自己決定権）の行使であり，それは「自由及び幸福追求に対する国民の権利」から生じているとし，基本的人権の一部であるとしている。もちろん「生命に対する国民の権利」（「尊厳に生きる権利」）も尊重されなくてはならないが，それこそ「公共の福祉」に反することになる「不治」等，「尊厳死」の適用状態になれば，その下では，その権利は制約され，「死の自己決定権」が優先してくると言うのである。

成田が正直に暴露しているように，「生命操作の時代」における適切で合理的な「生と死」の管理には，「生の自己決定権」を仮説しながらも，実際には，その裏側（いや表側）に設定された「死の自己決定権」のほうが，国家・社会の要請に応える，有効な概念装置だったのである（篠原，2001, pp. 356～357）。

尊厳死協会のリーダーたちが「尊厳死の勧め」をする際，「死んでほしい，死

ぬべき」対象がすでに設定されている。「死の自己決定権」の主張は、このような「死なせる」対象を「死ぬ」主体として置き換える作業である。こう考えてくると、「死の自己決定権」の主体の傍らには、「死なせる権利」をもつ家族など周囲の人びとがいる。そのとき、「死の自己決定権」行使の主体だったはずの者は、「死ぬ義務」を背負わされた主体かつ対象として立ち現れる。

　ここで、本章の前半で紹介した、あるダウン症児の父親の私宛の手紙を思いだしてほしいが、彼は、障害胎児のチェックをする行政化は、「親のため」でもあるが、まずは何よりも「本人のため」であると述べていた。さらに、権力からの押しつけのように（篠原は）受けとめているようだが、どんな指導があっても、「産むか、産まないかはまったく両親の自由意志で決定される」と主張している。

　この主張を、「（本人の）死ぬ権利→（親など、周囲の人びとの）死なせる権利→（本人の）死ぬ義務」という図式にそって考えると、胎児による「死ぬ権利」の主張は、親側が「本人のため」であると代行して推定し判断することで成り立つ。親側の「死なせる権利」は、「本人のため」ということによって担保されつつも、「両親の自由意思」によって積極的に位置づいている。そこに通底するものは、「障害児・者＝不幸な者・不幸にさせる存在」という「社会的合意」である。とすると、「障害者」になると診断された胎児は、その下で「死ぬ義務」を背負わされていたことになる。

7.　「死の自己決定権」と「生きるに値しない生命」の両輪

　実は、以上の図式は、「遷延性植物状態」となったカレン・クインランやナンシー・クルーザンの生命維持・延命処置を中断する際の論理にも明確にうかがえる。そのことを明らかにする前に、簡単に、二つの裁判結果を述べておこう（ペンス、2000, pp. 41～80）。

　クインランの場合、1976年1月、ニュージャージー州最高裁判所で、水分と栄養の補給は行いつつ、人工呼吸器を外すことで自然に死なせたいという両親の主張が認められて、彼らはやっと勝訴した。

　時が経ち、1983年1月、クルーザンはミズーリ州の人里離れた氷結した道路で自動車事故を起こし、そのまま「遷延性植物状態」に陥った。まもなくして、

両親は，水分と栄養の経鼻補給管を取り外すために，法廷に許可を求めたが，事態はスムーズに進行しなかった。

この裁判における難問は，「<u>判断能力のある患者</u>が医学的な生命維持を拒否する権利」（下線，筆者）はすでに 20 州で認められていたが，「遷延性植物状態」にあるクルーザンには直ちに適用するわけにはいかないということだった。この事態で，どうしたら両親側が勝訴できるかだが，そのためには，クルーザン自身に，いま，ここで，仮に「判断能力」があったならば，彼女は，現在の本人の状態に対して「医学的な生命維持を拒否する権利」行使を主張するにちがいないと証明しなくてはならなかった。裁判所側が要求したことは，判断能力を有していた，かつての時点で，現在のような状態になったならば，生命維持・延命処置を拒否するという「本人の意思」を証明する「明白かつ確信をいだくに足る証拠」だった。が，ミズーリ州最高裁判所は，親や友人たちの証言をそのレベルに達していないとして退けている。

両親側は，ミズーリ州最高裁判決に関する違憲審査を求めて，連邦最高裁判所に訴えるのだが，そこでも同様な結論だった。しかし，同裁判所としては初めて，「憲法はアメリカ国民に対して，望まない生命維持措置を受けない自由という利益を認めている」という判断を下した。そのことは画期的なことであった。新聞，テレビは，このことを全国的に報道したので，その後，本裁判が差し戻された州地方裁判所には，伝え聞いた友人たちが駆け参じて，新しい証言を行った。かくて両親側は勝訴するのだが，こうして，クルーザンの経鼻補給管は合法的に取り去られ，彼女は死んだ。1990 年 12 月のことだったが，このとき，彼女が「遷延性植物状態」になってから，8 年の歳月が流れていた。

ここには，（証明されるべき）本人の「死の自己決定権（尊厳に死ぬ権利）」が，両親側を勝訴に導く軸のところに一貫してあり続けた。そして，実際のところ，それは，両親側の（認められた）「死なす権利」の担保になっている。そのとき，クインラン，クルーザンは「死ぬ義務」を背負わされて死ぬことになったのである（実際には，クインランの場合，人工呼吸器を取り外してから，10 年以上にわたって生きている。水分と栄養の補給を続けたためでもある）。

実は，クルーザンの場合，当初，州下級審の判決文は，彼女は「生きるに値しない」状態であるという主張を採用したが，州最高裁判所（80 年後半）は，

このような主張は採用されてはならないものであるとし，その分「本人の意思」の確認を強く求めたのである。クインランの判決文（70年代半ば）では，「たとえば，世話する側，看護する側が回復を祈って，いろいろな思いを投げかけつつ，愛しているにもかかわらず，そのことにまったく応答しないのは，人間の条件に見合わない」という考えを述べつつ，そのような考えは「良識ある国民の意見」であるとまで述べている。

　二つの場合には15年ほどの時間差がある。時代と共に，「死の自己決定権」の主張がいよいよ前面に出て，「生きるに値する・値しない生命」論が後退している印象を与えるが，実際は，後者が前者に隠蔽されつつ，両者が車の両輪となって，「生きるべきか死ぬべきか」の選別の基準として進行していると考えておく必要がある。このことは，（すでに述べた）障害胎児の人工妊娠中絶，脳死・臓器移植，尊厳死などの問題を考える際にも，通して押さえておくべき二つの鍵概念である。

8.　「共生」と「生命の選別」の渦の中で生きる

　ここまでに紹介したアメリカの場合に典型的にみるように，「生と死の自己決定権」をめぐる主張と実践は，「法廷」が承認するかどうかにかかっている。そもそも，この思想は，60年代以降，人種・民族，性，障害などによる差別や偏見を解決しようとする社会・政治・文化運動のなかで中心的に主張されて，そこから「自己決定権」の確立をめぐる「法廷」闘争が始まっている。そして，その法制化も進んできた。

　また，日本においても，今日，教育・医療，福祉の領域において，「自己決定・自己責任」の思想と制度は普及しつつある。たとえば，介護保険制度における「自己決定・自己責任」は，利用者へのサービスという観点を強調しながら，介護の産業化・商品化を推進している（篠原，2000，pp.8～19）。

　こうして，日常の人びとのなかにも，このような裁判の判断，運動の主張，そして産業の論理，法制化に影響されつつ，「自己決定権」などと大仰に語られることはないとしても，「自分の生き方（死に方を含む）は自分で決める」という倫理的・道徳的あり方が浸透しつつある。

　とすれば，「生命操作の時代」において，私たちが共鳴しあって，「生命の選

別」を批判し「共生」を主張し，そのように暮らしあうことは困難であるにちがいないと思われてくる。にもかかわらず，そのための日常的ないくつかの手掛かりを探っておきたい。ここでは，（どなたが読んでくださってもありがたいのだが）若い読者の皆さんに呼びかける形で，三つほど設問させていただく。

① あなたが妊娠して，お腹の赤ちゃんの成長が心配になったとき，出生前診断を受けようか迷うにちがいない。相手の男性や家族の人からも，そのような強い勧めを受けるかもしれない。そんなときこそ，相手の男性と一緒に，そうすることは，どのような立場に立つことになるのかをしっかり考え抜いてほしい。また，「障害」をもった子どもと一緒に苦楽しながら暮らしている親たちと出会いながら，この問題を語り合ってほしい。

② あなたが，周囲からドナーカードを勧められたとき，次の事態を想像してほしい。「脳死」状態になって静かに眠っているあなたに対して，親，きょうだいなど親しい者たちが，何とか回復してほしいと祈り，医師たちには「何とか生き返らせてください」と懇願している様子を。そこに描かれる関係はそれ自体で重いものである。さらに，いま，ここでは，まだまだ健康なあなたが，ドナーカードを書こうとしているとき，いま，ここで生きている「脳死」状態や「植物状態」の人たちをどのような眼ざしでみていることになるのかを考えてほしい。「生きていても仕方がない」，「死んだも同然」と，そのような人びとを決めつけてしまっていないだろうか。

③ あなたの祖父母が，床に臥せがちになるときとか，ボケつつあるとき，彼らは，それらを気にして，「面倒ばかりかけてすまないなあ」，「生きていてもしょうがない，みんなに迷惑をかけないようにして死にたい」などと，あなたに話しかけるかもしれない。あなたは，そのことに同意しないで，「そんな弱音をはいてはだめ，どんなになっても一緒に暮らしていくからね」と応えるのだろうか。それとも，尊厳死協会のリーダーたちの言い分を引き受けて，「自分のことは自分で決めようね」，「尊厳死協会というのがあるのよ，そこで相談してみたら」と言うだろうか。

私が期待する"正しい"答えが見え見えで，気が引けるのだが，とはいえ，これらの問いが，暮らしのなかで，実際に，自他に放たれてくると，社会，経済，

政治，思想・宗教，人間関係，個々人の心身の状態などがからみ合って，それらの答えは右往左往するに違いないし，その内，どこかに収まるとしても，その収まりどころは「生命の選別」に加担する方向になってしまうのかもしれない。

今日，私たちは，「共に生きる」が強調されて優生思想が批判される，そんな世界に暮らしている。一方で，「自分のことは自分で決定して，自分で責任を負う」ということ（自己決定・自己責任）が当然視されて，そのなかで「生命の選別」も，私たちの手中にゆだねられつつある。

この二つの方向は，矛盾しているようにも思えるが，そうでないようにも考えられる。「個人の尊重」という民主主義原理が，この二つの方向に通底しているし，そのことが問題を複雑にしている。本章が明らかにしようとしたことだが，この原理の矛盾と限界が露呈しているのが，今日的状況である。日常的にも，思想の営為としても，この個人主義原理を，相互関係性，共同利害性の中で捉え返しながら相対化することを探り続けなければならない。

実は，私たちは，このはざまで，いや，この渦の中で，生かされているし，生きている。そして，この渦の中で，「生命の選別」に加担する方向に気づきながら，それを軌道修正する暮らしを探りつづけたいし考えつづけたい。それ自体が「共生」であり，「共生」の課題なのである。

日本社会臨床学会

　日本社会臨床学会は，1992年春に創立された。日本学術会議にあえて参加しない，会員数400人ほどの小さな学会である。この学会には，前史があって，その前身は日本臨床心理学会である。とはいえ，今も臨床心理学会は存在している。ということは，社会臨床学会は，臨床心理学会から飛び出した人びとが創ったことになる。

　実は，臨床心理学会は，70年代，80年代と20年間にわたって，「学会改革活動」をしてきた。当初の状況に関する一例だが，高度経済成長に伴って，「学校教育の効率化・合理化」のなかで「特殊教育の振興」が叫ばれ，「教育選別」「障害児の分断・隔離」が進行していた。そして，そのために臨床心理学的知識・技術である「（知能テストなどの）心理テスト・（教育相談などの）カウンセリング」が期待され，普及するようになる。臨床心理学会は，「共生・共学」の主張・視点を探りながら，選別・差別の道具としての「心理テスト・カウンセリング」の自己点検を重ねた。

　もう一例で言うと，精神医療における「精神障害者」差別の問題があった。「精神障害者」は「役立たない，邪魔である，危険である」といった社会的偏見とそれ

に基づく差別的処遇のゆえに，精神病院に長期に不当に隔離される事態（「社会的入院」）が進行していたが，臨床心理学会は，このような現実を確かめつつ，そこでの臨床心理学的知識・技術を批判的に点検した。そのなかで，「精神障害者の社会参加と自立」を支える活動を提案し模索した。

　それに先んじて，60年代末，臨床心理学会が軸になって日本の心理学界は，医師に準する専門性・資格をめざして「臨床心理士の資格認定業務」を開始しようとしていた。やがて上記二例に示されるような問題意識をもつにいたる会員たちは，これに反対し，以後20年間にわたって，「学会改革活動」が進行することになる。この期間，"「される」側に学び「される」側と共に"が一貫して主張されるのだが，80年代後半になるにつれて，個人還元的・心理主義的な「心理臨床」は批判的に越えつつも，「障害児・者の社会参加と自立」を支える「臨床」は必要であり，その意味で「よりよい臨床」を可能にする「資格・専門性」はある他ないという考えが強くなってきた。

　こうして，「臨床心理士の国家資格化」を認めるかどうかで学会内対立が起こるのだが，90年代に入って，認めてはならないと主張する者たちが新しく「日本社会臨床学会」を創立した。この命名は，「日本臨床心理学会」との緊張関係から生まれたことを明示する意図のなかでなされているが，現在，社会臨床学会は，「学会改革」時代に培った問題意識を継承しながらも，そこでは，いろいろな分野・立場の人びとが，今日的状況を把握しながら，教育・医療・福祉の諸問題を共に考えている。

　たとえば，「脱施設・社会参加」「ノーマライゼーション・共生」が今日よく言われているし，大衆消費社会におけるこれらの領域のサービス産業化が進行している。とすれば，社会臨床学会の課題もそのような今日性を抱えるわけで，一例で言えば，少子高齢化社会のなかで開始された介護保険制度は，「介護の社会化」を旗じるしに，「介護」のサービス化・商品化を推進しているが，ここには，「日常の老若男女の関係」，「家族や地域」はどうなっていくのか，どうなくてはならないのかなどの問題がある。また，ここでの高齢者は「施設収容」よりも「在宅」でと言われつつ，「介護サービス」を「自己決定」する「消費主体」になるのだが，このような新しい諸事態，諸概念にはどのような実際的・理論的問題があるのだろうか。

　社会臨床学会は，そのために，学会誌『社会臨床雑誌』，学会紙『社会臨床ニュース』，単行本を発行し，総会，学習会などを主催している。

【引用・参考文献】

1) 日本臨床心理学会編『「早期発見・治療」はなぜ問題か』現代書館，1987年。
2) 山口研一郎編『操られる生と死―生命の誕生から終焉まで』小学館，1998年。
3) 福本英子『人・資源化への危険な坂道―ヒトゲノム解析・クローン・ES細胞・

遺伝子治療』現代書館，2002 年。
4) 篠原睦治『脳死・臓器移植，何が問題か――「死ぬ権利と生命の価値」論を軸に』現代書館，2001 年。
5) 子供問題研究会編『俺,「普通」に行きたい』明治図書，1974 年。
6) 子供問題研究会編『続・俺,「普通」に行きたい』明治図書，1976 年。
7) 篠原睦治『「障害児」観再考――「教育＝共育」試論』明治図書，1976 年。
8) グレゴリー・E・ペンス『医療倫理 2――よりよい決定のための事例分析』みすず書房，2001 年。
9) 町野朔・秋葉悦子編『脳死と臓器移植［第三版］』信山社，1999 年。
10) デイヴィッド・ロスマン『医療倫理の夜明け――臓器移植・延命治療・死ぬ権利をめぐって』晶文社，2000 年。
11) 篠原睦治『「障害児」教育と人種問題――アメリカでの体験と思索』現代書館，1982 年。
12) グレゴリー・E・ペンス『医療倫理 1――よりよい決定のための事例分析』みすず書房，2000 年。
13) 沖種郎『尊厳ある死――最期まで人間として生きるために』二見書房，1991 年。
14) 篠原睦治「公的介護保険制度の問題を探る――社会臨床学会の討論を振り返りながら」『社会臨床雑誌』第 8 巻第 1 号，2000 年。

【課題と設問】

1. 私たちは,「(医学・医療による) 生命操作の時代」に突入していることを認めざるを得ないのだが，その具体例については，第 7 章でも考えた。しかし，本章では，今日マスコミでも報じられている遺伝子治療，ヒト組織利用，クローン，ヒト ES 細胞などについては触れることがなかった。これらは，私たちの日常の暮らしに直接影響を与える形で，いまだ明確に登場しておらず，実験段階であったり禁じられていたりしているからである。この際，あなたは，これらの現状と問題点を調べ，障害胎児の中絶や脳死・臓器移植などとどのように重なっていて，重なっていないかを考えて下さい。また，「生命操作」が徹底していくときの人間社会はどのようになっていくのかを想像して語り合ってみましょう。
2. 子どもが生まれることをめぐって，昔の人ほど，「子どもを授かる」とか「子宝に恵まれない」とかの表現を使って，神仏の恵みや報い，そし

て自然の営為として受けとめようとしてきたと思うが，昨今になるにつれて，子どもは「つくるもの，選ぶもの」として考えるようになっている。ここに関わるものを「生殖医療」と一括して呼んでいるが，それにはどんなものがあり，どんな問題があるかを調べてください。また，男と女，老人と若者など，いろいろな立場の人たちから，「つくる・選ぶ」生殖医療に関する感じや考えを聞き書きし，また，それらを素材に，このことをめぐって語り合ってください。

3. 私たちは，「高齢社会」と呼ばれる現代に生きている。国や社会，そしてマスコミや普段に暮らす人びとは，「高齢社会」やそこに生きる高齢者たちをどのように感じ，考えていると思いますか。たとえば，介護保険制度や尊厳死運動の実態を調べたり，そこに関わる人びとの意見や感想を聞きながら，そのような制度や運動に託された「高齢者・高齢社会」観をまとめ，それでは，若いあなた方は，それをどのように考えるかを語り合ってください。

4. 「人間は無条件に人間である」という考え方があるが，一方で「人間であるための条件がある」という考えが古くから根強くある。私は，デカルトの「我思うゆえに，我あり」ということばや，パスカルの「人間は考える葦である」という定義を思いだすが，いろいろな人びとが今日まで語り伝えてきた「人間であるための条件」を調べてみてください。とくに，現代を生きる人びとが，このことについてどのように考えているかを聞き書きしてください。その中で，「人間であるための条件」を強調していくことの功罪を論じてください。とくに，「人間は無条件に人間である」ということはどういうことなのかを，「人間であるための条件」と「生命操作の時代」の現実を思い起こしながら考えて下さい。

第 8 章

戦争と人権

1. 戦争犯罪

　戦時下においては平和なときには想像もつかない残虐な事件が起きることは，古今東西，歴史が証明するところである。そして，現代にもっとも近い第2次世界大戦において歴史上最大かつ最多数の残虐行為が行われたことは誰しも認めるであろう。民族殲滅，住民虐殺，捕虜の虐待・虐殺，生物化学兵器の使用，原子爆弾の使用などに加えて，日本の「慰安婦」政策，強制連行・強制労働政策による詐欺，拉致・誘拐，暴行，軟禁も後を絶たなかった。これらはみな後述の「人道に対する罪」に当たるというべきものであるが，日本やドイツの戦争犯罪を裁いた戦後の国際軍事裁判（東京裁判およびニュルンベルク裁判）はこれらすべてを有罪とするには至らなかった。東京裁判では原爆投下の責任が問われなかったのみならず，天皇の戦争責任も問われなかった。さらには「慰安婦」政策，強制連行・強制労働政策，植民地での様々な残虐行為も不問に付された。それは戦勝国側が敗戦国側を裁いたという側面を否定できないからでもあるが，戦勝国側の戦後の国際戦略が優先して情状酌量されたり追及を免れたからである。しかし，国際裁判において訴追を免れたからといって「無罪」というわけではない。そこでまず戦争犯罪が国内刑法違反でもあったことを明確にした上で，国際軍事裁判は何をどのように裁いたのかを概観し，天皇の戦争責任についても改めて考えてみたいと思う。

(1) 国内刑法違反

たとえ戦時下であっても一般住民の殺傷や強姦，詐欺，誘拐，暴行，軟禁といった行為は，本来，近代法治国家ならば必ず備えている国内刑法違反であって，軍人が行えばさらに軍法違反でもある。問題はこの刑法や軍法が正常に機能せず，無法状態に陥っていたところにある。平和なときには大事件になる違法行為が捜査・起訴されないどころかむしろ推奨されるといった異常事態が戦時下ではしばしば発生する。日本軍「慰安婦」にさせられた女性たちの拉致・誘拐・暴行，日本やドイツの異民族に対する強制連行・強制労働などがその実例である。また，南京大虐殺当時，「12月17日の段階で，総勢7万以上の日本軍が城内に入ったにもかかわらず，憲兵はわずか17人にすぎなかった」（笠原，1997, pp. 119〜120）というのも顕著な実例といえよう。さらにここで指摘しておきたいのは，日本に関するかぎり，これらの違法行為が，連合国側によって立件されたものを除き，戦後においても立件・起訴されることはなかったという事実である。一般に戦争の被害意識に比べて加害意識が希薄であるのも，違法行為が処罰されないまま見過ごされてきたところに大きな原因があるといって過言ではあるまい。

戦時下の国内刑法違反は米ソの冷戦構造崩壊後にとくに増加した地域紛争や民族紛争，宗教紛争においてももちろんみられる。たとえば旧ユーゴスラヴィアは民族的・宗教的紛争によって五つの共和国に分裂したが，1992年から3年間にわたる武力紛争の渦中で25万人もの犠牲者，おびただしい数の強姦事件が発生したといわれている。なお，1998〜99年のコソボ紛争では北大西洋条約機構（NATO）の空爆による犠牲者も決して少なくはなかったが，民族浄化を煽りジェノサイド（集団殺害）を指揮した容疑でユーゴスラヴィア共和国のミロシェヴィッチ元大統領がハーグの国際戦犯法廷に起訴され，現在審理中であることは周知のとおりである。

(2) 国際法違反

人類史は戦争の歴史であるともいえる側面をもっている。一方，戦争にも一定の禁止行為を定めて国際的に条約を取り交わす努力も重ねられてきた。その画期的なものが1907年の「陸戦の法規慣例に関する条約」（通常，ハーグ陸戦

条規というが，以下単にハーグ条約と略）である。これはとくに 19 世紀ヨーロッパにおいて徐々に合意形成されてきた戦時下の禁止行為の集大成である。そして日本もこれを受け入れ，1911 年，批准した。主な禁止行為を以下に列挙してみよう。

① 殺人と虐殺，組織的テロリズム，② 文民の拷問，③ 強姦，④ 強制売春のための婦女の誘拐，⑤ 略奪，⑥ 有毒性および窒息性ガスの使用，⑦ 傷者および捕虜に対する虐待（藤田，1995，p. 33〜34 参照）

柳条湖事件以来 15 年間に及ぶ日中戦争では南京大虐殺をはじめ無数の略奪・放火・強姦・虐殺（三光作戦），731 部隊等の生体実験や細菌兵器の使用，炭鉱での一般住民の強制労働・虐殺などがあったが，これらがハーグ条約違反であることは明らかである。日中戦争は宣戦布告なき戦争であり，日本政府は「事変」と称して戦時国際法の適用を免れようとしたが，もとよりそのような詭弁が戦後の国際社会で許されるはずもなかった。また，太平洋戦争下において日本軍がこれらの条項に違反する数々の戦争犯罪を犯したことも疑いを容れない。たとえば東南アジア華僑の虐殺，バターン死の行進，サンダカン死の行進，捕虜の生体解剖（九州大学医学部事件），泰緬鉄道建設等での捕虜や「労務者」の虐待・酷使など，枚挙に暇がない。

(3)　「平和に対する罪」と「人道に対する罪」

戦後連合国が国際軍事裁判所条例によりドイツの戦争犯罪を裁いたニュルンベルク裁判において，歴史上初めて「平和に対する罪」と「人道に対する罪」が問われることになった。そして日本の戦争犯罪を裁いた東京裁判（極東国際軍事裁判）がそれに続いた。「平和に対する罪」は侵略戦争の計画・準備・開始・遂行などを戦争犯罪と規定したもので，国際連盟時代にも国家犯罪としての侵略戦争を規定し処罰するための努力は続けられたが，定式化されるには至っていなかったのである。この「平和に対する罪」および「人道に対する罪」の適用は事後法による処罰であって罪刑法定主義に反するとの主張が東京裁判の被告人の弁護側からなされたが，「平和に対する罪」は第 1 次世界大戦後のベルサイユ条約でドイツ皇帝（国家元首）の訴追を実現しえたことや国際連盟の努力によって成立した「不戦条約」（1928 年）を背景としており，単なる事後法

ではない。また，戦後の東西ドイツも日本もそれぞれの国際軍事法廷の判決を受諾（日本は1951年，サンフランシスコ講和条約で）しているばかりではなく，国連を中心とする国際社会に定着し侵略戦争の再発防止に有効に機能したことを高く評価すべきである。

「人道に対する罪」はハーグ条約やジュネーブ条約（傷病兵や捕虜の待遇）によって規定された「通例の戦争犯罪」の対象範囲を超える非人道的な犯罪を処罰するために定められた。すなわち，ニュルンベルク裁判条例では「犯罪のおこなわれた国の国内法に違反すると否とにかかわらず，本裁判所の管轄に属するいずれかの犯罪として，またはこれに関連しておこなわれたところの，戦前または戦時中のすべての一般住民に対する殺人，殲滅，奴隷化，強制的移送その他の非人道的行為，もしくは政治的・人種的または宗教的理由にもとづく迫害」（藤田，1995，p. 109）と規定された。ここで重要なのは「戦前または戦時中のすべての一般住民に対する」とした点であり，これはナチスの自国民に対する戦前からの迫害や虐殺・殲滅をも同時に処罰することを目的としたものであった。一方，東京裁判条例ではこの「すべての一般住民に対する」という規定がなく，その点に大きな違いがある。これは連合国が日本政府の自国民に対する迫害や虐殺を軽視したからであった。実際，東京裁判では国内および植民地における治安維持法や治安警察法等による弾圧は不問に付された。また「通例の戦争犯罪」と「人道に対する罪」の区別もあいまいであったが，「非国民」（共産主義者，社会主義者，自由主義者，天皇崇拝拒否者，戦争非協力者など）呼ばわりされた人びとへの弾圧（小林多喜二の拷問死はよく知られているが，拷問による獄中や釈放後の死亡者は千数百人にのぼるといわれる）は当然「人道に対する罪」に問われるべきものであった。ニュルンベルク裁判においても「通例の戦争犯罪」と「人道に対する罪」の区別は明確でなかったものの，ドイツの国内外で徹底して続けられたその後の裁判（1979年，時効廃止）において「人道に対する罪」は明確に効力を発揮し，確立した概念に成長したということができる。さらには国連総会において採択された「ジェノサイド条約」（集団殺害罪の防止および処罰に関する条約，1951年発効，日本政府は「単一民族国家」を理由として未批准）や「ジュネーブ諸条約」（軍隊の傷者・病者の状態改善，捕虜の待遇，戦時における文民の保護等に関する4条約，1949年採

択，1977年追加議定書採択）の基礎となったことを評価すべきである。

東京裁判では「人道に対する罪」に対しても「罪刑法定主義」に反するとの批判があったことはすでに述べたが，東京裁判の問題点はそのことよりも米国の戦後戦略上の決断によって天皇の戦争責任が免訴されたこと，731部隊の生体実験や細菌戦の実施，毒ガス兵器の使用が審理の対象外とされたことに加えて，朝鮮や台湾からの責任追及が反映されなかったこと，「慰安婦」問題や強制連行・労働問題も問われなかったことにある。そして，さらに見落としてならないことは，日本は戦後ドイツのように自らの手で自国の戦争責任を追及してこなかったことである。米軍による都市爆撃や原爆投下，在米日系人の強制収容，参戦したソ連軍による中国東北部における日本人非戦闘員に対する暴行や日本軍捕虜の抑留・虐待など，連合国側の戦争犯罪が問題にされなかったことは確かに勝者が敗者を裁いたという側面を否定できない。しかし，不問に付された日本の重大な戦争犯罪も少なくないことを銘記すべきである。

東京裁判はA級裁判とも呼ばれ，侵略戦争の謀議・遂行の最高責任者たち（政治家，軍人，一部外交官を含む25名）がA級戦犯容疑者として裁かれ，東条英機ら7名が絞首刑に処された。終身禁固刑や有期刑もあったが，その後減刑され全員釈放された。この東京裁判とは別にBC級裁判と呼ばれるものがある。それは侵略戦争中の現実の残虐行為を指揮した責任者たちを「通例の戦争犯罪」実行者として裁いたもので，そこでは「人道に対する罪」は訴因とされていない。BC級裁判は連合国各国が所轄の地域に設置した軍事裁判所でそれぞれ独自の法令に基づいて行われ，全体では2,244件，5,700人，死刑984人，無期475人，有期2,944人，無罪118人，その他（起訴取下げ，公訴棄却など）279人という数字が残されている。死刑判決を出した主な事件は，「マニラ大虐殺」「バターン死の行進」「B29搭乗員殺害」「B29搭乗員生体解剖」（以上アメリカ），「泰緬鉄道建設捕虜・労働者虐待」「シンガポール華僑粛清」（以上イギリス），「サンダカン死の行進」「ナウル島民事件」（以上オーストラリア），「憲兵隊関係事件」「捕虜虐待」（以上オランダ），「ランソン捕虜殺害」「FFI諜報団員虐殺」（以上フランス），「非戦闘員殺害」（フィリピン），「南京大虐殺」「平頂山事件」（以上中華民国）などがあげられる。BC級裁判でとくに指摘しておきたいのは，戦犯のなかに朝鮮人軍属と台湾人軍属が含まれていたことである。

彼らは捕虜収容所の監視任務につかされていた結果として有罪判決を受けたもので，有期刑者は後に減刑され釈放されたが，朝鮮人の有罪判決 143 人中 23 人，台湾人の 178 人中 26 人には死刑が執行された。なお，1949 年に成立した中華人民共和国も特別軍事法廷を設置して戦犯 45 人を裁いたが一人の死刑判決も下さず，教育によって改悛させた後に全員を釈放した。

（4） 天皇の戦争責任とタブー

昭和天皇が東京裁判で訴追を免れたのは戦後の対日占領政策を主導した米国の政治的決断によるものであったことは多くの識者が指摘するところである。この米国の判断に対して国として反対したのはオーストラリアのみであったが，米国内にも他の連合国内にも反対意見は決して少なくなく，また東京裁判のウェッブ裁判長（オーストラリア人）が免訴に不満を表明したことはよく知られている。米国の決断は敗戦後の日本社会においても戦前の天皇の絶対的権威が根強く残っていることに着目し，主権在君の憲法体制は主権在民へと改めさせるとしても，天皇の国民に対する影響力は占領政策に活用する方が得策と考えたからに他ならない。したがって，東京裁判で免責されなかった場合を想定してみれば天皇の戦争責任はおのずと明らかになるであろう。その場合は A 級戦犯の謀議・遂行のみに侵略戦争の原因が求められるのではなく，御前会議という日本独自のシステム，国家元首にして大元帥の天皇以外には発しえない「宣戦の詔書」，御名御璽と記された大本営発令も当然ながら問題になったであろう。

侵略戦争とその戦線拡大に軍部の無謀な作戦と圧力があったことは事実であるが，天皇はただ作戦を追認したり圧力に屈したのではなく，明晰な頭脳と決断力を持ち，「上奏」（意見や事情などを天皇に申し上げること）や「御下問」によって事態をよく把握した上で承諾し，また作戦にも影響を与えた。このことは木戸幸一や近衛文麿などの側近の日記や「上奏関係書類綴」（防衛庁防衛研究所図書館所蔵）によって明らかである。決断力については 2・26 事件における果断な「粛軍」（軍の綱紀粛正）が証明しているのみならず，降伏の決断によっても分かる。いかに軍部や政府が好戦的であったとしても，天皇の権威をないがしろにしうる者は誰一人ありえず，それほど天皇の権威は終始絶対的で

あった。米国の文化人類学者ルース・ベネディクトが名著『菊と刀』のなかで，天皇の命令とあれば日本の「無条件降伏」は混乱をきたさないと予測し的中したのも，「神聖ニシテ侵スベカラズ」（旧憲法）という天皇の神格的権威が国民に深く浸透していることを洞察していたからである。昭和天皇は侵略戦争の積極的な推進者ではなかったとよくいわれるが，帝王学によって育てられ，「八紘一宇」（世界を一つの家とすること。太平洋戦争期，わが国の海外進出を正当化するために用いた標語／広辞苑）を信奉し，戦勝の報や領土の拡大を好感をもって迎えたことは否定できない。たとえば，南京陥落（1937年12月13日）の報に接した天皇は「中支那方面ノ陸海軍諸部隊カ上海附近ノ作戦ニ引續キ勇猛果敢ナル追撃ヲ行ヒ速ニ首都南京ヲ陥レタルコトハ深ク滿足ニ思フ此旨將兵ニ申傳ヘヨ」との「御言葉」（同年12月15日各紙発表）を発している。今日なお南京市民がこの「御言葉」を許しがたく思っていることはいうまでもない。また，天皇は戦争の終結を遅らせ，内外の惨禍を甚大なものにした責任も問われる。原爆の惨状とソ連の参戦という局面に至るまで降伏の決断を躊躇したのは「国体護持」（天皇制の維持）に執着したからに他ならないが，1945年2月の段階で近衛文麿元首相が早期降伏を進言したのに対し，天皇は「梅津（注・参謀総長）及び海軍は，今度は台湾に敵を誘導し得れば，たたき得ると言って居るよし，その上で外交手段に訴えてもいいと思う」（井上，1987, p. 200）と答えたことが明らかにされている。日中戦争を泥沼化させた重大な責任を負う近衛文麿のこの苦汁の進言を聞き入れていたならば，沖縄戦も都市空襲も広島・長崎への原爆投下もなかったわけである。もとより絶体絶命の局面に至らなければ軍部・政府も国民も敗戦を受け入れなかったであろうとの見方はありうるが，それは当時天皇が有していた絶対的権威を過小にみるものであって，相当の混乱はありえても徹底的抵抗は不可能であったというべきである。

　昭和天皇の戦争責任はさまざまな角度から研究が進み，学問的には決着がついているともいえるが，日本にはこの問題に触れることを避ける社会的土壌があるといわなければならない。天皇の戦争責任に言及することは，とりわけ公人にとってはタブーへの挑戦ともいうべき危険を伴うことにもなりかねない。1988年12月，本島等長崎市長（当時）が市議会での質問に答えて「天皇の戦争責任はあると思う」（言論の自由を求める長崎市民の会，1990, p. 6）と答

弁したところ，大々的に報道されるとともに激しい反発を招き，1年過ぎには
ついに同市長狙撃事件まで起きた。答弁に賛同する意見も市長宛に多数寄せら
れ，言論の自由を守るための市民運動も力強く展開されたが，凶悪な事件を防
ぐことはできなかった。まず県市の保守政党から発言撤回要求が出され，次い
で右翼団体から脅迫を含む撤回要求が相次ぎ，市庁舎を中心に長崎の街は黒い
街頭宣伝車で埋め尽くされた。市長に銃弾入りの脅迫文が送りつけられたり，
市庁舎の一角に銃弾が撃ち込まれたこともあった。一方，事態を言論の自由の
危機ととらえた市民たちも即座に対応し，「本島発言を支持し言論の自由を守る
有志声明」に続いて「言論の自由を求める長崎市民の会」を結成した。本島発
言を支持する市民も撤回を求める市民もともに集会や全国的な署名運動を行っ
たが，警察によって身辺警護されていた本島市長はそれが解除されてほどなく
凶弾に襲われた（1990年1月18日）。一命はとりとめたが，重傷を負った。

「本島発言」は単に天皇の戦争責任を認めただけのものではなく，「天皇の戦
争責任はあると思います。しかし，日本人の大多数と連合国の意思によって，
それが免れて，新しい憲法の象徴になった。そこで，私どももその線に従って
やっていかなければならないと，そういうふうに私は解釈をいたしていると
ろであります」（長崎市民の会前掲書，p. 22）として，後段の部分で東京裁判
における天皇の免責と戦後憲法における象徴天皇制を是としたきわめて穏当な
内容のものであった。また，脅迫まじりの発言撤回要求に屈しなかったのは，
「あの大戦について心からの反省なくしては，今後日本が国際社会において信
頼を得ることはできないし，天皇についての自由な発言ができずして，日本の
民主主義の発展は期待できない」（1988年末，仕事納め式挨拶）（長崎市民の会
前掲書，p. 329）という信念に基づくもので，人権と民主主義の発展を願うか
ぎり何ら非難されるいわれのない自然な結論であった。

「発言」と狙撃事件は国内での論議の沸騰のみならず国際的にも注目を集め，
多数の論評を呼んだ。たとえば，「アジアで最も民主的だと思われている日本
で，自由な言論がないことに韓国民は驚くに違いない。日本が戦争責任を取ら
ない国と考える人もいるだろう」（朝鮮日報東京特派員姜天錫記者）（長崎市民
の会前掲書，p. 328），「戦争責任について国民が真剣に考えないというのは，
日本の中で許されても国際社会では許されない未成熟な態度だ」（南ドイツ新

聞極東特派員ゲッパート・ヒールシャー記者）（長崎市民の会前掲書，p. 327）など，海外の論評はおしなべて事態を非常識な混乱と断じるものであった。

　良識を許さないところにタブーが存在する。「発言」に賛同し言論の自由を追求した市民の代表も脅迫や無言電話に長期間悩まされ，身の危険も感じたという。天皇や靖国神社の問題となると途端に自由にものが言えなくなる土壌が日本の社会には確かにある。しかし，この土壌を世論の力によって克服しようとする人びとの思想と行動も確かに成長しつつあるといって過言ではない。感情的な対立に陥ることを厳に戒めながら，市民の一人ひとりが人権と民主主義の発展，ひいてはアジア諸外国との歴史認識の共有を目指す自覚をもつことの重要性を「本島事件」は教訓として残したといえよう。

2.　日本軍「慰安婦」問題

　日本の戦争犯罪のなかで最も恐るべき人権侵害として「慰安婦」政策がある。しかもこの軍・国家の大規模な組織的犯罪は東京裁判での「人道に対する罪」にも数えられなかった。事実を正確に理解し，国家としての責任を果たすにはどうあるべきかについて考えてみたい。

（1）　歴史的事実

　まず国の責任が問われるに至った経緯から述べよう。旧日本軍専用の「慰安所」の実態は戦後早くから回想記や戦場秘話等の書物によって断片的には知られていたが，本格的な研究書が現れるようになったのは1970年代と遅く，衝撃的な事実として世の注目を集めるにはさらに20年近い歳月を要した。1990年5月，盧泰愚韓国大統領の訪日を機に韓国の女性団体が「事実認定・謝罪・補償・史実教育」等の対日要求を同大統領に託したことが大きな転機となった。このとき日本政府は軍・政府の関与を否定し，「慰安所の存在は認めるが慰安婦たちはいわゆる遊郭業者が連れ歩いたものにすぎない」（国会答弁要旨）との見解を崩さなかったため，内外の批判が高まるなかで1991年8月，「このままでは真実が消される。日本の子どもたちにも真実を伝え，再発を防がなければならない」（証言要旨）とついに生き証人が名乗り出た。それが今は亡き金学順

さんである。そしてこの本人証言が「慰安所」の設置と管理に関する軍の明確な関与を示す公文書類の発見をもたらす契機となった。すなわち，金学順さんの痛ましい証言に接した吉見義明氏（中央大学教授）が防衛庁防衛研究所図書館に保存されている同公文書類の存在を思いだし，改めて確認し，公表（1992年1月）したのである。ちなみにこの公文書類は空襲を避けて八王子の旧日本軍倉庫に移されていたために幸いにも焼却を免れ，戦後米軍に没収されたが後に返還されたものである（吉見，1995，p.5参照）。証拠資料発見というこの劇的な展開によって日本政府は一転して軍の関与を認めざるをえなくなり，対外的に謝罪を表明するとともに事実調査を約束したが，その結果，翌年8月，官房長官談話の形で「慰安婦」の連行の「強制性」を認め，「道義的責任」を表明するに至ったのである。

　次に強制連行と「慰安所」での性的奴隷の実態について述べたい。「慰安婦」の徴集は「軍慰安所従業婦等募集に関する件」（1938年，陸軍省副官通牒）や「支那渡航婦女の取扱に関する件」（同年，内務省警保局長通牒）等で明らかなように「通牒」（指示・通知）方式で軍と官憲の綿密な連携を図りながら行われた。労働者の強制連行の場合のように「徴用令」方式が採られなかったのは，政府が前述のハーグ条約や「醜業を行わしむる為の婦女売買取締に関する国際条約」（1910年，日本も加入）等の存在を意識し，国家の体面を保つためであったと考えられる。「強制徴用」の公文書がないことを理由に「強制ではなかった」とする主張が今日なお見受けられるが，それは証拠文書の焼却命令に目を向けないことにもまして我田引水の論理である。では実際に関係国際法は守られたのかといえば決してそうではない。日本人「慰安婦」の徴募では世論を恐れて一定の配慮がなされたが，植民地（朝鮮・台湾）では国際法は完全に無視されたのである。すなわち，軍指定の業者と官憲の結託という無法状態の下で，未成年であると否とにかかわらず，人身売買や甘言・詐欺・脅迫による連行が多発し，さらには誘拐・拉致のケースさえ生ずるに至った。また，占領地では軍が直接前面に出て土地の有力者を脅迫して集めたり，誘拐・拉致した例が多数報告されている。被害者は日本の侵略・占領地の全域に及ぶが，朝鮮人，中国人，フィリピン人，インドネシア人，オランダ人（オランダの植民地だったインドネシアでの抑留者）などで，総数は10万人〜20万人というあいまいな

推計にとどまっている。日本政府の責任ある実態調査が望まれることはいうまでもない。

　だまされたり拉致されたりして連行・収容された「慰安婦」たちは抵抗も空しく強姦され，来る日も来る日も10人，20人あるいはそれ以上もの日本兵の性的奴隷にされた。逃亡や抵抗にはみせしめの拷問が加えられ，死に至った場合もある。「報酬」を受けたケースもあるが軍票や「儲備券」(一種の金券)がほとんどで，日本の敗戦後は紙くずとなった。彼女たちの多くは戦後も祖国や故郷へ帰ることができなかった。それは日本軍が撤退時に放置したからでもあるが，連合軍に救助された場合も儒教的性道徳にしばられて家族のもとへ帰る勇気さえ失ったからである。日本軍「慰安婦」政策が彼女たちの青春を，そして全人生を破壊したことを忘れてはならない。証言集にぜひ目を通してほしい。

(2)　「女性のためのアジア平和国民基金」と「国連勧告」

　自らには責任が微塵もないことを自覚し勇気をもって名乗り出る証言者がアジア全域に相次ぐなかで，日本政府に彼女たちの人権回復を要求する国際世論も高まってきた。これに対して日本政府は「女性のためのアジア平和国民基金」(1995年)を設置して国民に募金を呼びかけ，韓国・台湾・フィリピンの元「従軍慰安婦」に「基金による償い金」として各200万円を首相の謝罪文を添えて支給するという政策を打ち出し実施した。これは日本国民が募金によって償うというもので国家による謝罪でも補償でもないことから，内外の激しい批判にさらされたが，賛否両論渦巻くなかで「償い金」を受け取る人と拒否する人とに分かれ，被害者の間にも救援する人びととの間にも不信と分裂をもたらすという深刻な結果を招いた。国家の責任を明確にした上で国民にも募金を呼びかけたのであれば，国民の側もより積極的に応じたことであろう。この政策はまた国際社会からも支持をえられなかった。元「慰安婦」たちの訴えに応えて国連人権委員会が調査に乗り出し，調査結果と日本政府に対する「勧告」を盛り込んだ「クマラスワミ報告」(1996年)を「テイク・ノート」(留意・採択の一種)した。この「報告」は日本軍「慰安所」政策が「軍隊性的奴隷制」であり「組織的強姦」に他ならなかったことを詳細に立証するとともに，ハーグ条約やジュネーブ条約，国際人道法に違反する行為であるから被害者個々人は

国連憲章および国際人権規約に基づいて効果的に救済されなければならないとするものであった。すなわち，日本政府に対し法的責任の受諾，公的謝罪，賠償，所持文書・資料の開示，歴史的事実教育，「慰安所」への徴募・収容に関与した者の処罰の6項目を勧告したのである。これに対して日本政府は国家間の賠償で解決済みであるとして個人の賠償請求権を否定し，さらには「女性のためのアジア平和国民基金」への協力を国家施策として力説し，「勧告」の受諾を拒否した。しかし，日本政府のこの対応は人権の不可侵性と人権の国際化の流れに逆行するものであることは明らかで，国連は次いで差別防止・少数者保護委員会において「マクドゥーガル報告書」(1998年)を採択し，「国民基金」の施策が法的賠償に当たらないことを明確に示して国家賠償するように再び勧告した。また，ILO（国際労働機関）も条約勧告適用専門家委員会が1998年と2002年に類似の「意見書」を採択していることを付記しておきたい。

　国連の「勧告」には強制力がない。日本政府は未だに態度を変えていないが，この問題に関して国際社会で孤立無援の状態である。もとより国内においても根本的な解決を政府に要求する運動が国際社会と連携しながら粘り強く続けられている。国の責任で加害の実態調査を実現するための「国会図書館法の一部改正案」や「戦時性的被害者問題解決促進法案」(野党共同提案)があり，国会での審議がようやく緒についたところである。政府側から「国民基金」政策の不十分性を認める答弁があっていることは事実であるが，楽観は許されまい。政府が度重なる「国連勧告」に対して対応に苦慮していることの表れと言うべきだからである。立法による明瞭な政策転換を可能にするのは世論の高まりがあるか否かにかかっていると言えよう。

(3)　人権回復と補償を阻む「国家無答責論」の壁

　元「慰安婦」たちは当然ながら日本政府に謝罪と補償を要求する裁判に踏み切った。その数は，2002年9月現在，6件に及んでいる。原告は韓国人，中国人，台湾人，フィリピン人である。6件中3件はすでに高裁判決を経て最高裁に上告中であるが，高裁判決はすべて原告敗訴であった。しかし，原告の損害の一部は賠償しなければならないと被告・国に命じた地裁判決が1件だけあったことは特筆に値するであろう。それは戦時中の強制連行のルートであった釜

山—下関を思い起こして「関釜裁判」と名付けられた裁判（山口地裁下関支部）の判決（1998年）で，「慰安婦」への軍の関与を認めた官房長官談話（1993年）から3年以内に救済立法を制定しなかったのは「立法不作為」（立法の怠慢）に当たり「立法義務違反」であるとして，3年経過後の期間について政府に損害賠償を命じたのである。ではそれ以前の期間についてはどうかといえば，国家賠償法の制定（1947年）以前のことは「国家無答責論」（国家は悪を犯さないから責任を問われないという法律論）が適用され国に賠償義務はないとしたのであった。この一審判決は原告全面敗訴の判決が連綿と続く戦後補償裁判のなかで原告への損害賠償を一部でも認容した唯一のものとして高く評価されたが，二審の広島高裁判決（2001年）は「戦後補償のあり方は総合的政策判断を待って決めるもので，立法府の裁量にゆだねられている」（判決要旨）とし，「憲法の解釈上，元慰安婦らに対する謝罪と補償についての立法義務の存在が明白だとは言えず，立法不作為は違法の評価を受けない」（同上）として一審判決を破棄したのである。この控訴審判決に対して原告の一人は震えながら「あなたたちは人間なのですか」（『朝日新聞』2001年3月30日）と叫んだと報じられている。後述の戦後補償裁判全般についてもいえることであるが，国際法違反が問われることなく「国家無答責論」が被害者の請求を退ける強固な法的根拠とされる司法の現状をいかに克服するかが主権者たる国民の課題であると言えよう。

（4）　教科書から消えていく「慰安婦」問題

　「慰安婦」問題は歴史認識としても重要である。国連は前述のとおり史実教育の徹底をも勧告しているのであるが，歴史教育におけるこの問題の位置づけはどうであろうか。2002年度から採用の中学校歴史教科書の検定では「慰安婦」問題を記述しない「新しい歴史教科書」が検定に合格したばかりではなく，他の教科書も今回から記述を削除したものが多数を占めるに至ったことは憂うべきことといわざるをえない。また「慰安婦」問題について学ぶことは単に歴史認識の問題としてではなく，ジェンダー（生物的な性別を示すセックスに対して，社会的・文化的に形成される性別）についても学ぶ機会ともなる。「慰安所」の存在は女性差別・民族差別・階層差別（経済的に恵まれない階層に対する差別）に他ならなかったが，その背景にはそれを作り出し支えた当時の日

本社会のジェンダーがあった。さらに現代との比較においてジェンダーについて討論するならば現代を考える上でも意義のあることである。女性に対する暴行事件は戦争や内乱という非常事態にのみ原因があるのではなく，その地域のジェンダーにも起因するものといわなければならない。

3. 戦争被害者と戦後補償問題

　戦後補償問題は「慰安婦」問題，朝鮮人・中国人強制連行問題，朝鮮人・台湾人BC級戦犯問題，在日韓国・朝鮮人戦傷戦没軍属問題，韓国・朝鮮人被爆者問題，朝鮮人女子挺身隊問題，朝鮮・台湾侵略被害者問題，日中戦争被害者問題，台湾人元日本兵問題，連合国元捕虜問題など多岐にわたるが，具体的な提訴事案は2002年9月末現在70件に達し，この内すでに最高裁判決によって棄却されたり取り下げや和解によって「終結」したものが25件，その他45件は係争中である。最高裁判決をみると後述の「孫振斗被爆者手帳裁判」で原告の請求を認容した唯一の例外を除き，残る13件すべて請求棄却の判決を下している。たとえばBC級戦犯国家補償請求，シベリア抑留元日本兵国家賠償請求，香港軍票補償請求，台湾人元日本兵戦死傷補償請求，在日韓国・朝鮮人「援護法」障害年金支給請求などであるが，日本人の旧軍人軍属に対する戦後の国家補償と比較するとき，旧植民地出身の軍人軍属は「国籍条項」によって排除されてきたことを物語っている。ただし，台湾人については最高裁判決（1992年）が「国政関与者の一層の努力に待つほかはない」との「立法不作為」の見解を添えたため，政府は一人一律200万円支給という政治決着を図った経緯がある。また，日韓条約（1965年）の対象外とされた在日韓国・朝鮮人についても「弔慰金等の支給に関する法律」が2000年5月に制定され，現在一時金請求の受付期間中であるが，これについては第2章の「社会保障・戦後補償」の節を参照されたい。このように日本の戦後補償は，ドイツが明確に「戦後補償法」を制定して今日までにすでに7兆円を超える補償を行ってきたのと比べて，あまりにも貧弱といわねばならない。ドイツは今後2030年まで補償事業の継続を必要とし，さらに3兆円を見込んでいる。また，最近では企業側も政府と連携して「記憶・責任・未来」基金を設立し，強制労働の賠償にも着手したことが伝えられている。日本の現状はどうであろうか。国際的批判は高まるばか

りである。問題は多岐にわたるが，ここではとくに強制連行・強制労働問題と在外被爆者問題に焦点を当て，今後どうあるべきかについて考えてみよう。

（1） 朝鮮人・中国人強制連行・強制労働

　朝鮮人強制連行は，日中戦争下の労働力不足を補うために閣議決定された「労務動員実施計画」（1939年）に基づき，「朝鮮人労務者内地移住に関する件」の発令（内務省・厚生省）によって開始された。しかし，この政策は政府の一方的な決定ではなく，日本石炭連合会をはじめとする産業界の強い要請に政府がむしろ決断を迫られたものであることを忘れてはならない。「朝鮮人労務者」の採用数も各企業が厚生省に申請してはじめて許可される仕組みになっていた。強制連行はまず「募集」形式で始められたが，実際には各企業に「募集」区域を指定したために，甘言によって予定人員を獲得する悪質なケースが次第に多くなった。また日本での苛酷な強制労働の実態が伝わるにつれて「募集」はいっそう困難の度を強めた。そこで政府は「朝鮮人内地移入斡旋要綱」を定め，1942年9月以降，朝鮮総督府の行政機構の斡旋（指名）による連行に切り換えた。これが「官斡旋」と呼ばれるものである。「斡旋」は企業と官憲が一体となった事実上の強制であり，拒絶を許さない暴力的連行であった。さらにこの段階では行き先も告げないまま農作業中に連行したり路上で拉致するケースも頻発している。そして1943年8月，朝鮮にもついに徴兵制の実施に踏み切った政府は翌年9月，「国民徴用令」の適用にも踏み切り，名実ともに強制連行となったのである。連行者総数は推計者によってかなりの開きがあるが，少なくとも100万人以上とみられている。なお，日本国内の軍需産業や土木工事のためにのみ連行されたのではなく，サハリンや南洋方面にも連行されたこと，軍属や軍夫（軍の雑役労働者）として徴用され遠く戦場や占領地へと連行された朝鮮人も十数万人に及ぶことも知らねばならない。

　朝鮮人強制労働がどれほど苛酷なものであったかは多くの証言によって明らかである。例外なく狭い収容寮で軟禁または監禁状態におかれ，1日12時間を下らない長時間の危険な重労働を強いられ，食事は粗末で飢えに苦しみ，賃金は通常日本人の半額しかなく，その上日常的に暴力が支配する管理体制下にあった。死亡者は日本国内で約6万人に及んだと推定され，そのなかには多数

の虐殺事件も含まれている。たとえばサハリンでは炭鉱労働の犠牲者が続出したのに加えて，日本の敗戦直後に数十人の朝鮮人労働者が憲兵らに焼き殺され，また女性・子どもを含む27人が在郷軍人会に殺害されるという事件があった。そして日本人約29万人は敗戦の翌年に日本へ引き揚げることができたのに，約4万人の朝鮮人は祖国へ送還されず島に置き去りにされてしまった。このサハリンの悲劇は朝鮮人強制連行・強制労働の本質を象徴しているといって過言ではあるまい。

中国人強制連行は閣議決定「華人労務者内地移入に関する件」（1942年11月）によって開始されたが，敵国人の連行だけに政府は朝鮮人の場合以上に慎重であった。ここでも断行を決意させたのは産業界の圧力である。「満州国」での強制労働の実施状況を踏まえ試験的な導入期間を経て本格的に踏み切ったが，占領地の傀儡政権下に人身売買的供出機関（最大は華北労工協会）を設置し，無差別に若い男性を拉致して国内35企業，135事業場に総数約4万人を強制連行した。一般に流布している捕虜の連行・使役という見方は誤りであり，農民が最も多く，教員や商人など職業はさまざまであった。彼らは日本軍に畑や路上でいきなり拉致され，各地の収容所に集められ，手足を縛るなど身体の自由を奪われたまま日本へと連行された。残された家族も悲惨きわまるものであったことはいうまでもない。突然の行方不明であり，一家没落に陥った家族も少なくない。

日本での労働，生活条件は企業間の例外なくおしなべて奴隷同然であったといって過言ではない。1日12時間労働は当時珍しくなかったとしても，1食2個の小さな雑穀の饅頭のみという飢餓状態で，痩せ衰え栄養失調で死亡する者も多数にのぼった。危険な労働による怪我人も続出し，治療はずさんで，仕事を休めば食事を半減されたという証言もほぼ全国的に共通している。隊編成で厳重な監視体制下におかれ，労働と生活のすべてを暴力が支配していた。日本敗戦までのわずか1〜2年間に約7千人もの死亡者を数えたのも必然的な結果であった。当然ながら抵抗事件もあったが，過酷な弾圧によってすべて鎮圧され，多数の犠牲者を出した。一斉蜂起で知られる「花岡事件」（秋田県花岡鉱山の水路工事を請け負った鹿島組に対する抵抗）では，捕らえられた中国人に憲兵・警察・在郷軍人会などが残虐な拷問を加えて100人以上を死に至らしめ，

986人のうち最後まで生き残ったのは568人にすぎなかったという。また長崎県の崎戸炭鉱（三菱鉱業）と鹿町炭鉱（日鉄鉱業）では，抵抗事件と断定することはできないものの，炭鉱爆破計画の嫌疑でそれぞれ27人と6人が検挙・投獄され，原爆の犠牲となっている。

(2) 人権回復と損害賠償を阻む「国家無答責論」と「除斥期間」の壁

　朝鮮人強制連行・強制労働の損害賠償を日本国および責任企業に対して，またはその一方に対して請求している裁判は現在約10件が係争中であるが，ここでは国と三菱重工業を相手に提訴（長崎地裁，1992年7月）した「金順吉裁判」を取り上げて考えてみたい。金順吉（キム・スンギル）氏は1945年1月，釜山から国民徴用令によって三菱重工業長崎造船所に強制連行され，海軍兵が監視する寮に軟禁状態で収容され，資材運搬等の強制労働に従事した。そして同年8月9日には労働中に原爆被爆した。訴訟は金氏が丹念につけていた日記をもとに企業側に未払い賃金を請求するとともに，国と企業に対して謝罪と合計1千万円の慰謝料を請求するものであったが，同氏の目的は金銭にはなく「民族の名誉もかけて強制連行の屈辱を晴らしたい」一念であったことは私を含む裁判支援者がよく知るところである。氏は徴用から逃れるために母方の実家へ逃走したのであるが，官憲が押しかけて来て母親を脅し，さんざん殴られたあげく丸坊主にされて連行された屈辱を決して忘れることはできなかった。それは薬店勤務の職を失ったこと以上に人間の尊厳を奪うものであった。氏の訴えに対する国側の答弁は「旧憲法下では国は賠償の責任は負わないものとされていた」（国側の第1準備書面）という「国家無答責論」に終始し，企業側は財閥解体前の「旧会社」の責任であって現在の三菱重工業は無関係だと主張した。そして長崎地裁は判決（1997年12月）において国と企業の主張を認め，原告に請求棄却を言い渡した。ただし，同判決は官憲の暴力的な連行や収容寮での海軍兵員の監視を違法行為と認定し，三菱重工業のいう「旧会社」に未払い賃金の債務を認定した上でのことであった故に，この点は一定の評価を受けた。判決当時すでに病床にあった金順吉氏は控訴して間もなく翌年2月他界された。裁判は遺族によって継承され，結論から言えば，福岡高裁判決（1999年10月）も一審判決をくつがえすことはなく，現在，最高裁判決が待たれている

段階である。

　前節でも触れたように，戦前の権力作用に関する違法行為を「無罪」とする法理論，それが「国家無答責論」である。しかし，これはあくまで旧憲法の解釈であって，その名の法律があったわけではない。その上，強制労働は家の名誉や権利，個人の生命，私有財産などの尊重規定を含むハーグ条約に明らかに違反しているにもかかわらず，日本の裁判所は国際法を軽視する傾向があることは否定できない。ドイツのように「戦後補償法」を制定しなかったところに根本的な問題があるとはいえ，外国人の被害者に対して国際法を適用せず，法律でもない「国家無答責論」によって無責任を正当化することは国家にとって不名誉なことであるばかりではなく，基本的人権や法の下の平等を定めた現在の憲法に抵触することといわざるをえない。人権の国際化や人権概念の進展にも背を向けることである。多くの戦後補償裁判が裁判官に求めているのはまさにこの国際的人権感覚である。

　中国人強制連行・強制労働の損害賠償請求訴訟は10件あり，今後さらに増加することが予想される。提訴の先陣を切った「鹿島花岡訴訟」（1995年6月）は東京地裁で原告敗訴の後，東京高裁の仲介により「和解」（2000年11月）が成立し，現在被害者全員の探索と種々の救援事業が積極的に展開されている。次いで「劉連仁訴訟」（劉連仁氏は北海道の明治鉱業に連行されたが脱走し，戦後13年目に山中で発見された）は，東京地裁判決（2001年7月）において国家の「賠償立法義務違反」と企業の「保護義務違反」が認容され原告の一部勝訴となったが，「良心的な判決」と評価されたこの判決でさえも強制連行・強制労働自体は「国家無答責論」によって免罪された。そして，2002年に入って2件の地裁判決があり，「福岡訴訟」判決（4月）は「国と企業の共同不法行為」と認定し，被告・三井鉱山には賠償を命じたが，国に対しては「国家無答責論」を是認して無罪とした。ただし，この判決は「除斥期間」（不法行為の時から20年が経過すれば損倍賠償請求権は消滅するという民法の規定）の適用を著しく「正義・衡平」の法理念に反するとして企業側に賠償を命じたものであり，その点は画期的であったといえよう。続く「西松建設訴訟」の広島地裁判決（7月）は被告企業の安全配慮義務違反を認定しながら，「除斥期間」の適用を合法として原告の請求を退けた。この訴訟は企業のみを訴えたものであるが，「除

斥期間」について「福岡訴訟」とは全く反対の解釈が示されたことになる。なお，「慰安婦」問題に関してと同様，ILO条約勧告適用専門家委員会が「強制労働条約違反」を指摘し適切な措置を講ずるように日本政府に「意見書」（1999年および2002年）を出していることにも着目してほしい。

（3） 在外被爆者を「被爆者援護法」から排除する「通達」

　原爆被爆者は日本人だけではない。国の調査は行われていないが，約1割は朝鮮人であったとの民間の調査結果は今ではほぼ動かしがたいものとなっている。すなわち，広島と長崎を合わせて約7万人の朝鮮人が被爆し，1945年末までの原爆死は4万人近いと推定されるのである。被爆者は原爆後障害の観点から他の戦災者とは異なる特別の措置によって救済されるべきだとの運動が実を結び，いわゆる原爆二法，「原爆医療法」（1957年）と「被爆者特別措置法」（1968年，健康管理手当をはじめ認定による手当の支給）が制定されたが，在外被爆者は当初から対象外とされていた。在外被爆者への原爆二法の適用を曲がりなりにも可能にしたのは孫振斗（ソン・ジンド）裁判（1972年〜78年）である。孫氏は佐賀県名護屋の串浦漁港に不法入国（1970年12月）して逮捕されたが，原爆後遺症（18歳のとき広島で被爆）の治療が目的であると訴え，獄中から福岡県知事に被爆者健康手帳の交付を申請し，却下されたため提訴に及んだ。訴訟はいつ強制送還されるかも分からない危機感のなかで退去強制令の取り消しを求める訴訟をも起こしながら進行したが，被告・福岡県（実質上は厚生省）の答弁は，原爆二法は社会福祉法の一環であるとしてその適用には「適法に在留し」かつ「地域社会の一員」であることが必要というものであった。これに対し福岡地裁は「不法入国者であっても原爆医療法は適用されるべきだ」（中島，1998, p. 206）と，原告勝訴の判決（1974年3月）を下した。県側が控訴するとともに，厚生省は同年7月，「日本国の領域を越えて居住地を移した被爆者については，同法（注・被爆者特別措置法）の適用がないものとして失権の取扱いをするものと解される」（中島前掲書, p. 206）という公衆衛生局長通達を出した。後述のように，この通達こそは在外被爆者排除の壁となってきたものである。二審判決も孫氏の勝訴であった。そして最高裁も県・厚生省側の上告を棄却し，「原爆医療法には国家補償的配慮が制度の根底にあ

る。被爆者であって現にわが国に現在する限り同法は適用される」（中島前掲書，p. 202）と最終判決（1978年3月）を下し，条件つきながらも在外被爆者に対する原爆二法適用の扉が開かれたのである。なお，孫振斗裁判を支えた福岡・広島・東京などの「市民の会」の活動も高く評価されなければならない。

　孫振斗裁判の結果を受けて在韓被爆者の渡日治療政策（医療費は日本政府負担，渡航費は韓国政府負担）が実現したが，5年間349人で打ち切られた。以後，被爆者健康手帳を取得するためには自力で渡日する他はなく，高齢で健康を害している多くの被爆者には到底不可能なことであった。在韓被爆者は韓国原爆被害者協会を通して「あくまで日本人被爆者並の援護」（中島前掲書，p.196）を強く要求した。しかし，日本政府の対応は在韓被爆者援護として総額40億円を拠出（1991年〜93年）するのに止まった。また，国交のない朝鮮民主主義人民共和国の被爆者には何の援護策も採られないまま今日に至っている。

　その後，国内外の被爆者を中心に国家補償の明文化を目的とする原爆二法の改正要求が高まり，「被爆者援護法」（1995年施行）の制定をみたが，内容的には原爆二法の一本化にすぎず，在外被爆者の差別待遇は解消されなかった。韓国には2002年現在約2300名の被爆者が生存し，そのうち被爆者手帳をもつ人は約700人にすぎないといわれ，生存者も年々100人近く世を去っていくと伝えられている。植民地支配のなかで「日本人」として被爆し，戦後半世紀たってもなお排除され続ける状況に耐えかねて，ついに裁判に訴える在韓被爆者が現れた。帰国後に健康管理手当の支給を打ち切られたのは被爆者援護法違反であるとして最初に提訴したのは徴兵によって広島で被爆した郭貴勲（クァク・クィフン）氏（元韓国原爆被害者協会会長）である。被告の国と大阪府は上に述べた「公衆衛生局長通達」の合法性を主張したが，大阪地裁は同通達を「被爆者援護法の根本的な趣旨目的に反する取り扱いで，法の下の平等を定めた憲法14条に反する恐れもある」（判決要旨）と原告勝訴の判決（2001年6月）を言い渡した。次いで，北九州で生まれ育ち長崎の三菱兵器製作所に徴用されて被爆した李康寧（イ・カンニョン）氏が国と長崎市長を相手に提訴した同趣旨の裁判でも，長崎地裁の判決（2001年12月）は原告勝訴であった。そして，前者に対して大阪高裁が「被爆者はどこにいても被爆者」（判決要旨）と再び明快に国の控訴を退けた（2002年12月）のを受けて，国側がついに上告を断

念した。これは大きな前進であり，一見全面解決のようにみえるが，被爆者の認定申請は国内に限るとした要件を緩和する意志が目下のところ国には毛頭なく，渡日しない限り被爆者援護法の適用を受けられないことに変わりはないのである。「通達」は撤回されても渡日という入口（同法第2条）の壁は依然高い。国側があくまでも在外被爆者を排除しようとするのはなぜであろうか。それは朝鮮侵略に対する反省の浅さと民族差別であるといわざるをえまい。

4. 平和教育の課題

平和教育は，憲法問題もあってか，これまで重視されてきたとはいえない。今後定着を図るとともに，課題としてとくに下記の点を意識的に織り込むことが従来にもまして重要であると思われる。

（1） 戦争の悲惨さを知るだけでは足りない

戦後日本の平和教育は戦争の悲惨さを教えることに徹底してきた。悲惨だから二度と戦争をしてはいけないという。しかし，それは戦争を起こした側の論理で，一面の正しさでしかない。なぜならば，原爆をはじめ受けた被害の恐ろしさには敏感でも，侵略された側の悲惨さにはあまり目が向けられていないからである。侵略された側にしてみれば二度と侵略を許さない決意に燃えて当然である。すなわち簡単に戦争否定論に立つわけにはいかないのである。日本では反戦論が多く，アジア諸外国では防戦論が多い所以である。また，戦争の悲惨さを知るだけでは自国が起こす戦争を防ぐのにも十分とはいえない。歴史は戦争が常に「正義」によって始められたことを教えているが，「正義」は恣意的なものであって，敵の「不正義」を捏造したり殊更に強調して憎しみを煽り，国民を「非常時」という名の戦争へと駆り立てる危険性は常にあるからである。したがって，日本が平和憲法を守り絶対に再び戦争を起こすことも交戦することもしないためには，戦時中の言論弾圧について学ぶとともに，日本の侵略戦争がアジア全域において与えた加害の悲惨さにこそ目を向け，それによって自らも甚大な被害を受けるに至ったことをよく認識すべきである。そうでなければ戦争の悲惨さを本当に理解したことにはならないばかりではなく，侵略戦争

は結果として謝罪と賠償という負の遺産しか残さないことを認識することも，確信をもって戦争に反対することもできないであろう。そして，加害の史実を直視しアジア諸国民との歴史認識の共有に努めるならば，友好関係は深まり，平和も約束される。日本の歴史教育でしばしば指摘される加害史の隠蔽が友好を損ねていることは論をまたない。また，よく耳にする「未来志向」が過去の軽視を意味するものであるならば，それによって得られるのは一時的なみせかけの友好だけである。

―――靖国神社・護国神社・忠魂碑―――

　小泉首相（2001年4月就任）は靖国神社が戦没者に対する追悼の中心的な施設だとして8月15日（敗戦記念日）の同神社参拝を公約に掲げ実行しようとしたが，中国と韓国から強い反発を受けて外交問題に発展し，結局8月13日に参拝した。予定を変更したことで抗議は多少ながら和らげられたといわれている。そして2002年はさらに前倒しをして4月21日（春の例大祭の前日）に，2003年は新年を理由として1月14日に参拝した。しかし，参拝のたびに内外から厳重な抗議が殺到していることに変わりはない。それはなぜであろうか。まず靖国神社の起源とその沿革について知る必要があるが，靖国神社は全国の護国神社の頂点に立つ存在といってよく，この護国神社の前身として招魂社といわれるものがあり，さらには靖国神社・護国神社につながるものとして忠魂碑や忠霊塔もあり，これらについても知らなければ靖国神社とは何かを理解することはできない。

　招魂社は討幕運動の戦死者を「招魂慰霊」する目的で京都の八坂神社境内に小祠を建立（1863年）したのが最初で，その後，討幕に加わった諸藩に広がり，1869年には勅命（天皇の命令）により東京招魂社が九段坂上に設置された。当初，戊辰戦争（1868年から翌年にかけての新政府軍と旧幕府軍の戦い）の官軍側戦死者を祭神として合祀したこの東京招魂社が，1879年，別格官幣社靖国神社となったのである。官幣社とは国費の支給によって維持される神社のことで，靖国神社は全国の招魂社（官幣社と非官幣社とがあった）の上に立つ中心的存在として別格に位置づけられた。日清戦争以後の戦没者も各地の招魂社および靖国神社に合祀されていったことはいうまでもない。

　護国神社とは内務省令により1府県1社を原則として地方の招魂社を整理し改称（1939年）したもので，該当府県出身の戦没者を合祀し，靖国神社の下部機構として日中戦争以後ますます民心を忠君愛国に収斂させる役割を担った。

　忠魂碑とは主に日露戦争以後，在郷軍人会が中心となって市町村の神社境内や小学校の一角に建立された戦死者の慰霊碑であるが，天皇への忠誠心を育成し，戦死を美化するための教育的機能にむしろ重点がおかれていた。町の靖国といわれる所以である。なお，忠霊塔は戦死者の遺骨を納めた一種の忠魂碑（1939年以降）で

ある。

　要するに，市町村単位の忠魂碑，県単位の護国神社，全国単位の靖国神社という三重構造こそ近代日本の天皇制軍国主義と侵略戦争の政治的かつ宗教的推進機構であったのである。したがって，敗戦後は政教分離（憲法20条および89条）によって靖国神社も護国神社も官幣を解かれ宗教法人とならざるをえなかったのであるが，戦死者を靖国の神としてあがめる信仰はとくに戦没者遺族を中心として根強く残ったことも否定できない。靖国神社国家護持の復活をめざす「靖国神社法案」（1969年，自民党提出，1974年廃案）さえあった。この法案は憲法違反であるばかりか，侵略戦争を反省せず，戦死者を「英霊」として賛美するものであったゆえに多数の国民の厳しい批判にさらされ，遺族のなかにも次第に批判者が増大する結果となった。しかし，閣僚や保守政治家の靖国参拝はむしろ勢いを増し，1985年8月15日，当時の中曽根首相は公式参拝に踏み切った。これに対して中国，韓国が国家機関としての首相の参拝は日本国が侵略戦争を肯定・賛美することに他ならないと猛反発し，中国はとくに東条英機らA級戦犯の合祀（1978年）を問題にして外交問題に発展し，同首相も一回かぎりの公式参拝とせざるをえなくなった経緯がある。そして，8月15日の首相の参拝自体，以後途絶えていたのである。また，国内では中曽根首相公式参拝に対する違憲・損害賠償請求訴訟（原告は遺族）で「違憲の疑い」という判決（1992年，福岡・大阪高裁）があり，公式参拝に一定の歯止めをかけた。

　小泉首相の靖国参拝はこうした歴史的経緯を無視して憲法にも歴史認識にも挑戦する無謀な復古主義といわざるをえない。政教分離の闘いは公式参拝違憲訴訟の他にも箕面忠魂碑違憲訴訟や長崎忠魂碑違憲訴訟があったし，愛媛玉ぐし料違憲訴訟（愛媛県が靖国神社へ玉ぐし料を公費支出）では最高裁が明確に違憲判決を下している。小泉首相の靖国参拝も当然ながら提訴され，九州・山口，四国，大阪，東京，千葉などで原告合計約2千名（多数の韓国人遺族を含む）のマンモス訴訟となっている。しかも，これらの訴訟は政教分離問題にとどまらず，戦争責任・戦後責任の問題，ひいては合祀問題（遺族の了解もなく勝手に靖国神社の神にされたこと）も内外から問われるに至っている。戦没者に対する国の対応は靖国神社と切り離し，宗教的中立であるべきことは論をまたないところである。

参考文献

- 村上重良『慰霊と招魂』岩波新書，1974年
- 大江志乃夫『靖国神社』岩波新書，1984年
- 田中伸尚『靖国の戦後史』岩波新書，2002年

(2) 無責任のままで平和は築けない

　日本の加害責任として何が問われているのかをまずできるだけ詳しく学ぶ必要がある。その学習は無責任との国際的批判を受け続ける原因がどこにあるのかを考えることにつながるであろう。この点では戦後ドイツとの比較が有益な考察材料として提供されよう。ドイツとの根本的な違いは国民的反省を不動のものとするための平和教育の徹底と戦後補償法の制定である。最近になって民法の「除斥期間」の適用を不当とする判決や被害者と加害企業との和解の動きも出始めてはいるが，「国家無答責論」や「除斥期間」の壁がいかに厚いか容易に理解されるであろう。すべては戦後補償法が制定されていないための無責任である。「戦後補償法」の立法を政府と国会に要求する世論が高まるならば，もとより不可能なことではない。それは有権者一人ひとりの意識にかかっている。日中共同の世論調査（朝日新聞社と中国社会科学院，2002年9月27日同紙報道）によれば，「過去の問題を日本は十分に償ったと思うか」との問に，日本では「十分してきた」42％，「不十分」44％と並び（前回5年前の調査では26％対58％），中国では「不十分」が前回と同じく86％だったという。この大きな認識の差は戦後補償裁判の現状を反映したものとみることができる。日本国民の悲願である各兵器廃絶が原爆の惨禍とともに世界に正しく理解されるためにも，加害に対する無責任状態から一刻も早く脱却しなければならない。

(3) 人権は戦争を抑止する

　戦争が人権を踏みにじることは誰でも知っている。逆に人権が尊重される社会では戦争は起こしにくいともいえる。人権は戦争の抑止力として働く。したがって，平和教育にとって最も重要なのは人権教育だということができる。人権擁護と軍備増強は本来両立しないものである。軍拡は侵略された場合を想定して正当化されがちであるが，軍備弱小が国を滅ぼすような時代でないことは第2次世界大戦の結末が見事に証明している。軍国主義は必ず人権弾圧を伴うことも証明済みである。もちろん人権は戦争を防ぐためにのみ大切なわけではない。日本社会に厳然と存在するさまざまな差別をなくしていくのも人権によってである。たとえば，単一民族や単一文化を声高に掲げて国内の少数民族とその文化を差別・異端視することは明らかな人権侵害である。人権が尊重さ

れる社会では必然的に異文化理解と多文化共存へと向かう。人権にも歴史があり，時代とともに発展してきた。戦争や紛争の絶えない世界の現実ではあるが，それだけにいっそう人権概念の発展と国際化は重要な意義をもっている。なぜならば人権は暴力絶対否定の上にのみ成り立つからである。また，人権は民主主義の基礎でもある。民主主義は形骸化すればしばしば誤った決定を下すが，人権の確立の度合いに応じてその誤りの可能性は低くなる。人権は民主主義をも救うのである。

【引用文献】

1) 笠原十九司『南京事件』岩波新書，岩波書店，1997年。
2) 藤田久一『戦争犯罪とは何か』岩波新書，岩波書店，1995年。
3) 井上清『天皇の戦争責任』現代評論社，1987年。
4) 言論の自由を求める長崎市民の会『天皇制と小さな民主主義』明石書店，1990年。
5) 中島竜美編著『朝鮮人被爆者 孫振斗裁判の記録』在韓被爆者問題市民会議，1998年。

【参考文献】

- 小田部雄次・林博史・山田朗『キーワード 日本の戦争犯罪』雄山閣，1995年。
- 家永三郎『戦争責任』岩波書店，1985年。
- ルース・ベネディクト（長谷川松治訳）『菊と刀』社会思想社，1972年。
- 吉見義明『従軍慰安婦』岩波新書，岩波書店，1995年。
- 吉見義明『従軍慰安婦資料集』大月書店，1992年。
- 尹貞玉『朝鮮人女性がみた「慰安婦問題」』三一書房，1992年。
- 韓国挺身隊問題対策協議会・挺身隊研究会編（山口明子訳）『中国に連行された朝鮮人慰安婦』三一書房，1996年。
- 内海愛子『戦後補償から考える日本とアジア』山川出版社，2002年。
- 朴慶植『朝鮮人強制連行の記録』未来社，1965年。
- 長崎在日朝鮮人の人権を守る会『朝鮮人被爆者』社会評論社，1989年。
- 朝鮮人強制連行真相調査団編『朝鮮人強制連行の記録』各地編，柏書房。
- 杉原達『中国人強制連行』岩波新書，岩波書店，2002年。

第8章 戦争と人権

【課題と設問】

1. 近代日本の侵略や戦争の加害責任が今なお問われ続けているが，加害の具体的事実についてお互いに知っていることを列挙してみよう。その上でできるだけ多くの事実について調べ，何が国内法や国際法に違反していたのかを討論してみよう。
2. 歴史教科書問題で明らかなように，日本はアジア諸外国から歴史認識の共有を求められている。歴史認識の共有は果たして必要なのか，またどの程度に可能なのかについて討論してみよう。
3. 戦後ドイツ（統一までは西ドイツ）は戦後補償法を制定したが，日本は同様の立法を行っていない。この違いについて考えられる問題点を出し合い，討論してみよう。

第9章

新たな人権教育の構築へ
―その課題と展望

1. はじめに

　人権問題の現状―端的に言えば＜人権侵害・差別・不平等の現実態＞―から引出される教育の諸課題に対応する（立ち向かう）教育の営みを＜人権教育＞と総称するとすれば，その教育について論じるさいの出発点は，言うまでもなく私たちが直面している人権の現実的ありようである。日本の教育においてこれまで「人権教育」の中心的実践を担ってきたいわゆる「同和教育」の用語で言えば，「差別の現実から出発する」という原則的視点である。「差別の現実」と言っても，その実相というものはもとより多様であり，複合的であり，相互に関連しあっている。それをどのように認識するかは＜人権の視点＞（認識枠組）とも相関する。

　教育領域に限定してみても，いうところの「現実」は様々な問題群に満ちていよう。部落（同和地区）出身者に対する出自による就職差別や結婚差別は，それを許さぬ多角的な取り組みや一定の公的規制にもかかわらず今日もなおあとを絶たない。隔離・別学体制と呼ばれる教育制度（「特殊教育」）のもとで，ノーマライゼーションの「呼びかけ」にもかかわらず，障害者（児）の多くは「施設か在宅か」という限られた（閉ざされた）生活空間を強いられている現実がある。日本社会に永住する在日外国人の児童・生徒（とりわけ韓国・朝鮮人）の多くが，厳しい同化の圧力（排外主義―国籍条項）の下で「二つの名前」（本

名と通名）の使用を強いられている。ジェンダーに「鈍感」な社会意識の中で，学校はそれ（たとえば男女特性―性役割論）を「再生産」する装置という特質を払拭しえてはいない。陰湿ないじめや子どもの虐待がもたらす痛ましい悲劇もあとを絶たない。さらにいえば，市場（競争）原理と国家主義的「公共」観の結合によって進められてきた昨今の「教育改革」は，少なくとも結果として社会的不平等（親・家庭の階層的―文化的格差）を固定化し，「底辺階層」の青少年の抱く閉塞感を強め，教育と学びにおける新たな疎外・排除や「病理」を産み出している。こうした「教育改革」の推進は，他方で「君が代斉唱・日の丸掲揚」を国歌・国旗の尊重として「指導する」ことを教育現場に強制し，いわば日本国家への忠誠の証しとして強要してきた。

　他方では，今日（90年代以降），日本においても「21世紀は人権の世紀」（人権擁護推進審議会「答申」）とか，「人権という普遍的文化の構築」（「人権教育のための国連10年」国内行動計画）とかの「格調高い」呼びかけと言説の下で，「人権尊重の精神の涵養」・「人権意識を高める」・「人権教育・人権啓発の推進」・「人権教育の観点」…といったことば・用語が，公用語として多用され，＜人権教育＞の時代の到来と国民的理解（自覚）の必要性が様々な文脈において語られている。だが，いうまでもなく，多用され力説されている「人権」や「人権教育」の概念が，どのような価値や志向性をもったものとしてとらえられているか，またそれらがいかなる文脈ないし状況において意味付けられているかを検証することが必要である。今日「重要な国際的関心事」となり，「共通・普遍の価値」ともいわれる人権の，その基本部分としての＜教育＞を，とりわけ公教育そのものの矛盾的構造とその展開に即して検証することなくして，「人権の世紀」なる標語は私たちにとって希望のことばとはなりえないのではなかろうか。

2. 人権教育の位置づけとその背景―＜人権としての教育＞と＜人権についての教育＞―

　近年＜人権教育＞とその課題が，意識的に焦点化され，固有の意義を附与されて明示的に唱えられるようになった背景には，様々な政治的・社会的・教育的要因が関与し絡み合っているが，少なくとも以下に述べる二つの（国際的・

国内的）要因を指摘することができる。

　その第1は，世界人権宣言の採択にはじまる，国際人権規約，人種差別撤廃条約，女子差別撤廃条約，子どもの権利条約，等々に具現される「国際人権法」の制定・採択と，その効力に依拠しつつ展開されてきた，NGOを含む国際的人権運動の潮流である。

　国連やユネスコ等において採択された条約・勧告・宣言にみられる教育に関する規定・条項は，「教育への権利」（right to education）を人権として承認し，教育における差別の禁止，教育機会の平等を明記するとともに，女性・障害者さらには子どもを含む＜権利主体＞に対応した権利保障として具体化されてきた。教育への権利は，＜すべての者＞の権利であり，また「あらゆる段階」における権利であり（成人教育や識字教育を含む），その保障のための条件整備を国家等に義務として要請するものであった。

　国連やユネスコ，それと連携した人権NGOの運動は，人権の擁護・保障を最も基本的で正当な国際的課題として広く認知させた。たとえば，93年ウィーンで開かれた国連「世界人権会議」は，「すべての者のためのすべての人権，基本的自由の普遍的尊重，遵守，及び保障を促進する義務を履行すべきすべての国の厳粛な責務」（政府の第一義的義務）を再確認した。そればかりでなく，これまで「絶対的」ともみなされてきた国家主権という価値観（国民国家の枠組）を超える立場，すなわち「国家はもはや『国内管轄権』を隠れ蓑に市民の権利を侵害することができなくなった」という「パラダイム転換」（ワイズバーグ）をもたらすものであった。

　こうした人権保障の国際的潮流は，北京女性会議（95年）で採択された「行動綱領」に表現されたように，性に基づく差別が「社会・経済的地位」や人種主義（人種差別），等々と複合的に交差し，結びついている実情を指摘するにいたっている。しかしまた，その行動綱領を批判して，先住民族の女性たちは，「第一世界」（いわゆる先進国）が恩恵を受ける経済発展の「開発型モデル」が，先住民族の伝統的生活文化や経済生活を破壊し，そこでの女性／民衆の人権侵害をいっそう悪化させている，と告発したのだった。このように，国際人権運動は，いまやさまざまな形態の差別や抑圧，人権侵害が複合的にからみあうという問題状況に対面しているといえよう。

さらには，国連について言えば，ウィーン会議で強調された人権教育の重要性の確認を踏まえて，国家や公権力に人権の保護・保障を義務づけるだけではなく，同時に諸国民および市民の人権意識を高めることの重要性・必要性の認識に立って，1995年から2004年に至る10年間を「人権教育のための国連10年」に指定し，その「行動計画」を採択した（94年第49回国連総会）。そこでは，「めざされる人権教育の概念」は，「非エリート主義的」であり，「民衆指向」的であり，「参加や体験を重視」するものととらえられている。

こうした国連やユネスコ，人権NGO等による国際的人権運動，そこで確認されてきた人権規範とその精神，それにもとづいて模索され実践されてきた教育（多文化教育，国際理解教育と呼称される教育などを含む）を省みる時，人権教育 human rights education という概念は，＜人権としての教育＞と＜人権についての教育＞の，二つの側面・課題・系譜を含んで使用されてきたことを確認しうる。前者は，「教育への権利」（教育権・学習権）の保障とその実現を意味し，教育機会の平等（教育の機会均等）を保障する無償制（「公費負担」）や教育扶助制度・奨学金制度，識字教育や職業教育，勤労青少年たちの定時制高校や「夜間中学」の整備・拡充，さらには「進路保障」や「学力保障」の取り組み，そしてその条件整備を含むものである。後者は，人権についての学習（理解・知識・態度の形成）を意味し，そのためのカリキュラム─教材開発，教育（学習）方法や形態の工夫・改善・改革を含んでいる。そして後者それ自身も前者の一環として位置付けられている。

たとえば，ユネスコのモントリオール人権教育国際会議（1993年）の確認，「人権と民主主義のための教育はそれ自身が人権であり，人権，民主主義，社会正義の実現の前提である」というとらえ方をみても，＜人権についての教育＞（その内容や方法）を含むものとして＜人権としての教育＞が理解されているといえよう。

こうした人権教育をめぐる定義上の区別と関連は，一見些細な問題のせんさくのように思われるかもしれないが，人権教育の内実を市民・民衆（people）の具体的で切実な生活／教育要求の上に据えなおし，差別や不平等の構造，人権侵害の現実を打破・改革していく変革性と実践性を生成していく上で重要な意味をもつものである。とりわけ，＜人権としての教育＞を観念的・道徳主義

的＜国民教化＞（「心の教育」）へと誘導し矮小化していく，日本の公教育の歴史的特質を見据えるとき，そしていうところの「人権意識」をまさしく人権として主体の内部に自覚的・協同的に形成していくためにも，上記の区分が必要なのである。

　さらにいえば，序章・岡村論文が端的に指摘しているように，こうした「人権としての教育」は，国民教育として学校教育等を通して，民衆の教育要求を組織し実現しつつ，他面では，まさにそのことによって民衆教化と国家・社会への包摂を成立せしめるという構造をもっている。「人権としての教育のもとで人権とは裏腹の事態」（岡村）がもたらされるのである。人権教育を公教育の矛盾的展開にそくして検証しなければならぬゆえんである。

　人権教育の提起，その構築という課題を表舞台に顕現させた第2の要因として，従来の同和教育から「人権教育・人権啓発への発展的再構築」へという国内の流れ，行政の対応（対策）がある。

　同和問題の解決，部落差別の解消を「国の責務，国民的課題」として明示した同和対策審議会「答申」（65年）（以下同対審答申と略記）にもとづいて展開された約30年に及ぶ同和行政や同和教育の帰結・成果を最終的に総括して，1996年，地域改善対策協議会の「意見具申」（「同和問題の早期解決に向けた今後の方策の基本的な在り方について」）が出された。その基調は，「実態的差別」（「同和地区住民の生活実態に具現されている差別」）は基本的に解消されたとの判断に立って，今後の施策の重点を「心理的差別」（「人びとの観念や意識のうちに潜在する差別」）の解消に置く，というものである。こうした基本的認識に基づいて，「意見具申」は，従来の同和教育の二つの（二元的）課題─「国民の人権尊重の精神を高める」と「教育上の格差の解消と教育・文化水準の向上を図る」─のうち前者に焦点化し，次のように結論付けたのである。

　「今後，差別意識の解消を図るに当たっては，これまでの同和教育や啓発活動の中で積み上げられてきた成果とこれまでの手法への評価を踏まえ，すべての人の基本的人権を尊重していくための人権教育，人権啓発として発展的に再構築すべきと考えられる」

　このような提言を受けて，同年閣議決定により，「同和問題に関する差別意識の解消に向けた教育・啓発に関する地域改善対策特定事業は，一般対策とし

> **同和教育**
>
> 　部落差別の撤廃・解消を目的とする，学校教育・社会教育などにおける取り組み・実践を総称して同和教育と呼ばれる．大正・昭和期の「融和教育」という名称に変わって，1941年，文部省はこの用語を使用した．「同和」という用語は，昭和天皇即位に際しての「勅語」の中の「人心惟レ同ジク，民風惟レ和シ」の文言から取られたものといわれる．この行政用語は戦後も継承され，文部省が52年に出した次官通達「同和教育について」で公式に使用された．
>
> 　戦後当初や50年代においては，「同和教育」は，いわば民主主義教育一般に解消されたり，あるいは「賤視観念の除去」といった啓蒙主義によって，それ独自の展開をみることはなかった．そうした観念的なあり方を打ち破ったのは，福祉教員（「訪問教師」と呼ばれる）をはじめ当時の部落差別の実態と向き合った教師たちの，＜長期欠席・不就学＞児童・生徒に対する取り組みであった．彼らは学校の「外」に出向き，被差別状況下の生徒たちの生活現実のリアルな認識を通して，奪われている教育機会の回復に奔走した．ここから＜人権としての教育＞の展開が始まったのである．53年に結成された全国同和教育研究協議会（全同教）は，その後の同和教育運動の推進母体となり，「差別の現実に学ぶ」という標語は，この教育の実践者たちの立場と手法（作風）を凝縮したものであった．
>
> 　60年代後半，同対審答申－同和対策事業特別措置法の下で，同和教育は，「実態的差別」に対応する教育上の「格差の是正・解消」という課題，「心理的差別」に対応する教育・啓発活動の必要性の確認によって，本格的・全国的な展開をみることとなった．

ての人権教育・啓発に再構成」されて推進されることとなった。その後，人権擁護施策推進法が成立し（96年），「人権教育のための国連10年」の国内行動計画が策定され（97年），「人権の擁護・推進のためには，そもそも人権とは何かということを各人が理解し，人権尊重の意識を高めることが重要」（国内行動計画）とされたのである。かくして「再構成」された，「人権教育・啓発」という用語は，もっぱら国民の＜人権尊重の意識を高めること＞という意味に焦点化され，狭く限定されて使われることとなった。すなわち，それは＜人権としての教育＞から切り離されたのである。

　人権教育のこうした定義・意味付けは，「人権教育・啓発の施策の基本的在り方について検討」した人権擁護推進審議会の答申・「人権尊重の理念に関する国民相互の理解を深めるための教育及び啓発に関する施策の総合的な推進に関

する基本的事項について」（99年）において，一層明確に表現されている。答申は，「人権は，『人間の尊厳』に基づく人間固有の権利である」と述べた後，次のように言いきっている。

　「人権尊重の理念に関する国民相互の理解を深めることは，まさに，国民一人一人の人間の尊厳に関する意識の問題に帰着する」

　「人権尊重の理念についての正しい理解がいまだ十分に定着していないのは，国民に，人権の意義やその重要性についての正しい知識が十分に身についておらず，…日常生活において人権への配慮がその態度や行動に現れるような人権感覚も十分に身に付いていないからである」

　「人権教育とは，基本的人権の尊重の精神が正しく身に付くよう，学校教育及び社会教育において行なわれる教育活動とする」

　上記の引用が象徴的に物語るように，いうところの「人権教育」の内実は，つまるところ，人権意識の乏しい国民に「人権についての教育」を施し，その理解・知識・感性を身につけさせる，ということになる。国民の＜意識改革＞が力説され，それを国家・公権力が主体となって導くということである。「教育活動」という呼称が使われているが，その内実は，「無知蒙昧なる国民大衆を啓蒙する」という，まさに「上」からの啓蒙・教化とさしたる違いはない。そこでは，国民／児童・生徒一人ひとりは＜人権の主体＞＜権利を行使する主体＞ではないのである。「答申」は，「指導方法の問題」や「教育の中立性」，さらには「人を思いやる心」「寛容の精神」「自分の行動に責任を持つこと」等々に論及しているが，それらはいずれも公権力に対する緊張・制約（縛り）としてではなく，権利の主張・行使を制約ないし調整する文脈において語られている。社会統制論的な御説教に染め上げられている。「権利＝法の生命は闘争である。…ある人間または国民が権利を侵害されたときにとる態度は，その品格のもっとも確かな試金石である」（イェーリンク『権利のための闘争』）といった厳しい人権認識は，むろんどこにも見いだしえない。かくして，人権が「普遍」という高所に祭り上げられ，権威づけられ，自己目的化されることを通して，権力意志が被教育者の内面に無制限に浸透していくという逆説的構造を作り上げているとも言えよう。

　答申の「人権教育」概念がこのような特質ないし偏向を持つに至った理由の

ひとつは，もともと当審議会が，「人権に関わる制度の問題や教育を受ける権利という実体的な権利など」を検討対象から外したということ，さらには（答申自身も触れているように）公権力と国民・市民との関係構造――たとえば権力による人権侵害など――の問題については検討課題としなかったという諮問の枠組にも起因している。

ともあれ，「心理的差別」の解消を今後の主要な課題とした同和対策・同和教育の延長線上に「再構築」された人権教育は，「人権尊重の意識を高める」という方向に特化され，焦点化されたのである。私はその特質を人権教育の啓蒙主義化，道徳主義化，技術主義化と呼んでおきたい。

3. 同和教育から人権教育へ―到達した地点と課題について―

ところで，上記に指摘した人権教育の啓蒙主義・教化主義を批判的に相対化し，その矮小化された枠組をのり越えていくためには，「これまでの同和教育の中で積み上げられてきた成果を踏まえ」つつも，その限界や問題・課題を明らかにし，「発展的に再構築」することが必要となる。

部落差別の存在を「基本的人権の侵害」ととらえ，同和問題の解決を「国の責務，国民的課題」と明記し，差別の解消に向けた「総合的対策」を提示した同和対策審議会答申（65年）の精神と諸提言に基づいて，同和対策事業特別措置法（69年）―地域改善対策特別措置法（82年）―「地対財特法」（87年）が制定され，四半世紀を超えて同和対策事業，同和行政が推進された。「実態的差別」（格差）と「心理的差別」の解消を教育領域で担った同和教育は，その「国民的課題」に応えていく，いわば国民教育運動ともいうべき性格をもつものであった。

同対審答申以降の同和教育の運動と教育実践が，「部落差別の現実に学ぶ」という呼びかけの下で，子どもや親の＜生活＞と切り結びながらその営みによって産み出した成果・足跡は多々あるが，ここでは以下の三点を取り上げておきたい。

① 部落の子ども，青少年の「教育上の格差（低位性）」―不就学，高校不進学（低い進学率），「低学力」，非行，等―を，差別の実態（現れ）ないしその「結果」ととらえ返し，教育機会の平等にとどまらず「結果の平等」（格差の縮

3. 同和教育から人権教育へ―到達した地点と課題について―　　215

小）がめざされ，そのための教育・生活条件の整備が図られ，教育資源の重点的（傾斜的）配分が「特別措置」として講じられた。学校や保育所の施設・設備の改善，教育扶助，給付制奨学金，加配教員制，少人数指導，等々。こうした施策や取り組みには，60年代後半の，アメリカ・公民権法制定に基づいて追求・展開された＜補償教育 compensatory education ＞やアファーマティブ・アクションの影響・継承をみてとることもできよう。貧困や差別，社会的不平等に立ち向かい，教育と学びにおけるそれらのネガティブな刻印を（可能な限り）「極少化」していくことをめざすという意味で，「実態的差別」に対決・対応した部落解放教育の運動は，＜人権としての教育＞においてやはり先駆的な意義を有するものであった。その実施と効果が＜同和対策＞という特別措置法の枠組によって制限を受けたものであったという限界を見据えつつ，そして高度経済成長という当時の条件に支えられたものであったとしても，その先駆的意義は確認されるべきであろう。なぜかといえば，新自由主義といわれる「構造改革」「教育改革」の推進の下で，公教育費の縮減（切り詰め）が図られ，市場競争原理による「自己選択・自助努力・自己責任」が抗い難い力をもって迫ってくる状況にあって，底辺階層出身者にその不利益や「痛み」が集中されていく中で，新たな「教育棄民」が産み出されているからである。自己責任論が強いる「分に応じた」選択という複線型教育システムとそれがもたらす＜不平等の再生産＞に対抗して，＜人権としての教育＞をいかに実現していくか――とりわけ従来の同和対策としての「特別措置」の「終結」を見据えて，いかにその限界・制約を内側から突破し，その経験を普遍化していくか――が，今日極めて切実な課題となっているのである。

②　かつて＜低学力＞＜非行＞問題は，同和地区を校区にもつ学校（同和教育推進校と呼ばれてきた）の代名詞といわれた。「荒れまわる生徒」「ほえる落第生」に対面した教師たちは，彼／彼女らの敵意と葛藤の背後にある訴えや要求を聴きとり，自らの実践そのものや学校の体質，さらには彼らを排除し周辺化していく制度のありようを点検し，問い直していった。そうした実践地平に進み出なければ，日々の仕事が成り立たなかったのである。学力保障と呼ばれる課題意識のもとに，「わかる授業」を目指しての，教科書教材の点検，補助教材の開発，学力促進指導，さらには地区子ども会活動の支援，等々の試行と苦

「学校知」と「低学力」問題

　学校で教えられる（学習される）知識・技能・態度等の様式や系統を＜学校知＞（school knowledge）と呼ぶことにする．学校知は，学習指導要領や教科書の内容，授業における「発問」等のディスコース，テスト問題，評価（評定）等々に具現される．それは基本的に法的な規制を受けており，公的に正当化され，標準化されている．また，イギリスの社会学者ヤング（M.F.D.Young）が学校知の「序列構造」として分析したように，「文字文化」（リテラシー）が優位を占め，「概念化（抽象化）」されたものであり，学習者の経験から切り離されており（「無関連性」），個人が習得・所有するという「個人主義」的性格をもつ，等々の支配的な特徴を指摘することができる．このような学校知の背後には，近（現）代の文明を支える官僚制，技術合理主義，個人主義がひかえている．

　部落の児童・生徒に一般的にみられる学力（学業成績）の低位性，学校への不適応という事象を，生徒個々人の認知能力・適性・意欲の問題に還元・解消するのではなく，彼らの被差別実態，文化環境，家庭の教育条件，等の社会的・文化的文脈と関連付けて把握していく視点は，「学力保障」の諸課題を浮上させた．そこでは「低学力」をもたらすメカニズム，その要因として，学校知（教育内容や方法）のありようが問い直された．いうまでもなく，学校知の特質とその学習様式とに親和的・適合的である文化経験（ハビトゥス）を，家庭や実生活で身に付けていく生徒は，学力競争において優位・有利な立場にある．言い換えれば，学校知のなかに埋め込まれている「知の序列構造」によって，部落の子どもの多くが常に＜周辺化＞され，学習のつまずきを顕在化させていく．とりわけ「自学自習」の習慣に欠ける生徒は，落ちこぼれていく．いわゆる＜伝達型＞モデルの授業，そこでの＜脱状況＞的な学習，非実用的・非実践的な内容は，そうした事態を再生産し，補強することになる．

　むろんのこと，部落の生徒の「低学力」問題—そこに刻印されている社会・文化的要因は，なにも彼らのみに限られた事象ではない．昨今の「教育改革」がもたらす新たな教育競争のシステムは，あらゆる生徒を巻き込んで，学力格差（あるいはその中心部と周辺部の分散と序列）における階層的要因の強まりを顕現させている．

闘が積み重ねられた．生徒の生活実態や生活感覚を踏まえて，そこから学習意欲を引き出していこうとする関わりは，翻って「学校知」（school knowledge）なるものの脱生活・脱状況（文脈）・脱人格性や正答主義，学びにおける個人主義（individualism）への問い直しを必要とした．そこには活動的で協同的—対話的な学びの創出への萌芽を確認することができる．

他方，高校生の自主的な「部落研活動」や「朝問研活動」，奨学生集会等の組織化にみられるように，生徒の自尊感情や自覚を引き出し，エンパワーしていく学びやそこにつながる教育実践を生み出した。もとよりそうしたアイデンティティの形成は，幾重もの葛藤や揺れをくぐって達成されるものであるが，外部（とりわけ世間）から押付けられた＜表象＞（部落認識）の呪縛，それのもたらす怖れを振りほどいて，仲間に励まされながら，部落民としての自己をとりもどしていくのである。＜部落民宣言＞などといわれる営みは，そうしたアイデンティティ形成の過程における価値争奪の物語であり，他者に向って自己を開いていく（再定義していく）営みである。そこでは「語るということ」は，自己に被せられた所与の表象を突き破って，他者に対して自己を開いていくことばの実践である。そうしなければ彼／彼女等は＜自分を生きなおす＞ことができない。むろん，そこでの対抗的なアイデンティティが排他性（閉鎖性）を付随しがちであるという事情を無視することはできないが，そこを乗り越えていくためにも＜自己を語る＞という営みが不可欠なのである。しかも＜学び＞とは，濃淡の差こそあれ，アイデンティティとの関わり（自己への意味づけ）を巻き込んで成立するものである。その意味で本来社会的（共同的）―文化的な営みなのである。

部落解放教育は，解放運動と結びつくことで，あるいは親たちの生きざまから学ぶことで，青年・生徒の中にこのような質の学びを生成してきたといえる。学校教師の位置から言えば，教師はその生徒たちの逡巡や格闘に寄り添い，励まし，対話し，時には自らの部落認識・生き方を対置することで，彼ら生徒のアイデンティティ形成を支援したのである。むろん，こうした問題の「決定」というものは，生徒本人の自己決定に委ねられるべきものであるが，さりとてプライバシーの問題に解消して済ませるわけにはいかない。

今日部落の環境改善の進展にともなって，生活共同体とそこでの強固な連帯感情の変容がみられ，「部落民」というアイデンティティの揺らぎ，多様化が生み出されている。ライフスタイルの個人主義化とも言えよう。そうした状況を反映して，出自へのこだわりとその「しんどさ」から「解放」されて，自由に生きたいという欲求が当然生まれてくる。だが，それでも＜差別の現実＞がそうした青年たちの個的な欲求を阻んでくるとすれば，どうなるか。彼／彼女た

ちを支え，エンパワーする人びとの紐帯（連帯）を何処に求めるのか。

　③　部落差別の現実から引き出される諸課題に対応する教育として出発し，展開された同和教育は，その実践的な進展の中で＜反差別人権教育運動＞というべき広汎・多様な課題を包含するものとなった。すでに70年代には，在日朝鮮人教育や障害者（児）教育の実践と結びついて，相互の交流や連帯が図られ，人権としての教育の拡張がめざされた。

　たとえば，兵庫県や広島県の定時制や通信制高校の現場では，在籍する部落出身生徒，外国人生徒，障害者生徒たちが日常的につきあい，それぞれのアイデンティティを交響させ，ぶつかりあう関係を基盤にして，就職差別の撤廃に向けた闘い（たとえば統一応募用紙の制定），進路保障の取り組み，勤労（生徒への）奨学金制度の整備・拡充，国籍条項の撤廃，等の共同の運動が取り組まれた。兵庫県立湊川高校（定時制）や尼崎工業高校では，70年代半ばより，在籍する日本人生徒たちの「なぜ朝鮮語を習わねばならんのか」という反発・反問に向き合い，それに拮抗しつづけながら，全国に先がけて正課として「朝鮮語」の授業が実践された。

　あるいは普通高校を例にあげれば，市立芦屋高校では，「進学保障制度」と呼ばれる選抜制度（一種のアファーマティブ・アクション）によって，部落出身生徒や外国人生徒等に高校教育の機会を保障した。のみならず，この制度は障害児学級を卒業した生徒に対しても拡張され（1974年），全国に例をみない「障害者生徒の高校への進学」が実現された。同校ではその後12年間に約50名の障害者生徒を受け入れ，それにともなう教材開発をはじめカリキュラムの見直しや，授業形態・指導法の工夫と改善，他生徒との交流の促進，等々の苦闘を続けたのである。同校の教師たちは，「共に生きることの難しさ，危うさなど色々な壁」に突き当たりながら，＜異質＞な生徒たちの相互の交流や共生感覚に寄り添い，そこでの緊張・混乱・ディレンマを引き受けようとしたのだった。

　同和教育実践の多元的拡張，言い換えれば権利主体―教育（学習）主体の多元化に対応する教育要求と実践の多様性は，日本の公教育の内部を構造的に呪縛し染め上げてきた＜自民族（自国民）中心主義＞とそれによる同化教育（「みんな同じ日本人」），あるいは＜能力主義＞と発達基準に基づく排除や隔離（「特殊教育」）の自明性を揺さぶり，そこに亀裂と緊張をもたらすこととなった。少

3. 同和教育から人権教育へ―到達した地点と課題について―

なくともそうした契機を孕むものであった。同和教育と公称される，かつて＜融和＞という名を冠せられた国民教育の実践の中に，＜異質な他者＞が立ち現れ，それぞれが人権としての教育を求めて＜声＞をあげたのである。80年代に入ると，＜男性中心主義＞に抗して，ジェンダー問題に「敏感な視点」から女性の＜声＞が加わり，さらには子どもが加わった。かくして同和教育の多声的な（multi-voiced）進展は，人権をまさしく人権としてそれぞれの主体の内部から生成―再構成していく地平を切り開いた，といっても過言ではない。

だがしかし，より重要な問題がその先にある。私は部落出身者をはじめ日本社会の＜被差別者＞を想起しながら，それらを「権利主体」ととらえ，その相互の「協同・連帯」の方位と運動を示唆した。あたかもそれが「容易に」成り立つかのように語ったかもしれない。その背後には差別―被差別の関係を二項対立的，固定的にとらえる図式がある。しかしながら，改めて指摘するまでもなく，誰しもが多くの（複数の）文脈ないし立場を同時に生きており，ある所（関係）では被差別者である人が，別の所では差別する立場に立つ，という事態は起こりうるし，現にいくらでも見いだせる。日本人女性による外国人労働者の忌避，被差別部落住民内部における性差別問題への理解の乏しさ，失業者による外国人の排斥，障害児を持つ親相互の「あの子よりはまし」という序列意識，等々。その意味で我々はまさに多元的・複合的な差別構造の中を生きているのである。とりわけ被差別者は「引き裂かれた」実存状況を生きている。したがって，支配的な価値・権力に対する「被差別者の連帯」を無条件に説く無邪気な言説は，リアリティをもたない。多くの場合，それは，被差別者集団内の，そしてその間の厳しい対立や亀裂，葛藤を顕在化させないキレイゴトとなる。観念的なお説教に終わる。

この問題に関して，「『すべての被差別者の連帯』は可能か」と問うて，上野千鶴子は次のように述べている。

「被差別者の社会的集団のなかで性差別を問題化することには，しばしば困難がともなう。…理由はいくつもある。第一に，『さまざまな差別』のあいだに政治的な優先順位がつけられることである。『より深刻な差別』の前に『とるに足りない差別』が沈黙を強いられる。問題は，この優先順位が集団内の相対的強者の立場から判定されることである。…第二は，社会的弱者が抵抗運動

をおこなっているときに，集団内の差別を言い立てることは，運動の力を分裂させ足並みを乱す『利敵行為』とみなされることである。第三に，最優先課題が設定された以上，運動内の担い手たちにその目標達成のための自己犠牲と献身が要求される。とくに支配的価値に対して対抗的な集団アイデンティティを形成しがちな少数者の集団では，こうした集団主義と手段主義とがはびこりやすい」(上野，1997，p.208)

続けて，上野は，「このような現実のなかで，『すべての被差別者の連帯』を強調する理想主義は，かえってそこにある差別を隠蔽する効果がある。ここで必要なのは，むしろ『さまざまな差別』どうしのからみあいをときほぐし，そのあいだの不幸な関係を解消するための概念装置ではないだろうか」と問題提起している。そして，フェミニズムをはじめ「ポストモダンの解放思想」を視野に入れて，彼女は「被差別者の集団が反差別の運動を行なうとき」の「解放の戦略」の共通性に着目し，(1) 支配集団に対して報復や逆転の発想をとらないこと，(2)「キャッチアップ（成り上がり）」戦略をとらないこと，(3) 差異の解消ではなく，差異の承認へ（「非対称的な権力構造を離れた多様性の承認」の追求），(4) 他者によって「生きられた経験」の多様性に対する承認と想像力，の四点を提示している。

以上三点にしぼって，同対審答申以降の同和教育の成果と到達した課題について論及してきた。そうだとすれば，上に述べた課題は「これからの人権教育」の地平に引き継がれ，人権教育の定義と文脈の基調とされねばならないであろう。先に紹介した人権擁護推進審議会の「答申」は，そうした基調，課題意識を「官主導」による「人権意識の高揚」という名の国民教化へと誘導し，＜複合的差別＞のなかに埋め込まれている非対称的な権力関係を「国民相互の理解」という言説の下に覆い隠そうとするものである。

4. 学校化された同和教育の落とし穴

同対審答申以降，国民教育運動という性格を附与されて本格的に展開された同和教育の運動と実践は，しかしまたこの教育の弱点と陥穽を顕在化させた。次にその問題点に注目し，批判的な考察をくわえておきたい。

まず第1は，差別実態に対する＜補償＞措置に関連する問題である。客観的

な差別実態—それは，生活環境や就業（就労）実態，教育条件や文化水準，測定される学力や進学率，等の顕著な＜低位性＞（格差）となって現れていた—の解消，「格差の是正」が，「永年の差別の結果」に対する＜補償＞として，同和対策事業という特別措置によって推進された。既述のように，単なる「機会の平等」にとどまらない，部落の子どもの教育と学習の権利保障，そのための人的・物的諸条件の整備が進められたのである。いうまでもなく，こうした補償と条件整備の責任は，第一義的に行政や学校が担わねばならなかった。差別実態への告発は，「部落の教育課題を丸ごと受けとめよ」との要求（責任追求）となり，その実行が行政・学校に求められ，期待されもしたのである。こうした補償措置（生存権・社会権の保障といってもよい）の公権力による推進・実現と，個人給付事業（いわゆる「入り」・収入を補う給付事業と「出」・支出を抑える減免措置）とは，部落住民（大衆）を運動体に結集させ，生活・教育条件の一定の改善を可能にした。だが，同時にこうした補償措置の枠組は，部落大衆を次第にその制度的客体，「受益者団体」たらしめ，同和行政という名の「表象政治」への依存性を強めていったことは否定しえない。たとえば，給付制奨学金の支給を契機にして青年・高校生たちの自覚と自立をめざす活動（奨学生集会など）が展開される一方で，後に「学校まかせ」「指導員まかせ」などといわれる傾向が強まったのである。イヴァン・イリッチ等が「教育と学びの制度化—自律性の剥奪」という視点から批判した学校化社会への人びとの統合と回収が，教育機会の保障にともなって進行し，「学校文化」「学校知」なるものへの信仰に対する緊張が失われていった。

　他方，学校（教職員）は，行政（教委）の根深いトップダウン的指示と規制のもとで，重さを増していく「教育責任」を担いきれず，厳しい勤務条件とあいまって，部落大衆と運動側の切実・正当な教育要求をももっぱら「不当な外圧」としてとらえ，それゆえ「教育の中立性」論に依拠してその「要求」に反発・対立していく閉鎖性と受動性を克服しえなかった。学校や教師側に潜在するかかる閉鎖性は，学校の「内」と「外」を分断する効力をもち，学校教育の制度的・慣習的ありよう（非対称的な権力関係とその構造）を自覚的に反省・省察（reflection）する道を閉ざすこととなった。すなわち「中立性」の論理に依拠して実践される公教育の内質そのものを＜善きもの＞と自明化し，その教

育自体がもつ支配＝統合の機能への批判意識を著しく後退させたのである。

　他面において，部落大衆の告発と教育要求に誠実に向き合おうとした教師たちにあっても，上記の＜学校＝善きもの＞論とも呼ぶべき学校観の自明視と呪縛―親・生徒の即自的要求の内に孕まれていた変革的／解放的契機を回収・昇華していくところの，「行政・学校・運動の連携（結合）」という名の一体化，翼賛体制化―は顕著にみられた。そして，このことが，部落の親たちの＜学校依存＞＜補償・保障まかせ＞を誘引し，次第に強めていった要因のひとつでもあった点を見逃すべきではなかろう。

　第2の問題は，同和教育における教化主義，あるいは道徳主義化の問題である。私は先に「国民教育運動としての同和教育」と呼んだのであるが，正確に言えば，そうした性質をより強くもったのは，同和教育の「二つの課題」設定（文部省・1969年）のうち，「心理的差別」の解消に対応する「国民の基本的人権尊重の精神を高めること」を課題とする教育の側面である。すなわち＜人権についての教育＞である。学習指導要領・教科書・副読本，等に基づいて，教科や＜道徳＞の学習，学校行事（文化祭・講演会），HR活動，等々の場面で，すべての学校においてその実践が展開された。小・中学校の多くの現場では道徳の時間が活用された。その実践は，学校現場で否応なく生起する，＜いじめ＞や暴力を含む＜差別事象＞への対応・対策と結びついて，またそれを「抑止・防止」（「予防」）していく観点から取り組まれた。

　だが，「差別の抑止」という文脈のなかでは，そこで「目標」として強調される「育成すべき人権意識」は，普遍（不変）の価値として，極めて強い＜権威＞を帯びて，児童・生徒に教示された。「差別をしてはならない」という命題，自明化された「結論」（教育目標），強い規制力をもった道徳規範が，ともすればそれを学習する主体の葛藤・自己格闘を軽視する形で押付けられた。「結論」（規範）を引き出すために「差別の現実」・差別事象が「これでもか，これでもか」と教材として示され，いわば問答無用とばかりに告知されたのである。その＜問い＞と＜答え＞との間には，考える，議論する，納得するといった＜学び＞の不可欠な営み，すなわち反省的＜対話＞が欠けてしまうことが多かった。生徒の側から言えば，＜人権の大切さ＞が他人ごとの出来ごとや他人の「痛み」として語られ，差別行為（事象）に対するタブー（禁忌）として受け取られた

のである。このような指導は，人権を自らの権利として学び手の内側から（共同的に）形成していくものではなく，その意味で＜教化＞（indoctrination）と区別がつかない。

こうした対話を欠如した＜人権についての教育＞，あるいは人権教育のモノローグ化というべき傾向は，他者（とりわけ被差別者）の「生きられた経験」に学ぶという学習場面においても，他者の＜肉声＞を聴き取るという営みを，同情的感情の喚起というレベルを超えて，自己葛藤や対立を含む＜多声性＞の物語空間—対話による公共・交響の場の創出—へと開いていく条件を貧しいものにした。

そればかりではない。「特設道徳」の時間と結び付けられた学習は，人権概念とその教育の内実とを，個人の「心の持ち方」の問題—他者への思いやり，心情的「優しさ」，「規範意識」の育成—に矮小化し，むしろ道徳教育（心の教育!!）の一環へと封じ込める効果をもたらした。かくして，人権はまったき「学校用語」のひとつとなり，その枠内にあっていっそうの＜観念化＞をこうむり，タテマエ化されざるをえない。そこでは，人権意識は社会統制的性格を強められ，公徳心や愛国心，「国際貢献」とも何らの矛盾なしに連結される。人権擁護推進審議会の答申が，現今の「新たな公共の創出」という国家の教育戦略に通底するものであることは，人権教育のポリティックスとして注目しておかねばならないだろう。

今日私たちが人権について語るとき，どのような＜ことば＞を使うか，創り出すかは，とりわけ教育実践の現場（生徒との関わり）にとって極めて重要な意味をもっている。宗教・政治・道徳上のことば，あるいは大人や教師のことばの中に「権威的なことば」の典型をみてとったM・バフチンは，「権威的なことばが我々に要求するのは，無条件の承認と受容である」と指摘している。「それは，ただ伝達されるのみである。それは，不活性なものであり，その意味は完結し，一義的である」（バフチン，1979，第4章）。そうしたことばに対抗して創出されるべきことばは，普遍主義の権威と相対主義の怠惰（無関心）との双方をのり超えた（少なくとも，はみ出していく）ことばでなければならないだろう。官僚制下の上意下達のことばはむろんのこと，自己の権威を疑うことを知らぬ甘いヒューマニズムの言説も，そして自己および他者の存在や振

る舞いを＜美談化＞して語る物語も，私たちのことばではありえない。さらには，一見個人の「自己葛藤」に寄り添うかのごとき構えをとりながら，「心の問題」を私たちの生きた問題状況，その社会的な文脈から切り離してとらえる＜心理主義＞も，私たちの希求することばとはなりえない。私たちに求められるそれは，生活から出立し，生活にたち返っていくことばであり，そこでの葛藤・矛盾をたえず顕在化していくことばであるだろう。私たちは，そのようなことばによってこそ人権を語りうるのである。ちなみにバフチンは，そうした権威的なことばに対抗するものとして，「内的説得力のあることば」とその相互作用（対話・「闘争関係」）を提起している。

公認の同和教育の中で語られる人権ということばが，＜権威的なことば＞となって振りまわされてきた経緯を省みるとき，そして＜自己を対話化する新しい文脈＞の生成をそれが阻んできたゆえんに目を向けるとき，そのような教育のことばとその＜語り方＞を問いなおす作業が必要となっている。住田一郎の論考（第1章）の基調となっている問題意識は，被差別者の側に抱え込まれた「権威的なことば」を問いなおし，自己を対話化する関係をいかに生みだしていくかについての呼びかけであるだろう。

5. 人権教育の課題と学びの転換
(1) 「多文化共生」と人権教育の課題

今日国際化やグローバリゼーションの趨勢とその進展に対応して，「世界の中の日本人」の育成という課題意識の下に，「国際理解教育」が力説され，「異文化の理解・尊重」という呼びかけがしきりになされている。ちなみに，「国際化に対応する教育」をはじめて提起した74年・中央教育審議会（中教審）答申以降，臨時教育審議会答申（85年〜87年），87年中教審答申などをへて，国際理解教育は国際化時代の基本課題として学習指導要領（89年）にもその内容が具体化されてきた。とりわけ96年・第15期中教審答申（「21世紀を展望した我が国の教育の在り方について」）は，「国際理解教育」という呼称を用い，その課題として「国際理解の推進」・「日本の文化と伝統の正しい理解」・「コミュニケーション能力の育成」の三点を提示している。

だが，「わが国の学校が異文化・異言語に開かれた学校になっていくこと」の

必要を指摘しつつも，いうところの「国際理解教育」の定義・文脈には，「日本の文化と伝統」を踏まえた日本人の「国際貢献」や「コミュニケーション能力」，外国人生徒（いわゆるニューカマー）への＜日本語教育＞（JSL）についての提言はあっても，彼／彼女たちのバックグラウンドたる固有の「生きられた」文化・言語に対する「理解と尊重」はほとんどみられない。むしろそこに顕著にみられる教育の内実は，「日本社会に在留している外国人の子ども」の，日本社会への「速やかな」適応である。

　さらにいえば，先住民族アイヌや在日韓国・朝鮮人を「日本人」として育成することを目指した＜同化教育＞の制度や体質をいかに改めていくかに関しても，先の諸「答申」は何ひとつ言及していない。依然として，それらの諸言説に通底する教育の質は，「エスニックバックグラウンドを放棄・消去せよ」であり，その上に「偏見の除去」が説かれているに過ぎないのである。

　いうまでもなく私たちの社会は既に多民族・多人種・多文化の社会である。日本に住み，生活している外国人（登録者）は150万人を越え，在日韓国・朝鮮人をはじめ様々な「エスニックマイノリティ」の人びとが地域に根を下ろして，しかも絶えざる同化の圧力や緊張に耐えて生きている。そこは「ひとつの文化」，一義的な意識に統御された世界ではなく，多元的で「脱中心的」である。にもかかわらず，「単一民族国家」という神話・擬制や自民族（自国民）中心主義の構えが根強い力をもち，そうしたマイノリティの人権侵害や排除を自明化し，不断に生み出す要因となっている。そればかりではない。先述の「国際理解教育」の論調・文脈の中にも巧みに埋め込まれている自国民中心主義の発想は，日本人のアイデンティティ（国民性）の＜同質性＞homogeneityを仮構する様々な仕掛けを通じて，私たちの社会内部（足もと）の多様性・差異をおおい隠し，そのことによって＜異質な他者＞を排除（あるいは同化）していく社会的統合力を補強する。

　そうだとすれば，人権教育は，そうした「同質化社会」の擬制，そのメカニズム―「みんな同じ」―に抗して，異質な他者（その文化・言語・行動様式・身振り・息づかい）と出会い，その多様な＜差異＞を承認し，その固有の権利を保障し，そしてそれと対話・交流する多声的関係を築いていかねばならない。既述のように（第3節），同和教育はその実践的展開のなかで，そうした課題を引

き寄せ，＜多声的関係＞の豊かさをその困難さとともに開示してきたのである。
　とはいえ，そのような試行・実践は，日本社会（いわゆる「世間」）の同質化のメカニズムそのものによって，またその典型的装置でもある学校の統合機能（支配的・ドミナントな文化への接近）によって，萌芽のうちに挫折・後退させられる制約を負わされている。のみならず，いうところの「差異の承認・尊重」が，社会的・現実的諸関係の中に埋め込まれている不平等で非対称的な＜権力関係＞をみえなくさせてしまう，観念的・心情的な「友愛」関係（「みんな仲良く」）に自足せしめられることも少なくない。
　くわえて，私たちは，欧米の，人種主義（racism）の克服を課題・目標とする「多文化教育」の経験を想起することも必要であろう。その教育は，①マイノリティの子どもが自らの文化やルーツを学習することは，彼らの学業成績の向上につながること（自尊感情の喚起，エンパワーメントの効果），②異文化を学ぶことで，すべての子どもの偏見（ステレオタイプ）を「除去」することができること，③そうした教育により教育の機会均等を促進することができること，等の期待をこめて展開された。その実践は多岐にわたり，成果は多面的である。そして，その実践は，たしかに上記の「効果」をもたらしたといえるが，他面において，人種差別の複合的な構造を「異文化理解」の問題に還元・解消し，「白人中心主義」の支配的文化（ホワイト white とレスト rest との二項対立）をのり超えることができず，ひいては社会や学校の中に埋め込まれた人種主義（の実体）を隠蔽するものとなった，とのきびしい指摘（側面）を見逃すわけにはいかないであろう。
　＜差異・多様性の尊重＞という命題—いまや「国際化」や「個性」とならぶ公認のディスコースとなった—について言えば，それが怠惰な「常識」として，かつ「張りぼて」式に説かれるとき（「人・文化はそれぞれ違う」!!），すなわちその＜差異関係＞が内包する緊張・亀裂・対立を無化・消去する形で定式化されるとき，その命題（「相対主義的多元論」と呼んでおこう）は，つまるところあらゆる利害・主張そして差別すら容認するものとならざるをえず，他者への「無関心」（自由!!）へと傾斜していく。「多元主義を不平等に対する闘いと両立させるためには，存在してはいるが存在すべきでない差異と，存在してはいないが存在すべきである差異とを峻別することができなければならない」（ム

フ，1996，p.72）いま，私たちの教育に求められているのは，表情（息づかい）をもった具体的他者と対面しつつ，共生や合意の困難性を排斥に転ずるのでなく，問題を共有することで互いの差異を交響させていくという，そうした健康な「寛容」（人権感覚）と，そして差異の複合的な対立や競合に耐えて＜自己なるもの＞を公共的に開いていく対話の精神であるだろう。

（2）　対話する人権教育へ

すでに第4節において論及したように，学校や教室，等々の，人権教育が実践される磁場は，たとえば「教育の中立性」論が想定・期待するような真空地帯ではありえない。「無垢」の場ではない。親と学校，生徒―教師の関係に限らず，様々な広義・狭義の権力関係によって複合的な「汚染」を受けているのである。否，「受けている」のではない。教育・学習のその場自体が無垢ではないのである。

早い話，「人権について」の授業をとってみても，先に「啓蒙・教化主義」と呼んだ知識の伝達や「教え込み」（「貯めこみ」）がなされ，行動規範の「押付け」さえ行われている。普遍（理性）主義ともいうべき「権威的なことば」「直線的なきまじめさ」（バフチン）が横行しているといっても過言でない。仮に，「自由な対話」の必要が説かれるとしても，たとえばジェンダー・バイヤスに「鈍感」・無自覚な指導のもとでは，その対話の中に既存の＜男―女＞の力関係が刻印される事態を解消することはできない。生徒に「元気を出して」と励ましても，実生活の中の「しんどさ」・抑圧状況が引き起こす学習の疎外要因そのものを消し去ることはできない。いわんや＜学校知＞とよばれる制度化された知の系統には，すでにしてその内部に，この社会と時代の支配的な文化とそこに埋め込まれた権力関係（様々な＜中心主義＞と＜排除・周縁化＞の仕掛け）が作動しているのである。

P・フレイレは，被教育者（民衆）を囲い込み，彼らを「抑圧者の文化」に同化することで無能化していく教育の構造的・方法的特質を「銀行型教育」と呼んだ。（P. Freire, 1979）その批判は，むろん日本の人権教育の実相にも少なからず当てはまる。

ところで，昨今，そうした「おしきせ」型の教育方法（「教育・啓発の手法」）

への反省と,「参加・体験型」学習の呼びかけのもとで,「人権についての教育」の新たな方法・手法の開発が模索されてきた。これまで指導する側にも「受ける側」にも陰に陽に感じ取られてきた,「硬い,厳しい,苦しい,権威的,怖い」という「カキクケコ」モデルからの脱却・転進である。ゲーム形式の活用をはじめ,その場のアクティビティ,ワークショップ,ロール・プレイ,疑似体験,ディベート,さらにはフィールドワークや聴きとり,等々の手法やプログラムの導入・開発が手掛けられてきた。そこには,「参加と活動」を通して人権問題を学習主体の側に引き寄せ,主体自身の問題として動機付け,意味付けていく工夫・仕掛けが施されている。協同的な活動,「楽しい・面白い」と感じる興味の喚起にも配慮がなされていよう。まだ着手されたばかりの試みや工夫に対して,性急な批判は慎まねばならぬだろうが,しかしながら,筆者には,このような人権教育の新手法,プログラムが,フレイレのいう「銀行型教育」のモデルを批判,超克していくものとは到底思われない。むしろ逆である。たしかに導入部における興味の喚起,学習の動機づけ（モチベーション）への配慮は散見されよう。しかしながら,その興味や意味付けもすこぶる人為的・操作的であって,しょせん＜実験室＞の中に擬似的に仮構されたゲームにすぎない。たとえば「権利の熱気球」と名づけられたアクティビティがある。「参加者」に手渡された「権利」（カード）を「捨てる」状況が仮設され,そこでの葛藤を通して「権利への自覚」に迫るというものである。「権利を捨てる」という決められた枠組のもとにゲームが展開される。人権侵害の＜生きた問題状況＞,実際の社会的文脈から切り離されて,仮構の「選択」が強制されるのである。厳しい＜状況＞のリアリティが引き起こす（であろう）「苦しさ・つらさ・しんどさ」はゲーム感覚の中に吸収される。憤怒というリアルな「法感情」も中和され,消去される。要するにしょせんゲームなのである。あるいは,いわゆる「自尊感情」の喚起をねらった「自己肯定感」のプログラム—友だちの「いいところ探し」—にしても,その「探し」は子どもの実生活の具体的文脈（関係）から抽象されて,それ自体として（矛盾も葛藤も含まぬ一個の事象として）取り上げられ,表象（リプリゼント）される。このような操作をうけた「自己肯定感」は,「だから努力しよう,頑張ろう」という「結論」に行きつくのが関の山である。そもそも自尊感情とは,問題状況との葛藤抜きの,「いいところ」があるか

ら「肯定・受容」するといった単純な問題ではない。このようなプログラム・手法は，あまりにも学校化された，一義的に統制された実験室の，乱暴過ぎる＜操作＞といわねばならない。言い換えれば，＜生活綴方＞教育などが「手間ひまかけて」開示してきた，子どもの実生活（その矛盾的様態）と学びのリアリティを削ぎ落としたものであり，つまりは予め用意された「結論」へのソフトランディングである。「正解」誘導モデルの一典型である。一見想像力を喚起するようにみえて，その実，子どもの想像力の囲い込みである。

このような手法はマニュアル化されて，一時の流行となるかもしれない。だがそれ以上のものでないことは，いわゆる「参加型学習」論者たちの軽薄な操作主義的学習観によって予知されていると言えよう。子ども（参加主体）の生活現実を手間ひまかけて彼ら自身が吟味・反省していく営みの中に学びの生成・成立を据え直すという方法意識が，そこには欠落している。教育実践の優れた遺産が等しく開示してきた，身体と生活と社会とを串刺しにする全身かけた学びの論理が，そこには不在なのだ。「生活は問いを含んだ可能性なのであり，表現はその一つの答なのであるが，その結びめの構造をとらえることの中に，子どもの可能性を，つまり人権を花開かせる教育の秘密がかくされているのである。このことを，実験室の中でなく，日本の現実と，公教育の国民支配の中で追究したところに，生活綴方の役割がみられる」（大田堯，1963，p.232）。

さらに言えば，そうした人権教育の「新たな手法」―正確にいえばその学びの文脈―には，学びにおける「活動」は配慮されていても，＜対話＞が決定的に欠落している。あるのは人権意識をめぐる同一の「言語ゲーム」である。その意味ではモノローグにほかならない。そして，権威主義的伝達であろうが，体を使う「アクティビティ」であろうが，あるいはディベートであろうが，学校とその教室は，まさしくこのモノローグで満たされた時空なのである。この点にこそ人権学習とその方法が直面する本当の困難な問題があるのだ。

ところで，対話というとき，一般に日本社会にあっては，とりわけ学校的な学びにあっては，「みんな仲良く」とか，「互いに相手を認め合って」とか，「気配りしあって」とかのことば（ディスコース）が示唆するように，＜調和と協調＞のイメージがすこぶる強い。まさに同一の「言語ゲーム」が予定調和的に前提とされている。その枠組と共通のコードの下で，相互の承認・理解が期待

されるのである。その枠組の内にいる者にとって＜異質な他者＞は撹乱要因であり，意味不明のノイズともなる。たとえ「多様性の尊重」が認められても，その差異はすこぶる表面的で，同一ゲームの中に取り込めるものであろう。私たちが人権教育を構想する際に，不可欠の方法として生成していきたい対話とは，上記のごときモノローグ的「対話」，閉ざされた系の中の「対話」ではない。一義的な意味付け，固定された「結論」（真理・正答）をめざすモノローグをゆさぶり，そこに亀裂を生み出し，自己自身を開いていくような対話である。そうした対話の中では，人は，ひとたび身に付けた（学び取った）知識，特権的な構え，その意味でのローカルな発話を問い返し，「捨て去る」（unlearn）衝撃とその痛みを（時には）引き受けねばならないだろう。こうした事態は，視点を変えて言えば，多声的・多文化的な学びが生み出す「第三空間」ともいいうる。そこでは，自他の差異や落差をストレートに解消していく標準化されたことばや「共通理解」の達成というよりも，相異なる生・ことば・文化の衝突，相互干渉と反照（照らし合い）を通して自己相対化の生成がめざされる。

　先に引用したM・バフチンは，権威と伝達のことば，それに依拠した教育に「内的説得力のあることば」（「自己のことば」）を対置して，つぎのようにのべている。

　「我々の意識の日常において，内的説得力をもつことばは，半ば自己の，半ば他者のことばである。内的説得力のあることばの創造的生産性は，まさにそれが自立した思考と自立した新しいことばを呼び起こし，内部から多くの我々のことばを組織するものであって，他のことばから孤立した不動の状態にとどまるものではないという点にある。…そればかりでなく，内的説得力のあることばは，他の内的説得力のあることばと緊張した相互作用を開始し，闘争関係にはいる。我々のイデオロギー的形成とは，まさに我々の内部において異なる言語・イデオロギー的視点，アプローチ，傾向，評価などが支配権を求めて繰り広げるこのような緊張した闘争なのである。内的説得力のあることばの意味構造は，完結したものではなく，開かれたものである。（それは）自己を対話化する新しいコンテキストの中に置かれるたびに，新しい意味の可能性を開示することができる」（バフチン，1979, p.159）。

　バフチンの説く対話は，かくのごとく能動的なものである。しかも，それは

他者に向って開かれたものである。一切の＜中心主義＞を内破し，越境する対話である。新たな人権教育は，その学びのスタイルとして，このような対話のイメージとビジョンの追求の中から生成されていくものではなかろうか。

【引用文献】

1) 宮崎繁樹監訳『人権百科事典』明石書店，2002 年。
2) 上野千鶴子「複合差別論」『差別と共生の社会学』岩波書店，1997 年。
3) 栗原彬他編『越境する知（2）語り：つむぎだす』東京大学出版会，2000 年。
4) M・バフチン『小説の言葉』（バフチン著作集 8），新時代社，1979 年。
5) C・ムフ「民主政治の現在」『思想』岩波書店，1996 年。
6) 大田堯「教育遺産の継承と生活綴方」『講座　生活綴方』百合出版，1963 年。

【参考文献】

- 人権擁護推進審議会答申，1999 年。
- パウロ・フレイレ『被抑圧者の教育学』亜紀書房，1979 年。
- I. Shor, P. Freire "A PEDAGOGY FOR LIBERATION" 1987.
- 石牟礼道子『苦界浄土　わが水俣病』講談社，1969 年。
- 南悟『定時制高校　青春の歌』岩波ブックレット NO.351，岩波書店，1997 年。
- 山田彰道『仮の闘い』明治図書，1981 年。
- 松井清『教育とマイノリティ』弘文堂，1994 年。
- 金時鐘『「在日」のはざまで』平凡社，2001 年。

【課題と設問】

1. 自分の経験した人権教育（同和教育）をふりかえり，それが自分の人権意識の形成・変容にどのような効果をもたらしたかを省察し，＜自分にとって人権とはなにか＞について論じなさい。
2. 「差異の解消ではなく，差異の承認を」という主張の意義について考察し，「同質化社会」を変えていく方策（要件）を提示してみよう。
3. ○○中心主義の具体的事例をとりあげ，それが誰を（いかなる文化を）どのように排除しているか吟味・考察しなさい。

資　料

●水平社宣言
宣言
　全国に散在する吾が特殊部落民よ団結せよ。
　長い間虐められて来た兄弟よ、過去半世紀間に種々なる方法と、多くの人々とによってなされた吾等の為の運動が、何等の有難い効果を齎らさなかった事実は、夫等のすべてが吾々によって、又他の人々によって毎に人間を冒涜されていた罰であったのだ。そしてこれ等の人間を勦るかの如き運動は、かえって多くの兄弟を堕落させた事を想えば、此際吾等の中より人間を尊敬する事によって自ら解放せんとする者の集団運動を起せるは、寧ろ必然である。
　兄弟よ、吾々の祖先は自由、平等の渇仰者であり、実行者であった。陋劣なる階級政策の犠牲者であり、男らしき産業的殉教者であったのだ。ケモノの皮剥ぐ報酬として、生々しき人間の皮を剥取られ、ケモノの心臓を裂く代価として、暖い人間の心臓を引裂かれ、そこへ下らない嘲笑の唾まで吐きかけられた呪われの夜の悪夢のうちにも、なお誇り得る人間の血は、涸れずにあった。そうだ、そして吾々は、この血を享けて人間が神にかわろうとする時代におうたのだ。犠牲者がその烙印を投げ返す時が来たのだ。殉教者が、その荊冠を祝福される時が来たのだ。
　吾々がエタである事を誇り得る時が来たのだ。
　吾々は、かならず卑屈なる言葉と怯懦なる行為によって、祖先を辱しめ、人間を冒涜してはならぬ。そうして人の世の冷たさが、何んなに冷たいか、人間を勦る事が何であるかをよく知っている吾々は、心から人生の熱と光を願求礼讃するものである。
　水平社は、かくして生れた。
　人の世に熱あれ、人間に光あれ。
綱領

一、特殊部落民は部落民自身の行動によって絶対の解放を期す
一、吾々特殊部落民は絶対に経済の自由と職業の自由を社会に要求し以て獲得を期す
一、吾等は人間性の原理に覚醒し人類最高の完成に向って突進す

大正十一年三月三日
全国水平社創立大会

●同和対策審議会答申
昭和40年8月11日
内閣総理大臣　　佐藤栄作殿
同和対策審議会会長　　木村忠二郎

　昭和36年12月7日総審第194号をもって、諮問のあった「同和地区に関する社会的及び経済的諸問題を解決するための基本的方策」について審議した結果、別紙のとおり答申する。

前文
　昭和36年12月7日内閣総理大臣は本審議会に対して「同和地区に関する社会的乃び経済的諸問題を解決するための基本的方策」について諮問された。いうまでもなく同和問題は人類普遍の原理である人間の自由と平等に関する問題であり、日本国憲法によって保障された基本的人権にかかわる課題である。したがって、審議会はこれを未解決に放置することは断じて許されないことであり、その早急な解決こそ国の責務であり、同時に国民的課題であるとの認識に立って対策の探求に努力した。その間、審議会は問題の重要性にかんがみ存置期間を二度にわたって延長し、同和地区の実情把握の

ために全国及び特定の地区の実態の調査も行なった。その結果は附属報告書のとおりきわめて憂慮すべき状態にあり，関係地区住民の経済状態，生活環境等がすみやかに改善され平等なる日本国民としての生活が確保されることの重要性を改めて認識したのである。

したがって，審議もきわめて慎重であり，総会を開くこと42回，部会121回，小委員会21回におよんだ。

しかしながら，現在の段階で対策のすべてにわたって具体的に答申することは困難である。しかし，問題の解決は焦眉の急を要するものであり，いたずらに日を重ねることは許されない状態にあるので，以下の結論をもってその諮問に答えることとした。

時あたかも政府は社会開発の基本方針をうち出し，高度経済成長に伴なう社会経済の大きな変動がみられようとしている。これと同時に人間尊重の精神が強調されて，政治，行政の面で新らしく施策が推進されようとする状態にある。まさに同和問題を解決すべき絶好の機会というべきである。

政府においては，本答申の精神を尊重し，有効適切な施策を実施して，問題を抜本的に解決し，恥ずべき社会悪を払拭して，あるべからざる差別の長き歴史の終始符が一日もすみやかに実現されるよう万全の処置をとられることを要望し期待するものである。

第1部　同和問題の認識
1　同和問題の本質

いわゆる同和問題とは，日本社会の歴史的発展の過程において形成された身分階層構造に基づく差別により，日本国民の一部の集団が経済的・社会的・文化的に低位の状態におかれ，現代社会においても，なおいちじるしく基本的人権を侵害され，とくに，近代社会の原理として何人にも保障されている市民的権利と自由を完全に保障されていないという，もっとも深刻にして重大な社会問題である。

その特徴は，多数の国民が社会的現実としての差別があるために一定地域に共同体的集落を形成していることにある。最近この集団的居住地域から離脱して一般地区に混住するものも多くなってきているが，それらの人々もまたその伝統的集落の出身なるがゆえに陰に陽に身分的差別のあつかいをうけている。集落をつくっている住民は，かつて「特殊部落」「後進部落」「細民部落」など蔑称でよばれ，明らかな差別の対象となっているのである。

この「未解放部落」または「同和関係地区」（以下単に「同和地区」という。）の起源や沿革については，人種的起源説，宗教的起源説，職業的起源説，政治的起源説などの諸説がある。しかし，本審議会は，これら同和地区の起源を学問的に究明することを任務とするものではない。ただ，世人の偏見を打破するためにはっきり断言しておかなければならないのは同和地区の住民は異人種でも異民族でもなく，疑いもなく日本民族，日本国民であるということである。

すなわち，同和問題は，日本民族，日本国民のなかの身分的差別をうける少数集団の問題である。同和地区は，中世末期ないしは近世初期において，封建社会の政治的，経済的，社会的諸条件に規制せられ，一定地域に定着して居住することにより形成された集落である。

封建社会の身分制度のもとにおいては，同和地区住民は最下級の賤しい身分として規定され，職業，住居，婚姻，交際，服装等にいたるまで社会生活のあらゆる面できびしい差別扱いをうけ，人間外のものとして，人格をふみにじられていたのである。しかし明治維新の変革は，同和地区住民にとって大きな歴史的転換の契機となった。すなわち，明治4年8月28日公布された太政官布告第61号により，同和地区住民は，いちおう制度上の身分差別から解放されたのである。この意味において，歴史的な段階としては，同和問題は明治維新後の近代から解消への過程をたどっているということができる。しかしながら，太政官布告は形式的な解放令にすぎなかった。それは単に蔑称を廃止し，身分と職業が平民なみにあつかわれることを宣明したにとどまり，現実の社会関係における実質的な解放を保障するものではなかった。いいかえれば，封建社会の身分階層構造の最低辺に圧迫され，非人間的な権利と極端な貧困に陥れられた同和地区住民を，実質的にその差別と貧困から解放するための政策は行われなかった。したがって，明治維新後の社会においても，差別の実態はほとんど変化がなく，同和地区住民は，封建時代とあまりかわらない悲惨な状態のもとに絶望的な生活を続けてきたのである。

その後、大正時代になって、米騒動が勃発した際、各地で多数の同和地区住民がそれに参加した。その後、全国水平社の自主的解放運動がおこり、それを契機にようやく同和問題の重要性が認識されるにいたった。すなわち、政府は国の予算に新しく地方改善費の名目による地区の環境改善を行なうようになった。しかし、それらの部分的な改善によって同和問題の根本的解決が実現するはずはなく、同和地区住民はいぜんとして、差別の中の貧困の状態におかれてきた。

わが国の産業経済は、「二重構造」といわれる構造的特質をもっている。すなわち、一方には先進国なみの発展した近代的大企業があり、他方には後進国なみの遅れた中小企業や零細経営の農業がある。この二つの領域のあいだには質的な断層があり、頂点の大企業と底辺の零細企業とには大きな格差がある。

なかでも、同和地区の産業経済はその最低辺を形成し、わが国経済の発展からとり残された非近代的部門を形成している。

このような経済構造の特質は、そっくりそのまま社会構造に反映している。すなわち、わが国の社会は、一面では近代的な市民社会の性格をもっているが、他面では、前近代的な身分社会の性格をもっている。今日なお古い伝統的な共同体関係が生き残っており、人々は個人として完全に独立しておらず、伝統や慣習に束縛されて、自由な意志で行動することを妨げられている。

また、封建的な身分階層秩序が残存しており、家父長制的な家族関係、家柄や格式が尊重される村落の風習、各種団体の派閥における親分子分の結合など、社会のいたるところに身分の上下と支配服従の関係がみられる。

さらに、また、精神、文化の分野でも昔ながらの迷信、非合理的な偏見、前時代的な意識などが根づよく生き残っており、特異な精神風土と民族的性格を形成している。

このようなわが国の社会、経済、文化体制こそ、同和問題を存続させ、部落差別を支えている歴史的社会的根拠である。

したがって、戦後のわが国の社会状況はめざましい変化を遂げ、政治制度の民主化が前進したのみでなく、経済の高度成長を基底とする社会、経済、文化の近代化が進展したにもかかわらず、同和問題はいぜんとして未解決のままでとり残されているのである。

しかるに、世間の一部の人々は、同和問題は過去の問題であって、今日の民主化、近代化が進んだわが国においてはもはや問題は存在しないと考えている。

けれども、この問題の存在は、主観をこえた歴史的事実に基づくものである。

同和問題もまた、すべての社会事象がそうであるように、人間社会の歴史的発展の一定の段階において発生し、成長し、消滅する歴史的現象にほかならない。

したがって、いかなる時代がこようと、どのように社会が変化しようと、同和問題が解決することは永久にありえないと考えるのは妥当でない。また、「寝た子をおこすな」式の考えで、同和問題はこのまま放置しておけば社会進化にともないいつとはなく解消すると主張することにも同意できない。

実に部落差別は、半封建的な身分的差別であり、わが国の社会に潜在的または顕在的に厳存し、多種多様の形態で発現する。それを分類すれば、心理的差別と実態的差別とにこれを分けることができる。

心理的差別とは、人々の観念や意識のうちに潜在する差別であるが、それは言語や文字や行為を媒介として顕在化する。たとえば、言葉や文字では封建的身分の賤称をあらわして侮蔑する差別、非合理な偏見や嫌悪の感情によって交際を拒み、婚約を破棄するなどの行動にあらわれる差別である。実態的差別とは、同和地区住民の生活実態に具現されている差別のことである。たとえば、就職・教育の機会均等が実質的に保障されず、政治に参与する権利が選挙などの機会に阻害され、一般行政諸施策がその対象から疎外されるなどの差別であり、このような劣悪な生活環境、特殊で低位の職業構成、平均値の数倍にのぼる高率の生活保護率、きわだって低い教育文化水準など同和地区の特徴として指摘される諸現象は、すべて差別の具象化であるとする見方である。

このような心理的差別と実態的差別とは相互に因果関係を保ち相互に作用しあっている。すなわち、心理的差別が原因となって実態的差別をつくり、反面では実態的差別が原因となって心理的差別を助長するという具合である。そして、この相関関係が差別を再生産する悪循環をくりかえすわけである。

すなわち，近代社会における部落差別とは，ひとくちにいえば，市民的権利，自由の侵害にほかならない。市民的権利，自由とは，職業選択の自由，教育の機会均等を保障される権利，居住及び移転の自由，結婚の自由などであり，これらの権利と自由が同和地区住民にたいしては完全に保障されていないことが差別なのである。これらの市民的権利と自由のうち，職業選択の自由，すなわち就業の機会均等が完全に保障されていないことが特に重大である。なぜなら，歴史をかえりみても，同和地区住民がその時代における主要産業の生産過程から疎外され，賤業とされる雑業に従事していたことが社会的地位の上昇と解放への道を阻む要因となったのであり，このことは現代社会においても変わらないからである。したがって，同和地区住民に就職と教育の機会均等を完全に保障し，同和地区に滞留する停滞的過剰人口を近代的な主要産業の生産過程に導入することにより生活の安定と地位の向上をはかることが，同和問題解決の中心的課題である。

以上の解明によって，部落差別は単なる観念の亡霊ではなく現実の社会に実在することが理解されるであろう。いかなる同和対策も，以上のような問題の認識に立脚しないかぎり，同和問題の根本的解決を実現することはもちろん，個々の行政施策の部分的効果を十分にあげることをも期待しがたいであろう。

（以下略）

●人および市民の権利宣言

（1789年8月26日）

第1条 人は，自由かつ権利において平等なものとして生まれ，かつ生存する。社会的区別は，共同の利益の上にのみ設けることができる。

第2条 あらゆる政治的団結の目的は，人の消滅することのない自然権を保全することである。これらの権利は，自由・所有権・安全および圧制への抵抗である。

第3条 あらゆる主権の原理は本質的に国民に存する。いずれの団体，いずれの個人も，国民から明示的に出てくるものではない権威を行い得ない。

第4条 自由は他人を害しないすべてをなしうることに存する。その結果各人の自然的権の行使は，社会の他の構成員にこれら同種の権利の享有を確保すること以外の限界をもたない。この限界は法律によってのみ，規定することができる。

第5条 法は，社会に有害な行為でなければ，禁止する権利をもたない。法により禁止されないすべてのことは，妨げることができず，また何人も法の命じないことをなすように強制されることがない。

第6条 法は，総意の表明である。すべての市民は，自身でまたはその代表者を通じて，その作成に協力することができる。法は，保護を与える場合でも，処罰を加える場合でも，すべての者に同一でなければならない。すべての市民は，法の目からは平等であるから，その能力にしたがい，かつその特性および才能の差別をのぞいて平等にあらゆる公の位階，地位および職務に就任することができる。

第7条 何人も，法律により規定された場合でかつその命ずる形式によるのでなければ，訴追され，逮捕され，または拘禁され得ない。恣意的命令を請願し，発令し，執行し，または執行させる者は，処罰されなければならない。しかしながら法律により召喚されまたは逮捕された市民は，ただちに従わなければならない。その者は，抵抗することにより犯罪者となる。

第8条 法律は，厳格かつ明白に必要な刑罰のみを定めなければならず，何人も犯罪に先だって制定公布され，かつ適法に適用された法律によらなければ，処罰され得ない。

第9条 すべての者は，犯罪者と宣言されるまでは，無罪と推定されるものであるから，その逮捕が不可欠と判定されても，その身柄を確実にするため必要でないようなすべての強制処置は法律により峻厳に抑圧されなければならない。

第10条 何人もその意見について，それが，たとえ宗教上のものであっても，その表明が法律の確定した公序を乱すものでないかぎり，これについて不安をもたないようにされなければならない。

第11条 思想および意見の自由な伝達は，人の最も貴重な権利の一である。したがって，すべての市民は，自由に発言し，記述し，印刷することができる。ただし，法律により規定された場合におけるこの自由の濫用につ

いては，責任を負わなければならない。
第12条　人および市民の権利の保障は，一の武力を必要とする。したがって，この武力は，すべての者の利益のために設けられるもので，それが委託される人々の特定の利益のため設けられるものではない。
第13条　武力を維持するため，および行政の諸費用のため，共同の租税は，不可欠である。それはすべての市民のあいだでその能力に応じて，平等に配分されなければならない。
第14条　すべての市民は，自身でまたはその代表者により公の租税の必要性を確認し，それを自由に承諾し，その使途を追求し，かつその数額・基礎・徴収および存続期間を定める権利を有する。
第15条　社会は，その行政のすべての公の務員に報告を求める権利を有する。
第16条　権利の保障が確保されず，権力の分立が規定されないすべての社会は，憲法をもつものではない。
第17条　所有権は，一の神聖で不可侵の権利であるから，何人も適法に確認された公の必要性が明白にそれを要求する場合で，かつ事前の正当な補償の条件の下でなければ，これを奪われることはない。

● 世界人権宣言
1948年12月10日採択
国際連合総会第3回会期決議　217A（Ⅲ）

前文

人類社会のすべての構成員の固有の尊厳と平等で譲ることのできない権利とを承認することは，世界における自由，正義及び平和の基礎であるので，

人権の無視及び軽侮が，人類の良心を踏みにじった野蛮行為をもたらし，言論及び信仰の自由が受けられ，恐怖及び欠乏のない世界の到来が，一般の人々の最高の願望として宣言されたので，

人間が専制と圧迫とに対する最後の手段として反逆に訴えることがないようにするためには，法の支配によって人権保護することが肝要であるので，

諸国間の友好関係の発展を促進することが，肝要であるので，

国際連合の諸国民は，国際連合憲章において，基本的人権，人間の尊厳及び価値並びに男女の同権についての信念を再確認し，かつ，一層大きな自由のうちで社会的進歩と生活水準の向上とを促進することを決意したので，

加盟国は，国際連合と協力して，人権及び基本的自由の普遍的な尊重及び遵守の促進を達成することを誓約したので，

これらの権利及び自由に対する共通の理解は，この誓約を完全にするためにもっとも重要であるので，

よって，ここに，国際連合総会は，

社会の各個人及び各機関が，この世界人権宣言を常に念頭に置きながら，加盟国自身の人民の間にも，また，加盟国の管轄下にある地域の人民の間にも，これらの権利と自由との尊重を指導及び教育によって促進すること並びにそれらの普遍的かつ効果的な承認と遵守とを国内的及び国際的な漸進的措置によって確保することに努力するように，すべての人民とすべての国とが達成すべき共通の基準として，この世界人権宣言を公布する。

第1条〔自由平等〕　すべての人間は，生れながらにして自由であり，かつ，尊厳と権利とについて平等である。人間は，理性と良心とを授けられており，互いに同胞の精神をもって行動しなければならない。

第2条〔権利と自由の享有に関する無差別待遇〕　1　すべて人は，人種，皮膚の色，性，言語，宗教，政治上その他の意見，民族的若しくは社会的出身，財産，門地その他の地位又はこれに類するいかなる事由による差別をも受けることなく，この宣言に掲げるすべての権利と自由とを享有することができる。

2　さらに，個人の属する国又は地域が独立国であると，信託統治地域であると，非自治地域であると，又は他のなんらかの主権制限の下にあるとを問わず，その国又は地域の政治上，管轄上又は国際上の地位に基づくいかなる差別もしてはならない。

第3条〔生存，自由，身体の安全〕　すべて人は，生命，自由及び身体の安全に対する権利を有する。

第4条〔奴隷の禁止〕　何人も，奴隷にされ，又は苦役に服することはない。奴隷制度及び奴隷売買は，いかなる形においても禁止する。

第5条〔非人道的な待遇又は刑罰の禁止〕　何

人も，拷問又は残虐な，非人道的な若しくは屈辱的な取扱若しくは刑罰を受けることはない。

第6条〔法の下に人としての承認〕　すべて人は，いかなる場所においても，法の下において，人として認められる権利を有する。

第7条〔法の下における平等〕　すべての人は，法の下において平等であり，また，いかなる差別もなしに法の平等の保護を受ける権利を有する。すべての人は，この宣言に違反するいかなる差別に対しても，また，そのような差別をそそのかすいかなる行為に対しても，平等の保護を受ける権利を有する。

第8条〔基本的権利の侵害に対する救済〕　すべて人は，憲法又は法律によって与えられた基本的権利を侵害する行為に対し，権限を有する国内裁判所による効果的な救済を受ける権利を有する。

第9条〔逮捕，拘禁又は追放の制限〕　何人も，ほしいままに逮捕，拘禁，又は追放されることはない。

第10条〔裁判所の公正な審理〕　すべて人は，自己の権利及び義務並びに自己に対する刑事責任が決定されるに当って，独立の公平な裁判所による公正な公開の審理を受けることについて完全に平等の権利を有する。

第11条〔無罪の推定，罪刑法定主義〕　犯罪の訴追を受けた者は，すべて，自己の弁護に必要なすべての保障を与えられた公開の裁判において法律に従って有罪の立証があるまでは，無罪と推定される権利を有する。

2　何人も，実行の時に国内法又は国際法により犯罪を構成しなかった作為又は不作為のために有罪とされることはない。また，犯罪が行われた時に適用される刑罰より重い刑罰を課せられない。

第12条〔私生活，名誉，信用の保護〕　何人も，自己の私事，家族，住居若しくは通信に対して，ほしいままに干渉され，又は，名誉及び信用に対して攻撃を受けることはない。人はすべて，このような干渉又は攻撃に対して法の保護を受ける権利を有する。

第13条〔移転と居住〕　1　すべて人は，各国の境界内において自由に移転及び居住する権利を有する。

2　すべて人は，自国その他いずれの国をも立ち去り，及び自国に帰る権利を有する。

第14条〔迫害〕　1　すべて人は，迫害からの避難を他国に求め，かつ，これを他国で享有する権利を有する。

2　この権利は，専ら非政治犯罪又は国際連合の目的及び原則に反する行為を原因とする訴追の場合には，援用することはできない。

第15条〔国籍〕　1　すべて人は，国籍をもつ権利を有する。

2　何人も，ほしいままにその国籍を奪われ，又はその国籍を変更する権利を否認されることはない。

第16条〔婚姻と家庭〕　1　成年の男女は，人種，国籍又は宗教によるいかなる制限をも受けることなく，婚姻し，かつ家庭をつくる権利を有する。成年の男女は，婚姻中及びその解消に際し，婚姻に関し平等の権利を有する。

2　婚姻は，婚姻の意志を有する両当事者の自由かつ完全な合意によってのみ成立する。

3　家庭は，社会の自然かつ基礎的な集団単位であって，社会及び国の保護を受ける権利を有する。

第17条〔財産〕　1　すべて人は，単独で又は他の者と共同して財産を所有する権利を有する。

2　何人も，ほしいままに自己の財産を奪われることはない。

第18条〔思想，良心，宗教〕　すべて人は，思想，良心及び宗教の自由を享有する権利を有する。この権利は，宗教又は信念を変更する自由並びに単独で又は他の者と共同して，公的に又は私的に，布教，行事，礼拝及び儀式によって宗教又は信念を表明する自由を含む。

第19条〔意見，発表〕　すべて人は，意見及び表現の自由を享有する権利を有する。この権利は，干渉を受けることなく自己の意見をもつ自由並びにあらゆる手段により，また，国境を越えると否とにかかわりなく，情報及び思想を求め，受け，及び伝える自由を含む。

第20条〔集会，結社〕　1　すべての人は，平和的な集会及び結社の自由を享有する権利を有する。

2　何人も，結社に属することを強制されない。

第21条〔参政権〕　1　すべての人は，直接に又は自由に選出された代表者を通じて，自国の政治に参与する権利を有する。

2 すべて人は，自国においてひとしく公務につく権利を有する。

3 人民の意思は，統治の権力の基礎とならなければならない。この意思は，定期のかつ真正な選挙によって表明されなければならない。この選挙は，平等の普通選挙によるものでなければならず，また，秘密投票又はこれと同等の自由が保障される投票手続によって行われなければならない。

第22条〔社会保障〕 すべて人は，社会の一員として，社会保障を受ける権利を有し，かつ，国家的努力及び国際的協力により，また，各国の組織及び資源に応じて，自己の尊厳と自己の人格の自由な発展とに欠くことのできない経済的，社会的及び文化的権利の実現を求める権利を有する。

第23条〔労働の権利〕 1 すべて人は，労働し，職業を自由に選択し，公正かつ有利な労働条件を確保し，及び失業に対する保護を受ける権利を有する。

2 すべて人は，いかなる差別をも受けることなく，同等の労働に対し，同等の報酬を受ける権利を有する。

3 労働する者は，すべて，自己及び家族に対して人間の尊厳にふさわしい生活を保障する公正かつ有利な報酬を受け，かつ，必要な場合には，他の社会的保護手段によって補充を受けることができる。

4 すべて人は，自己の利益を保護するために労働組合を組織し，及びこれに加入する権利を有する。

第24条〔休息，余暇〕 すべて人は，労働時間の合理的な制限及び定期的な有給休暇を含む休息及び余暇をもつ権利を有する。

第25条〔生活の保障〕 1 すべて人は，衣食住，医療及び必要な社会的施設等により，自己及び家族の健康及び福祉に十分な生活水準を保持する権利並びに失業，疾病，心身障害，配偶者の死亡，老齢その他不可抗力による生活不能の場合は，保障を受ける権利を有する。

2 母と子とは，特別の保護及び援助を受ける権利を有する。すべての児童は，摘出であると否とを問わず，同じ社会的保護を受ける。

第26条〔教育〕 1 すべて人は，教育を受ける権利を有する。教育は，少なくとも初等の及び基礎的の段階においては，無償でなければならない。初等教育は，義務的でなければならない。技術教育及び職業教育は，一般に利用できるものでなければならず，また，高等教育は，能力に応じ，すべての者にひとしく開放されていなければならない。

2 教育は，人格の完全な発展並びに人権及び基本的自由の尊重の強化を目的としなければならない。教育は，すべての国又は人種的若しくは宗教的集団の相互間の理解，寛容及び友好関係を増進し，かつ，平和の維持のため，国際連合の活動を促進するものでなければならない。

3 親は，子に与える教育の種類を選択する優先的権利を有する。

第27条〔文化〕 1 すべて人は，自由に社会の文化生活に参加し，芸術を鑑賞し，及び科学の進歩とその恩恵とにあずかる権利を有する。

2 すべて人は，その創作した科学的，文学的又は美術的作品から生ずる精神的及び物質的利益を保護される権利を有する。

第28条〔社会的国際的秩序〕 すべて人は，この宣言に掲げる権利及び自由が完全に実現される社会的及び国際的秩序に対する権利を有する。

第29条〔社会に対する義務〕 1 すべて人は，その人格の自由かつ完全な発展がその中にあってのみ可能である社会に対して義務を負う。

2 すべて人は，自己の権利及び自由を行使するに当っては，他人の権利及び自由の正当な承認及び尊重を保障すること並びに民主的社会における道徳，公の秩序及び一般の福祉の正当な要求を満たすことを専ら目的として法律によって定められた制限にのみ服する。

3 これらの権利及び自由は，いかなる場合にも，国際連合の目的及び原則に反して行使してはならない。

第30条〔権利と自由に対する破壊的活動〕
この宣言のいかなる規定も，いずれかの国，集団又は個人に対して，この宣言に掲げる権利及び自由の破壊を目的とする活動に従事し，又はそのような目的を有する行為を行う権利を認めるものと解釈してはならない。

● 国際人権規約
経済的,社会的及び文化的権利に関する国際規約（A 規約）

1966 年 12 月 16 日採択

この規約の締約国は,国際連合憲章において宣明された原則によれば,人類社会のすべての構成員の固有の尊厳及び平等のかつ奪い得ない権利を認めることが世界における自由,正義及び平和の基礎をなすものであることを考慮し,これらの権利が人間の固有の尊厳に由来することを認め,世界人権宣言によれば,自由な人間は恐怖及び欠乏からの自由を享受することであるとの理想は,すべての者がその市民的及び政治的権利とともに経済的,社会的及び文化的権利を享有することのできる条件が作り出される場合に初めて達成されることになることを認め,人権及び自由の普遍的な尊重及び遵守を助長すべき義務を国際連合憲章に基づき諸国が負っていることを考慮し,個人が,他人に対し及びその属する社会に対して義務を負うこと並びにこの規約において認められる権利の増進及び擁護のために努力する責任を有することを認識して,次のとおり協定する。

第 1 部
第 1 条　1　すべての人民は,自決の権利を有する。この権利に基づき,すべての人民は,その政治的地位を自由に決定し並びにその経済的,社会的及び文化的発展を自由に追求する。

2　すべて人民は,互恵の原則に基づく国際的経済協力から生ずる義務及び国際法上の義務に違反しない限り,自己のためにその天然の富及び資源を自由に処分することができる。人民は,いかなる場合にも,その生存のための手段を奪われることはない。

3　この規約の締約国（非自治地域及び信託統治地域の施政の責任を有する国を含む。）は,国際連合憲章の規定に従い,自決の権利が実現されることを促進し及び自決の権利を尊重する。

第 2 部
第 2 条　1　この規約の各締約国は,立法措置その他のすべての適当な方法によりこの規約において認められる権利の完全な実現を漸進的に達成するため,自国における利用可能な手段を最大限に用いることにより,個々に又は国際的な援助及び協力,特に,経済上及び技術上の援助及び協力を通じて,行動をとることを約束する。

2　この規約の締約国は,この規約に規定する権利が人種,皮膚の色,性,言語,宗教,政治的意見その他の意見,国民的若しくは社会的出身,財産,出生又は他の地位によるいかなる差別もなしに行使されることを保障することを約束する。

3　開発途上にある国は,人権及び自国の経済の双方に十分な考慮を払い,この規約において認められる経済的権利をどの程度まで外国人に保障するかを決定することができる。

第 3 条　この規約の締約国は,この規約に定めるすべての経済的,社会的及び文化的権利の享有について男女に同等の権利を確保することを約束する。

第 4 条　この規約の締約国は,この規約に合致するものとして国により確保される権利の享受に関し,その権利の性質と両立しており,かつ,民主的社会における一般的福祉を増進することを目的としている場合に限り,法律で定める制限のみをその権利に課すことができることを認める。

第 5 条　1　この規約のいかなる規定も,国,集団又は個人が,この規約において認められる権利若しくは自由を破壊し若しくはこの規約に定める制限の範囲を超えて制限することを目的とする活動に従事し又はそのようなことを目的とする行為を行う権利を有することを意味するものと解することはできない。

2　いずれかの国において法律,条約,規則又は慣習によって認められ又は存する基本的人権については,この規約がそれらの権利を認めていないこと又はその認める範囲がより狭いことを理由として,それらの権利を制限し又は侵すことは許されない。

第 3 部
第 6 条　1　この規約の締約国は,労働の権利を認めるものとし,この権利を保障するため適当な措置をとる。この権利には,すべての者が自由に選択し又は承諾する労働によって生計を立てる機会を得る権利を含む。

2　この規約の締約国が 1 の権利の完全な実現を達成するためとる措置には,個人に対して基本的な政治的及び経済的自由を保障する

条件の下で着実な経済的, 社会的及び文化的発展を実現し並びに完全かつ生産的な雇用を達成するための技術及び職業の指導及び訓練に関する計画, 政策及び方法を含む。

第7条 この規約の締約国は, すべての者が公正かつ良好な労働条件を享受する権利を有することを認める。この労働条件は, 特に次のものを確保する労働条件とする。

(a) すべての労働者に最小限度次のものを与える報酬
　(i) 公正な資金及びいかなる差別もない同一価値の労働についての同一報酬。特に, 女子については, 同一の労働についての同一報酬とともに男子が享受する労働条件に劣らない労働条件が保障されること。
　(ii) 労働者及びその家族のこの規約に適合する相応な生活
(b) 安全かつ健康的な作業環境
(c) 先任及び能力以外のいかなる事由も考慮されることなく, すべての者がその雇用関係においてより高い適当な地位に昇進する均等な機会
(d) 休息, 余暇, 労働時間の合理的な制限及び定期的な有給休暇並びに公の休日についての報酬

第8条 1 この規約の締約国は, 次の権利を確保することを約束する。

(a) すべての者がその経済的及び社会的利益を増進し及び保護するため, 労働組合を結成し及び当該労働組合の規則にのみ従うことを条件として自ら選択する労働組合に加入する権利。この権利の行使については, 法律で定める制限であって国の安全若しくは公の秩序のため又は他の者の権利及び自由の保護のため民主的社会において必要なもの以外のいかなる制限も課することができない。
(b) 労働組合が国内の連合又は総連合を設立する権利及びこれらの連合又は総連合が国際的な労働組合団体を結成し又はこれに加入する権利
(c) 労働組合が, 法律で定める制限であって国の安全若しくは公の秩序のため又は他の者の権利及び自由の保護のため民主的社会において必要なもの以外のいかなる制限も受けることなく, 自由に活動する権利
(d) 同盟罷業をする権利。ただし, この権利は, 各国の法律に従って行使されることを条件とする。

2 この条の規定は, 軍隊若しくは警察の構成員又は公務員による1の権利の行使について合法的な制限を課することを妨げるものではない。

3 この条のいかなる規定も, 結社の自由及び団結権の保護に関する1948年の国際労働機関の条約の締約国が, 同条約に規定する保障を阻害するような立法措置を講ずること又は同条約に規定する保障を阻害するような方法により法律を適用することを許すものではない。

第9条 この規約の締約国は, 社会保険その他の社会保障についてのすべての者の権利を認める。

第10条 この規約の締約国は, 次のことを認める。

1 できる限り広範な保護及び援助が, 社会の自然かつ基礎的な単位である家族に対し, 特に, 家族の形成のために並びに扶養児童の養育及び教育について責任を有する間に, 与えられるべきである。婚姻は, 両当事者の自由な合意に基づいて成立するものでなければならない。

2 産前産後の合理的な期間においては, 特別な保護が母親に与えられるべきである。働いている母親には, その期間において, 有給休暇又は相当な社会保障給付を伴う休暇が与えられるべきである。

3 保護及び援助のための特別な措置が, 出生の他の事情を理由とするいかなる差別もなく, すべての児童及び年少者のためにとられるべきである。児童及び年少者は, 経済的及び社会的な搾取から保護されるべきである。児童及び年少者を, その精神若しくは健康に有害であり, その生命に危険があり又はその正常な発育を妨げるおそれのある労働に使用することは, 法律で処罰すべきである。また, 国は年齢による制限を定め, その年齢に達しない児童を賃金を支払って使用するこ

とを法律で禁止しかつ処罰すべきである。
第11条 1 この規約の締約国は，自己及びその家族のための相当な食糧，衣類及び住居を内容とする相当な生活水準についての並びに生活条件の不断の改善についてのすべての者の権利を認める。締約国は，この権利の実現を確保するために適当な措置をとり，このためには，自由な合意に基づく国際協力が極めて重要であることを認める。
2 この規約の締約国は，すべての者が飢餓から免れる基本的な権利を有することを認め，個々に及び国際協力を通じて，次の目的のため，具体的な計画その他の必要な措置をとる。
 (a) 技術的及び科学的知識を十分に利用することにより，栄養に関する原則についての知識を普及させることにより並びに天然資源の最も効果的な開発及び利用を達成するように農地制度を発展させ又は改革することにより，食糧の生産，保存及び分配の方法を改善すること。
 (b) 食糧の輸入国及び輸出国の双方の問題に考慮を払い，需要との関連において世界の食糧の供給の衡平な分配を確保すること。
第12条 1 この規約の締約国は，すべての者が到達可能な最高水準の身体及び精神の健康を享受する権利を有することを認める。
2 この規約の締約国が1の権利の完全な実現を達成するためにとる措置には，次のことに必要な措置を含む。
 (a) 死産率及び幼児の死亡率を低下させるための並びに児童の健全な発育のための対策
 (b) 環境衛生及び産業衛生のあらゆる状態の改善
 (c) 伝染病，風土病，職業病その他の疾病の予防，治療及び抑圧
 (d) 病気の場合にすべての者に医療及び看護を確保するような条件の創出
第13条 1 この規約の締約国は，教育についてのすべての者の権利を認める。締約国は，教育が人格の完成及び人格の尊厳についての意識の十分な発達を指向し並びに人権及び基本的自由の尊重を強化すべきことに同意する。更に，締約国は，教育が，すべての者に対し，自由な社会に効果的に参加すること，諸国民の間及び人種的，種族的又は宗教的集団の間の理解，寛容及び友好を促進すること並びに平和の維持のための国際連合の活動を助長することを可能にすべきことに同意する。
2 この規約の締約国は，1の権利の完全な実現を達成するため，次のことを認める。
 (a) 初等教育は，義務的なものとし，すべての者に対して無償のものとすること。
 (b) 種々の形態の中等教育（技術的及び職業的中等教育を含む。）は，すべての適当な方法により，特に，無償教育の漸進的な導入により，一般的に利用可能であり，かつ，すべての者に対して機会が与えられるものとすること。
 (c) 高等教育は，すべての適当な方法により，特に，無償教育の漸進的な導入により，能力に応じ，すべての者に対して均等に機会が与えられるものとすること。
 (d) 基礎教育は，初等教育を受けなかった者又はその全課程を修了しなかった者のため，できる限り奨励され又は強化されること。
 (e) すべての段階にわたる学校制度の発展を積極的に追求し，適当な奨学金制度を設立し及び教育職員の物質的条件を不断に改善すること。
3 この規約の締約国は，父母及び場合により法定保護者が，公の機関によって設置される学校以外の学校であって国によって定められ又は承認される最低限度の教育上の基準に適合するものを児童のために選択する自由並びに自己の信念に従って児童の宗教的及び道徳的教育を確保する自由を有することを尊重することを約束する。
4 この条のいかなる規定も，個人及び団体が教育機関を設置し及び管理する自由を妨げるものと解してはならない。ただし，常に，1に定める原則が遵守されること及び当該教育機関において行なわれる教育が国によって定められる最低限度の基準に適合することを条件とする。
第14条 この規約の締約国となる時にその本

土地又はその管轄の下にある他の地域において無償の初等義務教育を確保するに至っていない各締約国は、すべての者に対する無償の義務教育の原則をその計画中に定める合理的な期間内に漸進的に実施するための詳細な行動計画を2年以内に作成しかつ採用することを約束する。

第15条 1 この規約の締約国は、すべての者の次の権利を認める。

(a) 文化的な生活に参加する権利
(b) 科学の進歩及びその利用による利益を享受する権利
(c) 自己の科学的、文学的又は芸術的作品により生ずる精神的及び物質的利益が保護されることを享受する権利

2 この規約の締約国が1の権利の完全な実現を達成するためにとる措置には、科学及び文化の保存、発展及び普及に必要な措置を含む。

3 この規約の締約国は、科学研究及び創作活動に不可欠な自由を尊重することを約束する。

4 この規約の締約国は、科学及び文化の分野における国際的な連絡及び協力を奨励し及び発展させることによって得られる利益を認める。

市民的及び政治的権利に関する国際規約（B規約）（抄）

1966年12月16日採択

第2部

第2条 1 この規約の各締約国は、その領域内にあり、かつ、その管轄の下にあるすべての個人に対し、人種、皮膚の色、性、言語、宗教、政治的意見その他の意見、国民的若しくは社会的出身、財産、出生又は他の地位等によるいかなる差別もなしにこの規約において認められる権利を尊重し及び確保することを約束する。

2 この規約の各締約国は、立法措置その他の措置がまだとられていない場合には、この規約において認められる権利を実現するために必要な立法措置その他の措置をとるため、自国の憲法上の手続及びこの規約の規定に従って必要な行動をとることを約束する。

3 この規約の各締約国は、次のことを約束する。

(a) この規約において認められる権利又は自由を侵害された者が、公的資格で行動する者によりその侵害が行われた場合にも、効果的な救済措置を受けることを確保すること。
(b) 救済措置を求める者の権利が権限のある司法上、行政上若しくは立法上の機関又は国の法制で定める他の権限のある機関によって決定されることを確保すること及び司法上の救済措置の可能性を発展させること。
(c) 救済措置が与えられる場合に権限のある機関によって執行されることを確保すること。

第3条 この規約の締約国は、この規約に定めるすべての市民的及び政治的権利の享有について男女に同等の権利を確保することを約束する。

第4条 1 国民の生存を脅かす公の緊急事態の場合においてその緊急事態の存在が公式に宣言されているときは、この規約の締約国は、事態の緊急性が真に必要とする限度において、この規約に基づく義務に違反する措置をとることができる。ただし、その措置は、当該締約国が国際法に基づき負う他の義務に抵触してはならず、また、人種、皮膚の色、性、言語、宗教又は社会的出身のみを理由とする差別を含んではならない。

2 1の規定は、第6条、第7条、第8条1及び2、第11条、第15条、第16条並びに第18条の規定に違反することを許すものではない。

3 義務に違反する措置をとる権利を行使するこの規約の締約国は、違反した規定及び違反するに至った理由を国際連合事務総長を通じてこの規約の他の締約国に直ちに通知する。更に、違反が終了する日に、同事務総長を通じてその旨通知する。

第5条 1 この規約のいかなる規定も、国、集団又は個人が、この規約において認められる権利及び自由を破壊し若しくはこの規約に定める制限の範囲を超えて制限することを目的とする活動に従事し又はそのようなことを目的とする行為を行う権利を有するこ

とを意味するものと解することはできない。
2　この規約のいずれかの締約国において法律，条約，規則又は慣習によって認められ又は存する基本的人権については，この規約がそれらの権利を認めていないこと又はその認める範囲がより狭いことを理由として，それらの権利を制限し又は侵してはならない。

第3部
第6条　1　すべての人間は，生命に対する固有の権利を有する。この権利は，法律によって保護される。何人も，恣意的にその生命を奪われない。
2　死刑を廃止していない国においては，死刑は，犯罪が行われた時に効力を有しており，かつ，この規約の規定及び集団殺害犯罪の防止及び処罰に関する条約の規定に抵触しない法律により，最も重大な犯罪についてのみ科することができる。この刑罰は，権限のある裁判所が言い渡した確定判決によってのみ執行することができる。
3　生命の剥奪が集団殺害犯罪を構成する場合には，この条のいかなる想定も，この規約の締約国が集団殺害犯罪の防止及び処罰に関する条約の規定に基づいて負う義務を方法のいかんを問わず免れることを許すものではないと了解する。
4　死刑を言い渡されたいかなる者も，特赦又は減刑を求める権利を有する。死刑に対する大赦，特赦又は減刑はすべての場合に与えることができる。
5　死刑は，18歳未満の者が行った犯罪について科してはならず，また，妊娠中の女子に対して執行してはならない。
6　この条のいかなる規定も，この規約の締約国により死刑の廃止を遅らせ又は妨げるために援用されてはならない。
第7条　何人も，拷問又は残虐な，非人道的な若しくは品位を傷つける取扱い若しくは刑罰を受けない。特に，何人も，その自由な同意なしに医学的又は科学的実験を受けない。
第8条　1　何人も，奴隷の状態に置かれない。あらゆる形態の奴隷制度及び奴隷取引は，禁止する。
2　何人も，隷属状態に置かれない。
3 (a)　何人も，強制労働に服することを要求されない。
(b) (a)の規定は，犯罪に対する刑罰として強制労働を伴う拘禁刑を科することができる国において，権限のある裁判所による刑罰の言渡しにより強制労働をさせることを禁止するものと解してはならない。
(c)　この3の適用上，「強制労働」には，次のものを含まない。
(i)　作業又は役務であって，(b)の規定において言及されておらず，かつ，裁判所の合法的な命令によって抑留されている者又はその抑留を条件付きで免除されている者に通常要求されるもの
(ii)　軍事的性質の役務及び，良心的兵役拒否が認められている国において，良心的兵役拒否者が法律によって要求される国民的役務
(iii)　社会の存立又は福祉を脅かす緊急事態又は災害の場合に要求される役務
(iv)　市民としての通常の義務とされる作業又は役務

第9条　1　すべての者は，身体の自由及び安全についての権利を有する。何人も，恣意的に逮捕され又は抑留されない。何人も，法律で定める理由及び手続によらない限り，その自由を奪われない。
2　逮捕される者は，逮捕の時にその理由を告げられるものとし，自己に対する被疑事実を速やかに告げられる。
3　刑事上の罪に問われて逮捕され又は抑留された者は，裁判官又は司法権を行使することが法律によって認められている他の官憲の面前に速やかに連れて行かれるものとし，妥当な期間内に裁判を受ける権利又は釈放される権利を有する。裁判に付される者を抑留することが原則であってはならず，釈放に当たっては，裁判その他の司法上の手続のすべての段階における出頭及び必要な場合における判決の執行のための出頭が保証されることを条件とすることができる。
4　逮捕又は抑留によって自由を奪われた者は，裁判所がその抑留が合法的であるかどうかを遅滞なく決定すること及びその抑留が合法的でない場合にはその釈放を命ずることができるように，裁判所において手続をとる権利を有する。
5　違法に逮捕され又は抑留された者は，賠償を受ける権利を有する。

第10条 1 自由を奪われたすべての者は，人道的にかつ人間の固有の尊厳を尊重して，取り扱われる。

2 (a) 被告人は，例外的な事情がある場合を除くほか有罪の判決を受けた者とは分離されるものとし，有罪の判決を受けていない者としての地位に相応する別個の取扱いを受ける。

(b) 少年の被告人は，成人とは分離されるものとし，できる限り速やかに裁判に付される。

3 行刑の制度は，被拘禁者の矯正及び社会復帰を基本的な目的とする処遇を含む。少年の犯罪者は，成人とは分離されるものとし，その年齢及び法的地位に相応する取扱いを受ける。

第14条 1 すべての者は，裁判所の前に平等とする。すべての者は，その刑事上の罪の決定又は民事上の権利及び義務の争いについての決定のため，法律で設置された，権限のある，独立の，かつ，公平な裁判所による公正な公開審理を受ける権利を有する。報道機関及び公衆に対しては，民主的社会における道徳，公の秩序若しくは国の安全を理由として，当事者の私生活の利益のため必要な場合において又はその公開が司法の利益を害することとなる特別な状況において裁判所が真に必要があると認める限度で，裁判の全部又は一部を公開しないことができる。もっとも，刑事訴訟又は他の訴訟において言い渡される判決は，少年の利益のために必要がある場合又は当該手続が夫婦間の争い若しくは児童の後見に関するものである場合を除くほか，公開する。

2 刑事上の罪に問われているすべての者は，法律に基づいて有罪とされるまでは，無罪と推定される権利を有する。

3 すべての者は，その刑事上の罪の決定について，十分平等に，少なくとも次の保障を受ける権利を有する。

(a) その理解する言語で速やかにかつ詳細にその罪の性質及び理由を告げられること。

(b) 防御の準備のために十分な時間及び便益を与えられ並びに自ら選任する弁護人と連絡すること。

(c) 不当に遅延することなく裁判を受けること。

(d) 自ら出席して裁判を受け及び，直接に又は自ら選任する弁護人を通じて，防御すること。弁護人がいない場合には，弁護人を持つ権利を告げられること。司法の利益のために必要な場合には，十分な支払手段を有しないときは自らその費用を負担することなく，弁護人を付されること。

(e) 自己に不利な証人を尋問し又はこれに対し尋問させること並びに自己に不利な証人と同じ条件で自己のための証人の出席及びこれに対する尋問を求めること。

(f) 裁判所において使用される言語を理解すること又は話すことができない場合には，無料で通訳の援助を受けること。

(g) 自己に不利益な供述又は有罪の自白を強要されないこと。

4 少年の場合には，手続は，その年齢及びその更生の促進が望ましいことを考慮したものとする。

5 有罪の判決を受けたすべての者は，法律に基づきその判決及び刑罰を上級の裁判所によって再審理される権利を有する。

6 確定判決によって有罪と決定された場合において，その後に，新たな事実又は新しく発見された事実により誤審のあったことが決定的に立証されたことを理由としてその有罪の判決が破棄され又は赦免が行われたときは，その有罪の判決の結果刑罰に服した者は，法律に基づいて補償を受ける。ただし，その知られなかった事実が適当な時に明らかにされなかったことの全部又は一部がその者の責めに帰するものであることが証明される場合は，この限りでない。

7 何人も，それぞれの国の法律及び刑事手続に従って既に確定的に有罪又は無罪の判決を受けた行為について再び裁判され又は処罰されることはない。

第16条 すべての者は，すべての場所において，法律の前に人として認められる権利を有する。

第17条 1 何人も，その私生活，家族，住居若しくは通信に対して恣意的に若しくは不法に干渉され又は名誉及び信用を不法に攻撃されない。

2 すべての者は，1の干渉又は攻撃に対する法律の保護を受ける権利を有する。

第18条 1 すべての者は，思想，良心及び

宗教の自由についての権利を有する。この権利には，自ら選択する宗教又は信念を受け入れ又は有する自由並びに，単独で又は他の者と共同して及び公に又は私的に，礼拝，儀式，行事及び教導によってその宗教又は信念を表明する自由を含む。
2 何人も，自ら選択する宗教又は信念を受け入れ又は有する自由を侵害するおそれのある強制を受けない。
3 宗教又は信念を表明する自由については，法律で定める制限であって公共の安全，公の秩序，公衆の健康若しくは道徳又は他の者の基本的な権利及び自由を保護するために必要なもののみを課することができる。
4 この規約の締約国は父母及び場合により法定保護者が，自己の信念に従って児童の宗教的及び道徳的教育を確保する自由を有することを尊重することを約束する。

第19条　1　すべての者は，干渉されることなく意見を持つ権利を有する。
2 すべての者は，表現の自由についての権利を有する。この権利には，口頭，手書き若しくは印刷，芸術の形態又は自ら選択する他の方法により，国境とのかかわりなく，あらゆる種類の情報及び考えを求め，受け及び伝える自由を含む。
3 2の権利の行使には，特別の義務及び責任を伴う。したがって，この権利の行使については，一定の制限を課すことができる。ただし，その制限は，法律によって定められ，かつ，次の目的のために必要とされるものに限る。

　(a)　他の者の権利又は信用の尊重
　(b)　国の安全，公の秩序又は公衆の健康若しくは道徳の保護

第20条　1　戦争のためのいかなる宣伝も，法律で禁止する。
2 差別，敵意又は暴力の扇動となる国民的，人種的又は宗教的憎悪の唱道は，法律で禁止する。

第21条　平和的な集会の権利は，認められる。この権利の行使については，法律で定める制限であって国の安全若しくは公共の安全，公の秩序，公衆の健康若しくは道徳の保護又は他の者の権利及び自由の保護のため民主的社会において必要なもの以外のいかなる制限も課することができない。

第22条　1　すべての者は，結社の自由についての権利を有する。この権利には，自己の利益の保護のために労働組合を結成し及びこれに加入する権利を含む。
2 1の権利の行使については，法律で定める制限であって国の安全若しくは公共の安全，公の秩序，公衆の健康若しくは道徳の保護又は他の者の権利及び自由の保護のため民主的社会において必要なもの以外のいかなる制限も課することができない。この条の規定は，1の権利の行使につき，軍隊及び警察の構成員に対して合法的な制限を課することを妨げるものではない。
3 この条のいかなる規定も，結社の自由及び団結権の保護に関する1948年の国際労働機関の条約の締約国が，同条約に規定する保障を阻害するような立法措置を講ずること又は同条約に規定する保障を阻害するような方法により法律を適用することを許すものではない。

第23条　1　家族は，社会の自然かつ基礎的な単位であり，社会及び国による保護を受ける権利を有する。
2 婚姻をすることができる年齢の男女が婚姻をしかつ家族を形成する権利は，認められる。
3 婚姻は，両当事者の自由かつ完全な合意なしには成立しない。
4 この規約の締約国は，婚姻中及び婚姻の解消の際に，婚姻に係る配偶者の権利及び責任の平等を確保するため，適当な措置をとる。その解消の場合には，児童に対する必要な保護のため，措置がとられる。

第24条　1　すべての児童は，人種，皮膚の色，性，言語，宗教，国民的若しくは社会的出身，財産又は出生によるいかなる差別もなしに，未成年者としての地位に必要とされる保護の措置であって家族，社会及び国による措置について権利を有する。
2 すべての児童は，出生の後直ちに登録され，かつ，氏名を有する。
3 すべての児童は，国籍を取得する権利を有する。

第25条　すべての市民は，第2条に規定するいかなる差別もなく，かつ，不合理な制限なしに，次のことを行う権利及び機会を有

する。
 (a) 直接に，又は自由に選んだ代表者を通じて，政治に参与すること。
 (b) 普通かつ平等の選挙権に基づき秘密投票により行われ，選挙人の意思の自由な表明を保障する真正な定期的選挙において，投票し及び選挙されること。
 (c) 一般的な平等条件の下で自国の公務に携わること。

第26条 すべての者は，法律の前に平等であり，いかなる差別もなしに法律による平等の保護を受ける権利を有する。このため，法律は，あらゆる差別を禁止し及び人種，皮膚の色，性，言語，宗教，政治的意見その他の意見，国民的若しくは社会的出身，財産，出生又は他の地位等のいかなる理由による差別に対しても平等のかつ効果的な保護をすべての者に保障する。

第27条 種族的，宗教的又は言語的少数民族が存在する国において，当該少数民族に属する者は，その集団の他の構成員とともに自己の文化を享有し，自己の宗教を信仰しかつ実践し又は自己の言語を使用する権利を否定されない。

●あらゆる形態の人種差別の撤廃に関する国際条約（抄）
　　　　　　　採択　1965年12月21日

この条約の当事国は，

国際連合憲章がすべての人間に固有の尊厳と平等の原則に基礎を置いていること，並びに，すべての加盟国が，人種，性，言語又は宗教による差別のないすべての者のための人権及び基本的自由の普遍的な尊重及び遵守を助長奨励するという国際連合の目的の一つを達成するために，この機構と協力して，共同及び個別の行動をとることを誓約したことを考慮し，

世界人権宣言が，すべての人間が生まれながらにして自由であり，かつ，尊厳と権利とについて平等であること，並びに，すべての人がいかなる差別，特に人種，皮膚の色又は民族的出身による差別をも受けることなく，同宣言に掲げるすべての権利と自由とを享受することができることを宣言していることを考慮し，

すべての人間が法の下において平等であり，いかなる差別に対しても，また，いかなる差別の煽動に対しても，法律の平等な保護を受ける権利を有することを考慮し，

国際連合が植民地主義並びにそれに結合したあらゆる隔離及び差別の慣行を，いかなる形態であるか，またいかなる場所に存在するかを問わず，非難してきたこと，並びに1960年12月14日の植民地諸国・諸人民に対する独立付与に関する宣言〔総会決議1514（第15回会期）〕が，それらを迅速かつ無条件に終らせる必要性を確認し及び厳粛に宣言したことを考慮し，

1963年11月20日のあらゆる形態の人種差別撤廃に関する国際連合宣言〔総会決議1904（第18回会期III）〕が，あらゆる形態及び表現による人種差別を全世界から速やかに撤廃し，並びに人間の尊厳に対する理解と尊重を確保する必要性を厳粛に確認していることを考慮し，

人種的相違に基づくいかなる優越理論も科学的に誤りであり，道徳的に非難されるべきであり，また社会的に不当かつ危険であること，並びに，理論上又は実際上いかなる場所においても，人種差別を正当化することはできないことを確信し，

人種，皮膚の色又は種族的出身を理由にした人間の差別が，諸国間の友好的かつ平和的関係に障害となること，並びに諸国民の間の平和及び安全と同一の国家内に隣接して生活する人々の調和をも乱すおそれがあることを再確認し，

人種的障壁の存在がいかなる人間社会の理想にも反することを確信し，

世界のいくつかの地域において，人種差別の諸表現がいまだに明らかに存在すること，並びに，アパルトヘイト，隔離又は分離の政策の如き人種的な優越又は憎悪に基礎をおく政策を警鐘として受けとめ，

あらゆる形態と表現による人種差別を速やかに撤廃するために必要なあらゆる措置をとること，並びに人種間の理解を促進し，あらゆる形態の人種隔離及び差別のない国際社会を築くため，人種差別理論・慣行を防止しかつこれらと闘うことを決意し，

1958年に国際労働機関によって採択された，雇用及び職業における差別禁止に関する条約，並びに1960年に国際連合教育科学文化機関によって採択された，教育における差別禁止に関する条約を銘記し，

あらゆる形態の人種差別撤廃に関する国際連合宣言に具現された原則を履行すること及びそのために最も早い時期における実際的措置の採択を確保することを希望して，

次のとおり協定した。

第1部 〔実体規定〕

第1条〔人種差別の定義〕 1 この条約において，「人種差別」 とは，政治的，経済的，社会的，文化的又はその他のすべての公的生活分野における人権及び基本的自由の平等な立場における承認，享有又は行使を無効にし又は損なう目的又は効果を有する人種，皮膚の色，門地又は民族的もしくは種族的出身に基づくあらゆる区別，除外，制約又は優先をいう。

2　この条約は，この条約の当事国がその国民と国民でない者との間に設ける区別，除外，制約又は優先については適用しない。

3　この条約のいかなる規定も，国籍，市民権又は帰化に関する当事国の法規にいかなる影響も及ぼすものと解してはならない。但し，そのような法規が，いかなる特定の国籍に対しても差別していないものとする。

4　人権及び基本的自由の平等な享有又は行使を確保するために，必要な保護を求めている特定の人種的もしくは種族的集団又は個人の十分な進歩を確保することを唯一の目的としてとられる特別な措置は，人種差別とは看做さない。但し，そのような措置は，その結果，異なる人種の集団に別個の権利を維持させることにならないものとし，その目的が達成された後は継続させてはならない。

第2条〔当事国の差別撤廃義務〕 1 当事国は，人種差別を非難し，また，あらゆる形態の人種差別を撤廃し，及び，すべての人種間の理解を促進する政策を，あらゆる適切な手段により遅滞なく遂行することを約束する。このため，

(a)　各当事国は，個人，個人の集団又は公益団体に対する人種差別の行為又は慣行に従事しないこと，並びに，国及び地方のすべての公権力と公的公益団体が，この義務に従って行動することを確保することを約束する。

(b)　各当事国はいかなる個人又は団体による人種差別も後援し，弁護し又は支持しないことを約束する。

(c)　各当事国は，政府，国及び地方の政策を再検討し，いかなる場所を問わず，人種差別を創出し又は永続化する効果を有するいかなる法律及び規則をも，改正し，廃止又は無効にするため，実効的な措置をとる。

(d)　各当事国は，事情により必要なときは立法を含む，あらゆる適切な手段により，いかなる個人，集団又は団体による人種差別をも，禁止し，終らせる。

(e)　各当事国は，適切なときは，人種融合を目的とする多人種間の団体及び運動，並びに人種間の障壁を除去するための他の手段を奨励すること，また，人種的分断を強化するいかなる動きも抑止することを約束する。

2　当時国は，状況の求めるところに従い，当事国に属する特定の人種的集団又はそれに属する個人が，人権及び基本的自由を完全かつ平等に享有することを保障するために，社会的，経済的，文化的及びその他の分野において，その集団又は個人の十分な発展及び保護を確保する特別かつ具体的な措置をとる。但し，これらの措置は，その結果，目的が達成された後，いかなる場合にも，異なる人種的集団に対し不平等な又は別個の権利を維持させることにならないものとする。

第3条〔アパルトヘイトの禁止〕 当事国は，特に，人種隔離及びアパルトヘイトを非難し，また，その管轄下の領域におけるこの種のすべての慣行を防止し，禁止しかつ根絶することを約束する。

第4条〔人種的優越主義に基づく差別及び煽動の禁止〕 当事国は，一人種又は一皮膚の色もしくは民族的出身からなる人々の集団の優越性を説く思想又は理論に基づいているか，又はいかなる形態の人種的憎悪及び差別をも正当化しもしくは助長しようとするすべての宣伝及びすべての団体を非難し，そのような差別のあらゆる煽動又は行為を根絶することを目ざした迅速かつ積極的な措置をとることを約束する。またこのため，当事国は世界人権宣言に具現された原則及びこの条約第5条に明記する権利に留意し，

特に次のことを行う。
- (a) 人種的優越又は憎悪に基づく思想のあらゆる流布，人種差別の煽動，並びにいかなる人種又は皮膚の色もしくは民族的出身を異にする人々の集団に対するあらゆる暴力行為又はこれらの行為の煽動，及び人種的差別に対する財政的援助を含むいかなる援助の供与も，法律によって処罰されるべき犯罪であることを宣言する。
- (b) 人種差別を助長し煽動する団体並びに組織的宣伝活動及びその他あらゆる宣伝活動が違法であることを宣言しかつ禁止し，並びにそれらの団体又は活動への参加が法律によって処罰されるべき犯罪であることを認める。
- (c) 国又は地方の公権力又は公的公益団体が人種差別を助長し又は煽動することを許さない。

第5条〔法の下の平等，権利享有の無差別〕
当事国は，第2条に定める基本的義務に従い，あらゆる形態の人種差別を禁止し撤廃すること，並びに，人種，皮膚の色，民族的又は種族的出身による差別なく，特に次の諸権利の享有において，すべての者の法の下における平等の権利を保障することを約束する。
- (a) 法廷その他すべての司法機関における平等な取り扱いを受ける権利
- (b) 公務員又は個人，集団もしくは公益団体のいずれかによって加えられるかを問わず，暴力行為又は身体への危害に対する身体の安全並びに国家による保護を受ける権利
- (c) 政治的権利，特に，普通かつ平等の選挙権に基づく選挙に投票及び立候補によって参加し，政府並びにすべての段階における公務の処理に参加し，公務に平等につく権利
- (d) 他の市民的権利，特に，
    - (i) 国境内における移動及び居住の自由に対する権利
    - (ii) 自国を含むいずれの国をも立ち去り，及び自国に帰る権利
    - (iii) 国籍に対する権利
    - (iv) 婚姻及び配偶者の選択に対する権利
    - (v) 単独で又は他の者と共同して財産を所有する権利
    - (vi) 相続する権利
    - (vii) 思想・良心及び宗教の自由に対する権利
    - (viii) 言論及び表現の自由に対する権利
    - (ix) 平和的集会及び結社の自由に対する権利
- (e) 経済的，社会的及び文化的権利，特に
    - (i) 労働，職業の自由な選択，公正かつ有利な労働条件，失業に対する保護，同一の労働に対する同一の賃金及び公正かつ有利な報酬に対する権利
    - (ii) 労働組合を結成し加入する権利
    - (iii) 住居に対する権利
    - (iv) 公衆衛生，医療，社会保障及び社会奉仕に対する権利
    - (v) 教育及び訓練を受ける権利
    - (vi) 文化的活動に平等に参加する権利
    - (vii) 交通運輸機関，ホテル，飲食店，喫茶店，劇場，公園など，一般公衆の使用を目的とするあらゆる場所又は役務を利用する権利

第6条〔人種差別に対する救済〕 当事国は，その管轄権内にあるすべての者に対し，権限を有する国内裁判所及びその他の国家機関によって，この条約に反して人権及び基本的自由を侵すあらゆる人種差別行為に対する実効的な保護及び救済並びにそのような差別の結果被ったあらゆる損害に対する正当かつ十分な賠償もしくは満足を求める権利を保障する。

第7条〔教育文化等の分野における差別撤廃精神の普及〕 当事国は，人種差別に導く偏見と闘い，諸国間及び人種的又は種族的集団の間における理解，寛容及び友好関係を促進し，並びに国際連合憲章の目的と原則，世界人権宣言，あらゆる形態の人種差別撤廃に関する国際連合宣言及びこの条約を普及させるため，特に，教授，教育，文化及び情報の分野において迅速かつ有効的な措置をとることを約束する。

●女子に対するあらゆる形態の差別の撤廃に関する条約（抄）
　　1979（昭和54）年12月18日　採択
　　1980（昭和55）年7月17日　日本国署名
この条約の締約国は、(以下省略)
　女子に対する差別は、権利の平等の原則及び人間の尊厳の尊重の原則に反するものであり、女子が男子と平等の条件で自国の政治的，社会的，経済的及び文化的活動に参加する上で障害となるものであり、社会及び家族の繁栄の増進を阻害するものであり，また，女子の潜在能力を自国及び人類に役立てるために完全に開発することを一層困難にするものであることを想起し，

　窮乏の状況においては，女子が食糧，健康，教育，雇用のための訓練及び機会並びに他の必要とするものを享受する機会が最も少ないことを憂慮し，

　衡平及び正義に基づく新たな国際経済秩序の確立が男女の平等の促進に大きく貢献することを確信し，

　アパルトヘイト，あらゆる形態の人種主義，人種差別，植民地主義，新植民地主義，侵略，外国による占領及び支配並びに内政干渉の根絶が男女の権利の完全な享有に不可欠であることを強調し，

　国際の平和及び安全を強化し，国際緊張を緩和し，すべての国（社会体制及び経済体制のいかんを問わない。）の間で相互に協力し，全面的かつ完全な軍備縮小を達成し，特に厳重かつ効果的な国際管理の下での核軍備の縮小を達成し，諸国間の関係における正義，平等及び互恵の原則を確認し，外国の支配の下，植民地支配の下又は外国の占領の下にある人民の自決の権利及び人民の独立の権利を実現し並びに国の主権及び領土保全を尊重することが，社会の進歩及び発展を促進し，ひいては，男女の完全な平等の達成に貢献することを確信し，

　国の完全な発展，世界の福祉及び理想とする平和は，あらゆる分野において女子が男子と平等の条件で最大限に参加することを必要としていることを確信し，

　家族の福祉及び社会の発展に対する従来完全には認められていなかった女子の大きな貢献，母性の社会的重要性並びに家庭及び子の養育における両親の役割に留意し，また，出産における女子の役割が差別の根拠となるべきではなく，子の養育には男女及び社会全体が共に責任を負うことが必要であることを認識し，

　社会及び家庭における男子の伝統的役割を女子の役割とともに変更することが男女の完全な平等の達成に必要であることを認識し，

　女子に対する差別の撤廃に関する宣言に掲げられている諸原則を実施すること及びこのために女子に対するあらゆる形態の差別を撤廃するための必要な措置をとることを決意して，次のとおり協定した。

第1部
第1条　この条約の適用上，「女子に対する差別」とは，性に基づく区別，排除又は制限であつて，政治的，経済的，社会的，文化的，市民的その他のいかなる分野においても，女子（婚姻をしているかいないかを問わない。）が男女の平等を基礎として人権及び基本的自由を認識し，享有し又は行使することを害し又は無効にする効果又は目的を有するものをいう。

第2条　締約国は，女子に対するあらゆる形態の差別を非難し，女子に対する差別を撤廃する政策をすべての適当な手段により，かつ，遅滞なく追求することに合意し，及びこのため次のことを約束する。

(a) 男女の平等の原則が自国の憲法その他の適当な法令に組み入れられていない場合にはこれを定め，かつ，男女の平等の原則の実際的な実現を法律その他の適当な手段により確保すること。

(b) 女子に対するすべての差別を禁止する適当な立法その他の措置（適当な場合には制裁を含む。）をとること。

(c) 女子の権利の法的な保護を男子との平等を基礎として確立し，かつ，権限のある自国の裁判所その他の公の機関を通じて差別となるいかなる行為からも女子を効果的に保護することを確保すること。

(d) 女子に対する差別となるいかなる行為又は慣行も差し控え，かつ，公の当局及び機関がこの義務に従って行動することを確保すること。

(e) 個人，団体又は企業による女子に対する差別を撤廃するためのすべての適当

な措置をとること。
(f) 女子に対する差別となる既存の法律，規則，慣習及び慣行を修正し又は廃止するためのすべての適当な措置（立法を含む。）をとること。
(g) 女子に対する差別となる自国のすべての刑罰規定を廃止すること。

第3条 締約国は，あらゆる分野，特に，政治的，社会的，経済的及び文化的分野において，女子に対して男子との平等を基礎として人権及び基本的自由を行使し及び享有することを保障することを目的として，女子の完全な能力開発及び向上を確保するためのすべての適当な措置（立法を含む。）をとる。

第4条 1 締約国が男女の事実上の平等を促進することを目的とする暫定的な特別措置をとることは，この条約に定義する差別と解してはならない。ただし，その結果としていかなる意味においても不平等な又は別個の基準を維持し続けることとなってはならず，これらの措置は，機会及び待遇の平等の目的が達成された時に廃止されなければならない。
2 締約国が母性を保護することを目的とする特別措置（この条約に規定する措置を含む。）をとることは，差別と解してはならない。

第5条 締約国は，次の目的のためのすべての適当な措置をとる。
(a) 両性いずれかの劣等性若しくは優越性の観念又は男女の定型化された役割に基づく偏見及び慣習その他あらゆる慣行の撤廃を実現するため，男女の社会的及び文化的な行動様式を修正すること。
(b) 家庭についての教育に，社会的機能としての母性についての適正な理解並びに子の養育及び教育における男女の共同責任についての認識を含めることを確保すること。あらゆる場合において，子の利益は最初に考慮するものとする。

第6条 締約国は，あらゆる形態の女子の売買及び女子の売春からの搾取を禁止するためのすべての適当な措置（立法を含む。）をとる。

第2部

第7条 締約国は，自国の政治的及び公的活動における女子に対する差別を撤廃するためのすべての適当な措置をとるものとし，特に，女子に対して男子と平等の条件で次の権利を確保する。
(a) あらゆる選挙及び国民投票において投票する権利並びにすべての公選による機関に選挙される資格を有する権利
(b) 政府の政策の策定及び実施に参加する権利並びに政府のすべての段階において公職に就き及びすべての公務を遂行する権利
(c) 自国の公的又は政治的活動に関係のある非政府機関及び非政府団体に参加する権利

第8条 締約国は，国際的に自国政府を代表し及び国際機関の活動に参加する機会を，女子に対して男子と平等の条件でかついかなる差別もなく確保するためのすべての適当な措置をとる。

第9条 1 締約国は，国籍の取得，変更及び保持に関し，女子に対して男子と平等の権利を与える。締約国は，特に，外国人との婚姻又は婚姻中の夫の国籍の変更が，自動的に妻の国籍を変更し，妻を無国籍にし又は夫の国籍を妻に強制することとならないことを確保する。
2 締約国は，子の国籍に関し，女子に対して男子と平等の権利を与える。

第3部

第10条 締約国は，教育の分野において，女子に対して男子と平等の権利を確保することを目的として，特に，男女の平等を基礎として次のことを確保することを目的として，女子に対する差別を撤廃するためのすべての適当な措置をとる。
(a) 農村及び都市のあらゆる種類の教育施設における職業指導，修学の機会及び資格証書の取得のための同一の条件。このような平等は，就学前教育，普通教育，技術教育，専門教育及び高等技術教育並びにあらゆる種類の職業訓練において確保されなければならない。
(b) 同一の教育課程，同一の試験，同一の水準の資格を有する教育職員並びに同一の質の学校施設及び設備を享受する機会

(c) すべての段階及びあらゆる形態の教育における男女の役割についての定型化された概念の撤廃を，この目的の達成を助長する男女共学その他の種類の教育を奨励することにより，また，特に，教材用図書及び指導計画を改訂すること並びに指導方法を調整することにより行うこと。
(d) 奨学金その他の修学援助を享受する同一の機会
(e) 継続教育計画（成人向けの及び実用的な識字計画を含む。）特に，男女間に存在する教育上の格差をできる限り早期に減少させることを目的とした継続教育計画を利用する同一の機会
(f) 女子の中途退学率を減少させること及び早期に退学した女子のための計画を策定すること。
(g) スポーツ及び体育に積極的に参加する同一の機会
(h) 家族の健康及び福祉の確保に役立つ特定の教育的情報（家族計画に関する情報及び助言を含む。）を享受する機会

第11条 1 締約国は，男女の平等を基礎として同一の権利，特に次の権利を確保することを目的として，雇用の分野における女子に対する差別を撤廃するためのすべての適当な措置をとる。
(a) すべての人間の奪い得ない権利としての労働の権利
(b) 同一の雇用機会（雇用に関する同一の選考基準の適用を含む。）についての権利
(c) 職業を自由に選択する権利，昇進，雇用の保障並びに労働に係るすべての給付及び条件についての権利並びに職業訓練及び再訓練（見習，上級職業訓練及び継続的訓練を含む。）を受ける権利
(d) 同一価値の労働についての同一報酬（手当を含む。）及び同一待遇についての権利並びに労働の質の評価に関する取扱いの平等についての権利
(e) 社会保障（特に，退職，失業，傷病，障害，老齢その他の労働不能の場合における社会保障）についての権利及び有給休暇についての権利
(f) 作業条件に係る健康の保護及び安全（生殖機能の保護を含む。）についての権利

2 締約国は，婚姻又は母性を理由とする女子に対する差別を防止し，かつ，女子に対して実効的な労働の権利を確保するため，次のことを目的とする適当な措置をとる。
(a) 妊娠又は母性休暇を理由とする解雇及び婚姻をしているかいないかに基づく差別的解雇を制裁を課して禁止すること。
(b) 給料又はこれに準ずる社会的給付を伴い，かつ，従前の雇用関係，先任及び社会保障上の利益の喪失を伴わない母性休暇を導入すること。
(c) 親が家庭責任と職業上の責務及び社会的活動への参加とを両立させることを可能とするために必要な補助的な社会的サービスの提供を，特に保育施設網の設置及び充実を促進することにより奨励すること。
(d) 妊娠中の女子に有害であることが証明されている種類の作業においては，当該女子に対して特別の保護を与えること。

3 この条に規定する事項に関する保護法令は，科学上及び技術上の知識に基づき定期的に検討するものとし，必要に応じて，修正し，廃止し，又はその適用を拡大する。

第12条 1 締約国は，男女の平等を基礎として保健サービス（家族計画に関連するものを含む。）を享受する機会を確保することを目的として，保健の分野における女子に対する差別を撤廃するためのすべての適当な措置をとる。
2 1の規定にかかわらず，締約国は，女子に対し，妊娠，分べん及び産後の期間中の適当なサービス（必要な場合には無料にする。）並びに妊娠及び授乳の期間中の適当な栄養を確保する。

第4部
第15条 1 締約国は，女子に対し，法律の前の男子との平等を認める。
2 締約国は，女子に対し，民事に関して男子と同一の法的能力を与えるものとし，また，この能力を行使する同一の機会を与える。特

に，締約国は，契約を締結し及び財産を管理することにつき女子に対して男子と平等の権利を与えるものとし，裁判所における手続のすべての段階において女子を男子と平等に取り扱う。

3 締約国は，女子の法的能力を制限するような法的効果を有するすべての契約及び他のすべての私的文書（種類のいかんを問わない。）を無効とすることに同意する。

4 締約国は，個人の移動並びに居所及び住所の選択の自由に関する法律において男女に同一の権利を与える。

第16条 1 締約国は，婚姻及び家族関係に係るすべての事項について女子に対する差別を撤廃するためのすべての適当な措置をとるものとし，特に，男女の平等を基礎として次のことを確保する。

- (a) 婚姻をする同一の権利
- (b) 自由に配偶者を選択し及び自由かつ完全な合意のみにより婚姻をする同一の権利
- (c) 婚姻中及び婚姻の解消の際の同一の権利及び責任
- (d) 子に関する事項についての親（婚姻をしているかいないかを問わない。）としての同一の権利及び責任。あらゆる場合において，子の利益は至上である。
- (e) 子の数及び出産の間隔を自由にかつ責任をもって決定する同一の権利並びにこれらの権利の行使を可能にする情報，教育及び手段を享受する同一の権利
- (f) 子の後見及び養子縁組又は国内法令にこれらに類する制度が存在する場合にはその制度に係る同一の権利及び責任。あらゆる場合において，子の利益は至上である。
- (g) 夫及び妻の同一の個人的権利（姓及び職業を選択する権利を含む。）
- (h) 無償であるか有償であるかを問わず，財産を所有し，取得し，運用し，管理し，利用し及び処分することに関する配偶者双方の同一の権利

2 児童の婚約及び婚姻は，法的効果を有しないものとし，また，婚姻最低年齢を定め及び公の登録所への婚姻の登録を義務付けるためのすべての必要な措置（立法を含む。）がとられなければならない。

●児童の権利に関する条約（抄）
　　　　　　　　　　　　1989年11月20日採択

前文
　この条約の締約国は，（以下省略）
　児童が，その人格の完全なかつ調和のとれた発達のため，家庭環境の下で幸福，愛情及び理解のある雰囲気の中で成長すべきであることを認め，
　児童が，社会において個人として生活するため十分な準備が整えられるべきであり，かつ，国際連合憲章において宣明された理想の精神並びに特に平和，尊厳，寛容，自由，平等及び連帯の精神に従って育てられるべきであることを考慮し，
　児童に対して特別な保護を与えることの必要性が，1924年の児童の権利に関するジュネーヴ宣言及び1959年11月20日に国際連合総会で採択された児童の権利に関する宣言において述べられており，また，世界人権宣言，市民的及び政治的権利に関する国際規約（特に第23条及び第24条），経済的，社会的及び文化的権利に関する国際規約（特に第10条）並びに児童の福祉に関係する専門機関及び国際機関の規程及び関係文書において認められていることに留意し，
　児童の権利に関する宣言において示されているとおり「児童は，身体的及び精神的に未熟であるため，その出生の前後において，適当な法的保護を含む特別な保護及び世話を必要とする。」ことに留意し，
　国内の又は国際的な里親委託及び養子縁組を特に考慮した児童の保護及び福祉についての社会的及び法的な原則に関する宣言，少年司法の運用のための国際連合最低基準規則（北京規則）及び緊急事態及び武力紛争における女子及び児童の保護に関する宣言の規定を想起し，
　極めて困難な条件の下で生活している児童が世界のすべての国に存在すること，また，このような児童が特別の配慮を必要としていることを認め，
　児童の保護及び調和のとれた発達のために各人民の伝統及び文化的価値が有する重要性を十分に考慮し，

あらゆる国特に開発途上国における児童の生活条件を改善するために国際協力が重要であることを認めて，
次のとおり協定した。

第1部
第1条　この条約の適用上，児童とは，18歳未満のすべての者をいう。ただし，当該児童で，その者に適用される法律によりより早く成年に達したものを除く。
第2条　1　締約国は，その管轄の下にある児童に対し，児童又はその父母若しくは法定保護者の人種，皮膚の色，性，言語，宗教，政治的意見その他の意見，国民的，種族的若しくは社会的出身，財産，心身障害，出生又は他の地位にかかわらず，いかなる差別もなしにこの条約に定める権利を尊重し，及び確保する。
2　締約国は，児童がその父母，法定保護者又は家族の構成員の地位，活動，表明した意見又は信念によるあらゆる形態の差別又は処罰から保護されることを確保するためのすべての適当な措置をとる。
第3条　1　児童に関するすべての措置をとるに当たっては，公的若しくは私的な社会福祉施設，裁判所，行政当局又は立法機関のいずれによって行われるものであっても，児童の最善の利益が主として考慮されるものとする。
第6条　1　締約国は，すべての児童が生命に対する固有の権利を有することを認める。
2　締約国は，児童の生存及び発達を可能な最大限の範囲において確保する。
第7条　1　児童は，出生の後直ちに登録される。児童は，出生の時から氏名を有する権利及び国籍を取得する権利を有するものとし，また，できる限りその父母を知りかつその父母によって養育される権利を有する。
2　締約国は，特に児童が無国籍となる場合を含めて，国内法及びこの分野における関連する国際文書に基づく自国の義務に従い，1の権利の実現を確保する。
第8条　1　締約国は，児童が法律によって認められた国籍，氏名及び家族関係を含むその身元関係事項について不法に干渉されることなく保持する権利を尊重することを約束する。

2　締約国は，児童がその身元関係事項の一部又は全部を不法に奪われた場合には，その身元関係事項を速やかに回復するため，適当な援助及び保護を与える。
第9条　1　締約国は，児童がその父母の意思に反してその父母から分離されないことを確保する。ただし，権限のある当局が司法の審査に従うことを条件として適用のある法律及び手続に従いその分離が児童の最善の利益のために必要であると決定する場合は，この限りでない。このような決定は，父母が児童を虐待し若しくは放置する場合又は父母が別居しており児童の居住地を決定しなければならない場合のような特定の場合において必要となることがある。
2　すべての関係当事者は，1の規定に基づくいかなる手続においても，その手続に参加しかつ自己の意見を述べる機会を有する。
3　締約国は，児童の最善の利益に反する場合を除くほか，父母の一方又は双方から分離されている児童が定期的に父母のいずれとも人的な関係及び直接の接触を維持する権利を尊重する。
4　3の分離が，締約国がとった父母の一方若しくは双方又は児童の抑留，拘禁，追放，退去強制，死亡（その者が当該締約国により身体を拘束されている間に何らかの理由により生じた死亡を含む。）等のいずれかの措置に基づく場合には，当該締約国は，要請に応じ，父母，児童又は適当な場合には家族の他の構成員に対し，家族のうち不在となっている者の所在に関する重要な情報を提供する。ただし，その情報の提供が児童の福祉を害する場合は，この限りでない。締約国は，更に，その要請の提出自体が関係者に悪影響を及ぼさないことを確保する。
第10条　1　前条1の規定に基づく締約国の義務に従い，家族の再統合を目的とする児童又はその父母による締約国への入国又は締約国からの出国の申請については，締約国が積極的，人道的かつ迅速な方法で取り扱う。締約国は，更に，その申請の提出が申請者及びその家族の構成員に悪影響を及ぼさないことを確保する。
2　父母と異なる国に居住する児童は，例外的な事情がある場合を除くほか定期的に父母との人的な関係及び直接の接触を維持する

権利を有する。このため、前条1の規定に基づく締約国の義務に従い、締約国は、児童及びその父母がいずれの国（自国を含む。）からも出国し、かつ、自国に入国する権利を尊重する。出国する権利は、法律で定められ、国の安全、公の秩序、公衆の健康若しくは道徳又は他の者の権利及び自由を保護するために必要であり、かつ、この条約において認められる他の権利と両立する制限にのみ従う。

第11条 1 締約国は、児童が不法に国外へ移送されること及び国外から帰還することができない事態を除去するための措置を講ずる。

2 このため、締約国は、二国間若しくは多数国間の協定の締結又は現行の協定への加入を促進する。

第12条 1 締約国は、自己の意見を形成する能力のある児童がその児童に影響を及ぼすすべての事項について自由に自己の意見を表明する権利を確保する。この場合において、児童の意見は、その児童の年齢及び成熟度に従って相応に考慮されるものとする。

2 このため、児童は、特に、自己に影響を及ぼすあらゆる司法上及び行政上の手続において、国内法の手続規則に合致する方法により直接に又は代理人若しくは適当な団体を通じて聴取される機会を与えられる。

第13条 1 児童は、表現の自由についての権利を有する。この権利には、口頭、手書き若しくは印刷、芸術の形態又は自ら選択する他の方法により、国境とのかかわりなく、あらゆる種類の情報及び考えを求め、受け及び伝える自由を含む。

2 1の権利の行使については、一定の制限を課することができる。ただし、その制限は、法律によって定められ、かつ、次の目的のために必要とされるものに限る。

(a) 他の者の権利又は信用の尊重
(b) 国の安全、公の秩序又は公衆の健康若しくは道徳の保護

第14条 1 締約国は、思想、良心及び宗教の自由についての児童の権利を尊重する。

2 締約国は、児童が1の権利を行使するに当たり、父母及び場合により法定保護者が児童に対しその発達しつつある能力に適合する方法で指示を与える権利及び義務を尊重する。

3 宗教又は信念を表明する自由については、法律で定める制限であって公共の安全、公の秩序、公衆の健康若しくは道徳又は他の者の基本的な権利及び自由を保護するために必要なもののみを課することができる。

第15条 1 締約国は、結社の自由及び平和的な集会の自由についての児童の権利を認める。

2 1の権利の行使については、法律で定める制限であって国の安全若しくは公共の安全、公の秩序、公衆の健康若しくは道徳の保護又は他の者の権利及び自由の保護のため民主的社会において必要なもの以外のいかなる制限も課することができない。

第16条 1 いかなる児童も、その私生活、家族、住居若しくは通信に対して恣意的に若しくは不法に干渉され又は名誉及び信用を不法に攻撃されない。

2 児童は、1の干渉又は攻撃に対する法律の保護を受ける権利を有する。

第17条 締約国は、大衆媒体（マス・メディア）の果たす重要な機能を認め、児童が国の内外の多様な情報源からの情報及び資料、特に児童の社会面、精神面及び道徳面の福祉並びに心身の健康の促進を目的とした情報及び資料を利用することができることを確保する。このため、締約国は、

(a) 児童にとって社会面及び文化面において有益であり、かつ、第29条の精神に沿う情報及び資料を大衆媒体（マス・メディア）が普及させるよう奨励する。
(b) 国の内外の多様な情報源（文化的にも多様な情報源を含む。）からの情報及び資料の作成、交換及び普及における国際協力を奨励する。
(c) 児童用書籍の作成及び普及を奨励する。
(d) 少数集団に属し又は原住民である児童の言語上の必要性について大衆媒体（マス・メディア）が特に考慮するよう奨励する。
(e) 第13条及び次条の規定に留意して、児童の福祉に有害な情報及び資料から児童を保護するための適当な指針を発展させることを奨励する。

第23条 1 締約国は、精神的又は身体的な障害を有する児童が、その尊厳を確保し、自

立を促進し及び社会への積極的な参加を容易にする条件の下で十分かつ相応な生活を享受すべきであることを認める。
2 締約国は、障害を有する児童が特別の養護についての権利を有することを認めるものとし、利用可能な手段の下で、申込みに応じた、かつ、当該児童の状況及び父母又は当該児童を養護している他の者の事情に適した援助を、これを受ける資格を有する児童及びこのような児童の養護について責任を有する者に与えることを奨励し、かつ、確保する。
3 障害を有する児童の特別の必要を認めて、2の規定に従って与えられる援助は、父母又は当該児童を養護している他の者の資力を考慮して可能な限り無償で与えられるものとし、かつ、障害を有する児童が可能な限り社会への統合及び個人の発達（文化的及び精神的な発達を含む。）を達成することに資する方法で当該児童が教育、訓練、保健サービス、リハビリテーション・サービス、雇用のための準備及びレクリエーションの機会を実質的に利用し及び享受することができるように行われるものとする。
4 締約国は、国際協力の精神により、予防的な保健並びに障害を有する児童の医学的、心理学的及び機能的治療の分野における適当な情報の交換（リハビリテーション、教育及び職業サービスの方法に関する情報の普及及び利用を含む。）であってこれらの分野における自国の能力及び技術を向上させ並びに自国の経験を広げることができるようにすることを目的とするものを促進する。これに関しては、特に、開発途上国の必要を考慮する。

第28条 1 締約国は、教育についての児童の権利を認めるものとし、この権利を漸進的にかつ機会の平等を基礎として達成するため、特に、

(a) 初等教育を義務的なものとし、すべての者に対して無償のものとする。
(b) 種々の形態の中等教育（一般教育及び職業教育を含む。）の発展を奨励し、すべての児童に対し、これらの中等教育が利用可能であり、かつ、これらを利用する機会が与えられるものとし、例えば、無償教育の導入、必要な場合における財政的援助の提供のような適当な措置をとる。
(c) すべての適当な方法により、能力に応じ、すべての者に対して高等教育を利用する機会が与えられるものとする。
(d) すべての児童に対し、教育及び職業に関する情報及び指導が利用可能であり、かつ、これらを利用する機会が与えられるものとする。
(e) 定期的な登校及び中途退学率の減少を奨励するための措置をとる。

2 締約国は、学校の規律が児童の人間の尊厳に適合する方法で及びこの条約に従って運用されることを確保するためのすべての適当な措置をとる。
3 締約国は、特に全世界における無知及び非識字の廃絶に寄与し並びに科学上及び技術上の知識並びに最新の教育方法の利用を容易にするため、教育に関する事項についての国際協力を促進し、及び奨励する。これに関しては、特に、開発途上国の必要を考慮する。

第29条 1 締約国は、児童の教育が次のことを指向すべきことに同意する。

(a) 児童の人格、才能並びに精神的及び身体的な能力をその可能な最大限度まで発達させること。
(b) 人権及び基本的自由並びに国際連合憲章にうたう原則の尊重を育成すること。
(c) 児童の父母、児童の文化的同一性、言語及び価値観、児童の居住国及び出身国の国民的価値観並びに自己の文明と異なる文明に対する尊重を育成すること。
(d) すべての人民の間の、種族的、国民的及び宗教的集団の間の並びに原住民である者の理解、平和、寛容、両性の平等及び友好の精神に従い、自由な社会における責任ある生活のために児童に準備させること。
(e) 自然環境の尊重を育成すること。

2 この条又は前条のいかなる規定も、個人及び団体が教育機関を設置し及び管理する自由を妨げるものと解してはならない。ただし、常に、1に定める原則が遵守されること及び当該教育機関において行われる教育が国に

よって定められる最低限度の基準に適合することを条件とする。

第30条 種族的,宗教的若しくは言語的少数民族又は先住民である者が存在する国において,当該少数民族に属し又は先住民である児童は,その集団の他の構成員とともに自己の文化を享有し,自己の宗教を信仰しかつ実践し又は自己の言語を使用する権利を否定されない。

第31条 1 締約国は,休息及び余暇についての児童の権利並びに児童がその年齢に適した遊び及びレクリエーションの活動を行い並びに文化的な生活及び芸術に自由に参加する権利を認める。

2 締約国は,児童が文化的及び芸術的な生活に十分に参加する権利を尊重しかつ促進するものとし,文化的及び芸術的な活動並びにレクリエーション及び余暇の活動のための適当かつ平等な機会の提供を奨励する。

第32条 1 締約国は,児童が経済的な搾取から保護され及び危険となり若しくは児童の教育の妨げとなり又は児童の健康若しくは身体的,精神的,道徳的若しくは社会的な発達に有害となるおそれのある労働への従事から保護される権利を認める。

2 締約国は,この条の規定の実施を確保するための立法上,行政上,社会上及び教育上の措置をとる。このため,締約国は,他の国際文書の関連規定を考慮して,特に,

(a) 雇用が認められるための1又は2以上の最低年齢を定める。
(b) 労働時間及び労働条件についての適当な規則を定める。
(c) この条の規定の効果的な実施を確保するための適当な罰則その他の制裁を定める。

第33条 締約国は,関連する国際条約に定義された麻薬及び向精神薬の不正な使用から児童を保護し並びにこれらの物質の不正な生産及び取引における児童の使用を防止するための立法上,行政上,社会上及び教育上の措置を含むすべての適当な措置をとる。

第34条 締約国は,あらゆる形態の性的搾取及び性的虐待から児童を保護することを約束する。このため,締約国は,特に,次のことを防止するためのすべての適当な国内,二国間及び多数国間の措置をとる。

(a) 不法な性的な行為を行うことを児童に対して勧誘又は強制すること。
(b) 売春又は他の不法な性的な業務において児童を搾取的に使用すること。
(c) わいせつな演技及び物において児童を搾取的に使用すること。

索　引

● 数・英字

21世紀の特殊教育の在り方について, 102, 104, 109
BC級裁判, 185

● あ　行

アイデンティティ, 217
愛の鞭, 117
アファーマティブ・アクション, 43
慰安婦, 181
「生きるに値する・値しない生命」論, 175
育児・介護休業法, 88
意見具申, 34
異性愛, 82
インクルーシブな教育, 100, 102
インターセクシュアル, 83
インターセックス, 85, 87
インターセックス（半陰陽）, 81
インターネット, 136
ウォルター・モンデールの危機意識, 166
英語帝国主義, 158
エシュロン, 156
えせ同和行為, 35

穢多身分, 31
エリート教育, 107

● か　行

外国人学校法案, 58
外国人登録法, 49, 51
回収作業, 117
買春, 72, 73, 74, 88
学力, 129
学力保障, 215
学校教育法施行令の一部改正, 104
学校選択権, 109
学校知, 216
カムアウト, 25
カレン・クインラン, 173
管理教育, 118
教育愛, 120
教育改革, 129, 208
教育改革国民会議, 107
教育基本法第三条, 92
教育的な行為, 117
教育の機会均等, 93
教育の中立性, 221
教育への権利, 209
教化主義, 222
共生, 176, 177
共生・共学の模索, 94, 109
強制連行・強制労働, 181
近世政治起源説, 26

国の責務, 33
グローバル化, 157
ゲイ, 154
結婚差別, 33
権威的なことば, 223
言語, 138
権利としての障害児教育, 94
言論の自由, 147
校則, 132
公民権運動, 14
公務員, 61
公立朝鮮人学校, 56
国際人権規約, 17
国際理解教育, 224
国籍, 48
国籍条項, 194
国民教育, 12
国民国家, 52, 142
国民年金, 64
国連人権委員会, 17
心のノート, 130
個性の尊重, 109
国家公務員法, 61
国家無答責論, 193
国公立大学の外国人教員任用特別措置法, 63
子ども買春, 75
子どもの権利条約, 113, 114

子どもの権利宣言, 16
子どもポルノ, 75
個別化教育計画, 98
コミュニケーションの権利, 136
コミュニケーションの自由, 143

● さ 行

差異, 20
在外被爆者, 195
サラマンカ宣言, 101
参加型学習, 229
ジェンダー, 4, 71, 193
自己解放, 32
自己決定権, 2
自己決定・自己責任, 110
自己情報コントロール権利, 155
しつけ, 117
実態的差別, 36
児童虐待, 117
死なす権利, 174
死なせる権利, 173
死ぬ義務, 173, 174
死の自己決定権, 167, 170
自民族(自国民)中心主義, 219
市民的権利, 34
指紋押なつ義務, 49
社会現象, 26
社会的規範, 27
就学拒否, 59
自由権規約, 140
就職差別, 33
主体位置, 21
出入国管理及び難民認定法, 50
ジュネーブ条約, 184
障害者の社会参加と自立生活, 169
障害胎児の中絶問題, 162
障壁, 36
情報公開, 126, 155
情報通信, 141, 150
女性および市民の権利宣言, 7
女性差別撤廃条約, 88
女性のためのアジア平和国民基金, 191
除斥期間, 198
人権概念, 5
人権教育, 207
人権教育のための国連10年, 208
人権思想, 5
人権侵害, 26
人権としての教育, 210
人権についての教育, 210
人権の国際化, 16
人権の主体, 1
人権擁護推進審議会, 212
人種差別, 14
人種統合教育, 98
人道に対する罪, 181
心理的差別, 36
生活改善運動, 31
生活綴方, 229
生活保護, 65
性自認, 80, 81
聖職者, 133
精神薄弱者の人権宣言, 92
性的指向, 80, 89
性的少数者, 83, 85, 87, 88
性同一性障害, 82, 87
生の自己決定権, 167
生物学的性, 80, 81
性別適合手術, 87
性別適合手術(性転換手術), 84
生命の選別, 176, 177
世界人権宣言, 140
セクシュアリティ, 83
セクシュアル・ハラスメント, 72, 73, 87, 88
セックス, 71
全国水平社創立大会, 31
戦後補償, 194
賤視観念, 28
全障害児教育法, 97
戦争責任, 22
戦没者遺族等に対する弔慰金等の支給に関する法律, 67
賤民解放令, 31
臓器移植法, 166
総合的な学習, 129
創氏改名, 53
尊厳死, 171, 172
尊厳に生きる権利, 167
尊厳に死ぬ権利, 167
孫振斗裁判, 199

● た 行

大正デモクラシー, 32
体罰, 114
対話, 222
多声的関係, 226
多文化教育, 226
男女雇用機会均等法, 88
地域改善対策協議会, 34
地域の特殊教育センター, 103
地縁血縁的系譜, 28

地方公務員法, 61
地方参政権, 52
長期欠席・不就学, 33
朝鮮高校生に対する暴行
　　事件, 59
通級学級, 103
通信品位法, 153
低学力, 129, 215
デジタル・デバイド, 150
徹底的糾弾, 32
天皇の戦争責任, 181
東京裁判, 181
統合下の新たな分離, 99
同時多発テロ, 156
同性愛, 82, 85, 89, 154
同性愛者, 87
同和教育, 207
同和対策事業, 26
同和対策事業特別措置法,
　　34
同和対策審議会答申, 28
『同和はこわい考』, 35
特別なニーズを持つ子ど
　　も, 100
独立宣言, 6
ドメスティック・バイオ
　　レンス, 72, 73, 76, 88
トランスジェンダー
　　（TG）, 82
トランスジェンダー／ト
　　ランスセクシュアル,
　　84, 85
トランスセクシュアル, 87
トランスセクシュアル
　　（TS）, 82

奴隷制問題, 13

● な 行

内閣法制局見解, 61
内心の自由, 130
南京大虐殺, 182
ナンシー・クルーザン,
　　173
二項対立思考, 39
二重国籍, 60
日本国憲法, 2
ニュルンベルク裁判, 181
認定就学者, 104
脳死・臓器移植, 167
脳死・臓器移植の幕開け,
　　165
ノーマライゼーション,
　　100

● は 行

ハーグ条約, 183
バイセクシュアル, 82
バリア・フリー的施設・
　　設備, 105
阪神教育闘争, 56
判断能力, 174
判断能力のある成人, 170
被害者意識, 44
人および市民の権利宣言,
　　5
日の丸・君が代, 130
表現の自由, 148
フィルタリング・ソフト,
　　153
不可視の暴力, 118
負の遺産, 37

不平等の再生産, 215
プライバシー, 138
部落解放同盟, 39
部落差別の傷痕, 28
部落民, 28
文化的な能力, 45
平和に対する罪, 183
ヘテロセクシュアル, 82
ホモセクシュアル, 82
ポルノグラフィー, 73, 88
ポルノフラフィー, 72
本人の意思, 174

● ま 行

丸刈り, 132
民主主義, 148
民族教育, 55
民族名, 53
問題を起こす子ども, 107

● や 行

八鹿高校事件, 41
靖国神社, 202
ユニバーサル・サービス,
　　153
養護学校の義務化, 94, 95
ヨーロッパ人権条約, 140

● ら 行

リヴィング・ウイル, 162,
　　171
良心の囚人, 18
両性愛, 82
歴史認識, 189
レズビアン, 154
労働条件, 128

執筆者紹介

― 編 集 ―

岡村　達雄　　関西大学教員　　責任編集，序章
主著：　［著書］『処分論―「日の丸」「君が代」と公教育』インパクト出版会，1995 年．
　　　　［編著］『日本近代公教育の支配装置―教員処分体制の形成と展開をめぐって』社会評論社，2002 年．
　　　　［共編著］『学校という交差点』インパクト出版会，1994 年．

玉田　勝郎　　関西大学教員　　責任編集，第 9 章
主著：　［著書］『子ども認識の分水嶺』明治図書，1989 年．
　　　　［共著］『教育の解放を求めて』明石書店，1990 年．
　　　　［共編著］『非望』解放新報社，1990 年．

佐野　通夫　　四国学院大学教員　　編集協力，第 2 章
主著：　［著書］『近代日本の教育と朝鮮』社会評論社，1993 年．
　　　　［著書］『アフリカの街角から』社会評論社，1998 年．

― 執 筆 ―

住田　一郎　　関西大学非常勤講師　　第 1 章
主著：　［共著］『「部落民」とは何か』（藤田敬一編）阿吽社，1998 年．
　　　　［共著］『被差別の陰の貌』（藤田敬一編）阿吽社，1994 年．

大嶋　果織　　ルーテル学院大学非常勤講師　　第 3 章
主著：　［共著］『キリスト教がわかる』（人工妊娠中絶の項）アエラムック 80，朝日新聞社，2002 年．
　　　　［共著］『現代キリスト教倫理 1　生と死』日本基督教団出版局，1999 年．

篠原　睦治　　和光大学教員　　第 4 章，第 7 章
主著：　［著書］『脳死・臓器移植，何が問題か―「死ぬ権利と生命の価値」論を軸に』現代書館，2001 年．
　　　　［共著］『カウンセリング・幻想と現実　下巻』現代書館，2000 年．
　　　　［共著］『変容するモンゴル世界―国境にまたがる民』新幹社，1999 年．

岡崎　勝　　名古屋市立植田南小学校教員　　第 5 章
主著：　［著書］『今日もいくがや体育教師』風媒社，1994 年．
　　　　［著書］『わし，教員だわ』家族社，1996 年．
　　　　［著書］『学校が変わるのウソ，ホント；新学習指導要領って何だ？』風媒社，2001 年．

小倉　利丸　　富山大学教員　　　第6章

主著：　［著書］『アシッド・キャピタリズム』青弓社，1992年。
　　　　［編著］『監視社会とプライバシー』インパクト出版会，2001年。
　　　　［編著］『エシュロン』七ツ森書館，2002年。

髙實　康稔　　長崎大学教員　　　第8章

主著：　［共著］『朝鮮人被爆者』（長崎在日朝鮮人の人権を守る会編）社会評論社，1989年。
　　　　［著書］『韓国・朝鮮人被爆者と強制連行』岡まさはる記念長崎平和資料館，1996年。
　　　　［共著］『環境と文化』（第12章「近代日本論と歴史認識」・長崎大学文化環境研究会編）九州大学出版会，2000年。

人権の新しい地平　―共生に向けて―

2003年2月28日　第1版　第1刷　発行
2007年9月10日　第1版　第3刷　発行

責任編集　　岡　村　達　雄
　　　　　　玉　田　勝　郎
発 行 者　　発　田　寿々子
発 行 所　　株式会社　学術図書出版社

〒113-0033　東京都文京区本郷5丁目4の6
TEL 03-3811-0889　　振替　00110-4-28454
　　　　　　　　　印刷　サンパートナーズ（株）

定価はカバーに表示してあります．

本書の一部または全部を無断で複写（コピー）・複製・転載することは，著作権法でみとめられた場合を除き，著作者および出版社の権利の侵害となります．あらかじめ，小社に許諾を求めて下さい．

© 2003　T. OKAMURA, K. TAMADA　Printed in Japan
ISBN978-4-87361-764-0　C3036